Richard Wagner

mit Selbstzeugnissen
und Bilddokumenten
dargestellt von
Hans Mayer

bildmono ro ro ro graphien

Rowohlt

Dieser Band wurde eigens für «rowohlts monographien» geschrieben
Herausgeber: Kurt Kusenberg
Den dokumentarischen und bibliographischen Anhang bearbeitete Paul Raabe
Umschlaggestaltung: Werner Rebhuhn
Vorderseite: Richard und Cosima Wagner, 1872
(Archiv für Kunst und Geschichte, Berlin)
Rückseite: Das Bayreuther Festspielhaus nach der Fertigstellung
(Archiv für Kunst und Geschichte, Berlin)

Veröffentlicht im Rowohlt Taschenbuch Verlag GmbH,
Hamburg, Juni 1959

Gesetzt aus der Linotype-Aldus-Buchschrift
und der Palatino (D. Stempel AG)
Gesamtherstellung Clausen & Bosse, Leck
Printed in Germany
1290-ISBN 3 499 50029 9

25. Auflage. 129.–131. Tausend November 1995

Inhalt

Richard Wagner in Triebschen, 1869

Die Jugendgeschichte eines geistigen Mitläufers

Richard Wagners Jugend und Bildungsgang ist das Gegenteil eines stetigen humanistischen Formungsprozesses. Das neunte Kind aus der Ehe des Polizeiaktuars am Leipziger Stadtgericht, des Herrn Carl Friedrich Wilhelm Wagner, verlor seinen Vater genau sechs Monate nach seiner Geburt. Der Leipziger Beamte war nach der Völkerschlacht dem Lazarettfieber erlegen. Ludwig Geyer, ein in vielen Künsten beschlagener Schauspieler, Sänger, Dichter und Maler, ging mit Johanne Wagner eine neue Ehe ein. Der Stiefvater Geyer wurde von Richard Wagner später in Dankbarkeit als sein eigentlicher «geistiger Vater» bezeichnet. Aber auch Geyer starb bereits im Herbst 1821. Richard Wagners Elternhaus stand am Brühl in Leipzig: in unmittelbarer Nähe vom Alten Theater. Der Knabe kam früh mit Theater und Theaterleuten in Berührung. Auch er wollte Schauspieler und Sänger werden, wie Geyer. Drei seiner älteren Schwestern hatten gleichfalls als Schauspielerinnen oder Sängerinnen die Bühnenlaufbahn eingeschlagen. Nach Geyers Tode zieht die Familie nach Dresden. Richard Wagner verlebt die entscheidenden Jahre seiner Jugend unter ausschließlich weiblicher Leitung und Beaufsichtigung. Er ist ein eigenwilliger Schüler, dessen Studien immer wieder durch Ortsveränderungen unterbrochen werden. Er besucht die Kreuz-Schule in Dresden, erlebt dort eine «Freischütz»-Aufführung unter Webers Leitung, die ihn sehr beeindruckt: es ist der Zauber des Werkes, aber nicht minder das Bild des Dirigenten, der da steht und «leitet». Auch Wagner möchte einmal so dastehen und die Menschen im Bann halten. Er liest viel und wahllos, hört viel – ebenso wahllos. Der Dreizehnjährige entdeckt für sich E. T. A. Hoffmann und Shakespeare. Er schreibt ein Gymnasiastendrama im Stil der Ritterstücke und der Shakespeareschen Haupt- und Staatsaktionen, mit dem Titel *Leubald.*

Thomas Mann hat wiederholt davon gesprochen, in Wagners Jugendentwicklung seien die Züge des Dilettantischen nicht zu verkennen. Richtig ist daran, daß Richard Wagner keineswegs mit geniehaften frühen Leistungen aufzuwarten vermag, die einen Vergleich mit der Frühreife Mozarts oder Mendelssohns, der die Ouvertüre zum «Sommernachtstraum» schreibt, oder dem noch knabenhaften Schubert, dem Komponisten des «Erlkönig», zulassen. Wagners frühe dramatische und kompositorische Entwürfe sind ebenso leidenschaftlich in Angriff genommen wie schlecht durchgeführt. Aber sie werden eben durchgeführt und zu Ende gebracht. Gewiß, wenn man von der Entstehung des *Leubald* durch Wagner selbst erfährt, muß man an Primanerdramen denken. Aber Wagner hat sein Primanerdrama nicht nur geplant und skizziert, sondern zu Ende geführt. Dank bohrender Zähigkeit und Besessenheit wird in jahrelanger Arbeit eine schrittweise Steigerung künstlerischer Qualität erreicht, wie sie zunächst weder dem Talent des jungen Menschen noch seinem Können zugänglich schien. Über dem Gymnasiastendrama wird der Schul-

Der Stiefvater: Ludwig Heinrich Geyer. Selbstbildnis

unterricht vernachlässigt. Inzwischen leben die Wagners wieder in Leipzig; Richard Wagner wird an die Nicolaischule versetzt, muß aber von der Sekunda den Rückweg in die Tertia antreten, da er noch keine wirkliche «Sekundareife» besitzt. Dadurch wächst seine Unlust am Studium. Es steigert sich dafür die Lust an Musik und musikalischer Komposition. Erst als Autodidakt, dann in gründlichen, aber zu früh abgebrochenen Theoriestunden lernt er die Grundzüge des kompositorischen Handwerks. Er komponiert eine Ouvertüre, die sogar aufgeführt wird. Sein Haupterlebnis ist Beethoven: die 7. Symphonie und der «Fidelio» in Wilhelmine Schröder-Devrients ergreifender Darstellung. Wagner hat das Erlebnis der Beethoven-Symphonie getreulich aufgezeichnet. Beethovens Bild und Musik waren für ihn untrennbar zur Einheit geworden: Künstler und Kunstwerk. *Dieses Bild floß mit dem Shakespeares in mir zusammen: in ekstatischen Träumen begegnete ich beiden, sah und sprach sie; beim Erwachen badete ich in Tränen.* Hier ist bemerkenswert, daß Dichtungserlebnis und Musikerlebnis untrennbar ineinander übergehen, ohne daß der junge Wagner dem Dramatiker oder dem Musiker einen Vorrang einzuräumen gewillt wäre. Das ist kein Schwanken zwischen der Dichtung und einer Nachbarkunst, etwa der Malerei oder Plastik, wie beim jungen Goethe, beim frühen Gottfried Keller oder beim jungen Gerhart Hauptmann. Wagner schwankt nicht zwischen zwei Künsten; er will beide zu gleicher Zeit. Der Text des *Leubald* ist beendet, nun beginnt der sechzehnjährige Gymnasiast mit der Komposition seines Dramas. Zu Ostern 1830 verläßt er die Nicolaischule, um Musiker zu werden, muß aber im Herbst des gleichen Jahres noch einmal auf die Schulbank, diesmal auf die Thomasschule, wo er bis zum Februar 1831 bleibt. Dann wird er entlassen: ohne Reifeprüfung, erhält aber die Erlaubnis, auch ohne Examen als Studierender der Musik an der Leipziger Universität immatrikuliert zu werden.

Zwischen der ersten dramatischen und musikalischen Produktion und dem Schulabschluß liegt jedoch ein Erlebnis ganz anderer Art.

Ein neues Element, das für Richard Wagners geistige Entwicklung entscheidend sein sollte, mischt sich hinein: die Politik. Im Juli 1830 wurde das Bourbonenregime in Paris durch einen dreitägigen revolutionären Aufstand des Pariser Volkes vertrieben. Die Wirkungen sind ungeheuer auch außerhalb Frankreichs. Es kommt zu revolutionären Bewegungen in Belgien und Italien, in Spanien und auch an manchen Punkten Deutschlands. Bauernaufstände, gelegentliche Meutereien deutscher kleinfürstlicher Truppen, Abdankungen und Regierungswechsel an einigen deutschen Höfen. In Leipzig kommt es zu Revolten der jungen Demokraten, vor allem der Studentenschaft. Der siebzehnjährige Richard Wagner ist dabei. Er begeistert sich am Bilde von Aufruhr und Volkswiderstand gegen rückständige Verhältnisse. Aber er ist gleichzeitig auch ehrlich begeistert von den Gedanken der deutschen Einigungs- und Befreiungsbewegung. Er ist ein Anhänger der Juli-Revolution wie Heine und Börne, wie sein hessischer, gleichfalls 1813 geborener Altersgenosse Georg Büchner. Mit den meisten jungen und fortschrittsfreudigen Deutschen jener Tage ist er ein glühender Freund der polnischen Unabhängigkeitsbewegung. Noch sechs Jahre später gestaltet er seine Anteilnahme am Kampf des polnischen Volkes gegen den Zarismus in einer *Polonia*-Ouvertüre.

Richard Wagners Lektüre ist in jenen Jahren fast ausschließlich durch die jungdeutschen Prinzipien bestimmt. Er entdeckt in Wilhelm Heinses Künstlerroman «Ardinghello» (1785 erschienen) einen der Ausläufer der Sturm- und Drang-Bewegung, den Verkünder eines eudämonistischen, auf Sinnenlust und Diesseits-Religion gegründeten Lebensprinzips. Diese jungdeutsche Verehrung der Sinnenlust, die Scheinantinomie eines «Kampfes der Geschlechter» wird nun für Richard Wagner zum Grundgedanken seiner ersten auf die Bühne gelangenden Oper, des 1835/36 entstandenen *Liebesverbots*. Voraufgegangen war ein durchkomponierter Operntext der Weber-Nachfolge unter dem Titel

Die Mutter: Johanne Rosine Wagner, geb. Pätz. Gemälde von Ludwig Heinrich Geyer

Die Feen. Das *Liebesverbot* wird in Magdeburg, wo Wagner inzwischen als Kapellmeister wirkt, eineinhalbmal aufgeführt: der zweite Abend endet – übrigens nicht aus Gründen, die mit der Oper zusammenhängen – mit einem Theaterskandal und Abbruch der Vorstellung. Das *Liebesverbot* ist ein Libretto nach Shakespeares Schauspiel «Maß für Maß». Abermals also ein Weiterwirken der Shakespeare-Verehrung im jungen Wagner. Aber der Text, der sich im übrigen eng an die Schauspielvorlage hält, ist in einem wesentlichen Punkt verändert worden. Die Gestalt des Herzogs ist verschwunden – und damit Shakespeares Grundproblem der Gerechtigkeit und des Gerichts. Richard Wagner hat den Herzog beseitigt, der Oper selbst den sonderbaren Untertitel *Große komische Oper* gegeben. Für ihn steht im Mittelpunkt bloß noch der Konflikt zwischen ungehemmter und gehemmter Sinnlichkeit. Wobei in einem ekstatischen Karnevalsjubel des Finales das Prinzip der Liebesfreiheit propagiert wird.

Auch in den folgenden Jahren bemüht sich Richard Wagner um eine merkwürdige Synthese zwischen seinen geistigen Grunderlebnissen: der Liebe zu Beethoven und Shakespeare, dem jungdeutschen Eudämonismus – und der Anteilnahme an den großen Freiheitsbewegungen jener Epoche. Er komponiert in Berlin 1836 die *Polonia*-Ouvertüre, eine *Britannia*-Ouvertüre, die dem bürgerlichen England gilt als dem damaligen Widerpart und Gegenspieler der Heiligen Allianz, worauf als Schlußstück einer sinfonischen Trilogie eine *Napoleon*-Ouvertüre geplant wird, die aber nicht zur Aufführung gelangt. Auch hier ist die enge Beziehung Wagners zum politischen Zeitgeschehen unverkennbar: genau in jenen Jahren 1836/37 beginnt die erste Neuagitation für den Bonapartismus in Frankreich als Opposition gegen das Bürgerkönigtum. Genau um diese Zeit schreibt Louis Bonaparte, der spätere Napoleon III., seine Programmschrift «Idées Napoléoniennes». Man sieht: Richard Wagners Schaffen ist überall in geradezu sinnfälligster Weise als typische Aufnahme und Verarbeitung von Ideen zu betrachten, die damals «in der Luft lagen». Im Sommer 1837 liest er den überaus erfolgreichen historischen Roman des Engländers Bulwer «Cola Rienzi». Der Kapellmeister Wagner liest ihn in Riga, wo er unter höchst mißlichen Verhältnissen am Theater wirkt. Er hatte im November 1836 die Sängerin Minna Planer geheiratet. Zwischen 1837 und 1839 entwirft er nun einen Operntext nach Bulwers Roman, den er als Riesenpartitur komponiert. 1839 muß er vor seinen Gläubigern aus Riga fliehen. Zusammen mit der Frau und einem Neufundländer gelangt er in abenteuerlicher Fahrt auf einem Segelschiff nach London und trifft Ende August 1839 in Frankreich ein, wo er Meyerbeer aufsucht und dann nach Paris weiterfährt. *Rienzi* ist vollendet, Meyerbeer soll zur Aufführung in der Pariser Oper verhelfen.

Nun erlebt Richard Wagner drei schwere Hungerjahre (1839 bis 1842) in Paris. Er sieht die bürgerlich-kapitalistische Gesellschaft in ihrer entwickelten Form: die «giftige Geldwirtschaft», wie Börne das genannt hat, Elend des Volkes und Prachtentfaltung der herrschenden

Die Schauspielerin Minna Planer, Wagners erste Frau, in einem Rollenkostüm

Bankiers, jener Rothschilds vor allem, denen Balzac um diese Zeit in der Gestalt des Barons von Nucingen ein schauerlich lebenswahres Konterfei in der Literatur geschaffen hat. Er ist in aller Bewußtheit Schüler und Verehrer der klassischen deutschen Kunst und Musik, Goethes und Schillers, Beethovens und Webers. Mit diesem Credo sieht er sich inmitten eines Kunstbetriebes, der alle Kunst in Ware zu verwandeln strebt. Hier in Paris hat Richard Wagner gesellschaftliche

Erfahrungen gesammelt, die sein ganzes späteres Weltbild beeinflussen sollten.

Er wird im Januar 1840 durch Laube mit Heinrich Heine bekannt gemacht und übernimmt von ihm die Stoffe zu *Holländer* und *Tannhäuser*. Er komponiert als Bekenntnissynthese aus Beethoven und Goethe seine *Faust*-Ouvertüre und schreibt, als ihn die Not zwingt, durch Schriftstellerei etwas Geld zu verdienen, einige novellistische Musikerzählungen nach Hoffmanns Vorbild, worin er den Gegensatz von echter Kunst und kunstfeindlicher Umwelt, wie in den Erzählungen *Eine Pilgerfahrt zu Beethoven* oder *Ein Ende in Paris*, mit großer dichterischer Kraft gestaltet. In Paris lernt er außer Heine noch einige der bedeutendsten Künstler der damaligen Zeit kennen; vor allem macht er die für sein späteres Leben so bedeutungsvolle Bekanntschaft Franz Liszts.

Inzwischen hatte sich in Deutschland, natürlich auch in Frankreich, das Emanzipationsdenken durch die Philosophie Ludwig Feuerbachs

Partiturseite aus einer Jugendsymphonie

entscheidend weiterentwickelt. Feuerbachs «Wesen des Christentums» erschien 1841 und erregte in ganz Europa stürmische Begeisterung. Hier war die bisherige Religionskritik ersetzt worden durch eine Darstellung der Beziehungen zwischen Mensch und Religion, die alle Religion als menschlich-gesellschaftliche Schöpfung zu enthüllen suchte. Eine neue Diesseits-Religion der Menschenliebe sollte von nun an das «abgeschaffte» Christentum ersetzen. Auch Richard Wagner ist von nun an Feuerbachianer und Atheist. Noch im Jahre 1852 schreibt er an seinen Freund Uhlig in Dresden aus dem Exil:

Bringt mir von Eduard Devrient das Geständnis, daß er den lieben Gott und die Unsterblichkeit der Seele fahren lasse, so will ich an ihn glauben; wo nicht, so muß all sein Wissen und Wollen nur darauf hinausgehen, den lieben Gott und die Fortdauer der Seele nach dem Tode zu konservieren. Was aber habe ich mit solch einem Menschen zu tun, und was soll Wahrhaftiges an ihm sein, als seine Feigheit und Schwäche?

Damit aber sind die Keimzellen für den späteren *Nibelungenring* gegeben: das Ende der Götter und das Ende einer auf Herrschaft des Goldes gegründeten Gesellschaft. Auch hier gestaltet Richard Wagner überall konkrete gesellschaftliche Erlebnisse und Erfahrungen.

Im Frühjahr 1842 kann er endlich von Paris in die Heimat zurückkehren: der *Rienzi* wurde in Dresden, der inzwischen vollendete *Holländer* in Berlin zur Aufführung angenommen. Bei der Rückkehr durch das frühlinghafte Thüringen erlebt Richard Wagner den Anblick der Wartburg bei Eisenach: das *Tannhäuser*-Thema Heinrich Heines verschmilzt mit dem Motiv des Sängerkrieges auf der Wartburg.

Ludwig Feuerbachs Religionsersatz der Menschenliebe hatte Richard Wagner für sich durchaus im Sinne der Junghegelianer interpretiert. Seine Schriften zur Kunst- und Gesellschaftsreform, vor allem die Broschüren des Jahres 1848, zeigen ihn in Ausdrucksweise und Gehalt als typischen Anhänger der Stirnerschen «Egoismus»-Lehre, die sich mit Feuerbachs Diesseits-Ethik trotz allen scheinbaren Gegensätzen in den Grundgedanken deckt. In Wagners rhapsodischer Schrift *Die Revolution* von 1849 heißt es:

Ich will zerbrechen die Gewalt der Mächtigen, des Gesetzes und des Eigentums. Der eigene Wille sei Herr des Menschen, die eigene Lust sein einzig Gesetz, die eigene Kraft sein ganzes Eigentum, denn das Heilige ist allein der freie Mensch, und nichts Höheres ist denn er.

Daß es sich dabei nicht, wie Wagner in der Spätzeit wahrhaben wollte, um Augenblicksstimmungen und Gelegenheitsäußerungen handelte, zeigt sein wichtigstes dramatisches Projekt aus der Zeit der achtundvierziger Revolution: das sehr weit durchgestaltete dramatische und zur Komposition bestimmte Gedicht *Jesus von Nazareth*.

Während die Einflüsse der Jungdeutschen, Gutzkows und Laubes oder Feuerbachs unmittelbar dokumentarisch nachgewiesen werden können, die Wirkungen Stirners in mittelbarer Weise, gesellt sich

Pierre-Joseph Proudhon (1809—1865). Lithographie nach einer Zeichnung von A. Collette

als geistiges Erlebnis aus der Pariser Zeit noch eine Gestalt hinzu, der Wagner, wenn auch scheu und versteckt, doch bis an sein Lebensende den Zoll der Dankbarkeit entrichtet hat. Es handelt sich um Proudhon. Im Jahre 1840 war in Paris dessen berühmtes Buch mit dem Titel «Qu'est-ce que la propriété?», also: «Was ist Eigentum?», erschienen. Proudhon hatte bekanntlich auf die selbstgestellte Frage mit der lapidaren Feststellung geantwortet: Eigentum sei Diebstahl. Wagner lebte damals in Paris; er hat die Schrift Proudhons gelesen und sich zu eigen gemacht. Indem er Proudhon zustimmte, zog er, wie ihm schien, Bilanz aus eigenen Erlebnissen und allgemein-gesellschaftlichen Erfahrungen. Er hat später immer wieder als die beiden Hauptschwierigkeiten seiner Lebensentwicklung die allzufrüh geschlossene Ehe und das Fehlen eines ererbten Vermögens bezeichnet. Sehr schwer hat Richard Wagner darunter gelitten, daß es ihm nicht möglich war, «von Hause aus» als ein wirtschaftlich unabhängiger Mensch seine Künstlerlaufbahn zu verfolgen. Sein Ressentiment gegen Mendelssohn und Meyerbeer hat zweifellos hier auch eine höchst persönliche Ursache. Dann aber hatte Wagner in Paris die Allmacht des Geldkapitals und das Genußleben der Bankiersgesellschaft erlebt — und auch diese Eindrücke machten ihn zum Jünger Proudhons. Hier bildete sich die Grundkonzeption des *Nibelungenring,* denn bis in überraschende Einzelheiten kann man den Proudhonismus in Wagners Mythos vom Kreislauf des *Rheingoldes* verfolgen. Auch der Dramenentwurf *Jesus von Nazareth* ist unverkennbar proudhonistisch. Dort heißt es etwa: *Die Sünde gegen das Eigentum entspringt einzig aus dem Gesetz des Eigentums.* Oder: *Das Leben des Menschen ist Entwicklung im Egoismus und Wiederentäußerung desselben zugunsten der Allgemeinheit.* Hier vereinigen sich junghegelianische Auffassungen von der Selbstentfremdung des Menschen mit Proudhons Gedanken, wonach diese Selbstentfremdung durch Besitz und Eigentum bewirkt würde, und schließlich mit Feuerbachs Versuch, die Selbstentfremdung durch eine neue Ethik der Menschenliebe aufzuheben.

Atheismus und sozialreformatorische Utopie, Antikapitalismus und unverkennbare Züge des anarchistischen Individualismus. Denn nicht bloß Stirners Gesetzes- und Autoritätsfeindlichkeit wird von Wagner übernommen, sondern auch die anarchistische These von der terroristischen «direkten Aktion» als einem Kampfmittel gegen die ausbeuterische Herrschaftsschicht. Man hat bisher – auch hierin getreu der wagnerischen Zurechtbiegung seiner Biographie – im gemeinsamen Auftreten Richard Wagners und Michail Bakunins beim Dresdner Mai-Aufstand von 1849 bloß eine zufällige Bekanntschaft und Begegnung erblicken wollen. Richard Wagner war später, vor allem Liszt gegenüber, bestrebt, seine «Ahnungslosigkeit» in bezug auf Bakunins Pläne zu beteuern. Auch an seine Frau Minna schrieb er unmittelbar nach der Flucht aus Dresden in einem Brief aus Weimar vom 19. Mai 1849: *Meine Bekanntschaft mit Bakunin hat nur ein rein menschliches und künstlerisches Interesse.* Allein die Grundgedanken Wagners und Bakunins decken sich in jener Zeit in auffallender Weise. In Zürich ist Wagner eng befreundet mit Georg Herwegh, gleichfalls einem vertrauten Freund des russischen Anarchisten. Und schließlich ist es *reiner Bakunismus,* wenn Richard Wagner in einem Brief vom 22. Oktober 1850 an seinen Dresdner Freund Uhlig in einem leidenschaftlichen anarchistischen Ausbruch, den Cosima Wagner sorgfältig gestrichen hatte und der erst jetzt im vollen Wortlaut bekanntwurde, die folgenden Sätze niederschreibt:

Wie wird es uns aber erscheinen, wenn das ungeheure Paris in Schutt gebrannt ist, wenn der Brand von Stadt zu Stadt hinzieht, wenn sie endlich in wilder Begeisterung diese unausmistbaren Augiasställe anzünden, um gesunde Luft zu gewinnen? – Mit völligster Besonnenheit und ohne allen Schwindel versichere ich Dir, daß ich an keine andere Revolution mehr glaube, als an die, die mit dem Niederbrande von Paris beginnt.

Wobei zu bedenken ist, daß diese Sätze niedergeschrieben werden, während Richard Wagner am *Nibelungenring* arbeitet. Der Brand von Walhall ist also von Wagner keinesfalls bloß «symbolisch» verstanden, sondern als Erlebnis einer «direkten Aktion» zur Vernichtung der verrotteten bisherigen, auf Egoismus und Geldherrschaft gegründeten Gesellschaft.

Richard Wagners politische Grundanschauungen sind keineswegs als ein «Nebenher» gegenüber seinen großen musikdramatischen Gestaltungen zu verstehen. Ohnehin verbietet sich eine solche Aufteilung zwischen der politischen und der «rein künstlerischen» Sphäre bei Wagner von selbst. Denn er vor allem strebte in aller Bewußtheit nach der Einheit von künstlerischer Form und weltanschaulichem Gehalt. Darin gerade suchte er den Gegensatz des Dramas und Musikdramas zur bisherigen bloßen Oper zu fassen. In der Tat sind auch die großen Wagner-Werke ihrem geistigen Gehalt nach eng mit dem Werdegang des Jungdeutschen, des Junghegelianers, des utopischen Sozialisten und anarchischen Individualisten Richard Wagner verknüpft. Allerdings besitzen sie – und darin liegt die Grundlage für ihre unverminderte Leuchtkraft und Lebensfähigkeit – als Ausgleich nicht bloß das musikalische Schöpfertum des großen

Komponisten, sondern immer wieder auch die Beziehung zu echteren Gedankengängen, als sie Wagner bei Laube, Feuerbach, Bakunin oder Proudhon finden konnte. Die großen Musikdramen vom *Rienzi* bis zu den *Meistersingern* enthalten neben dem sozialen oder utopisch-sozialistischen *Wähnen* gleichzeitig die echten Impulse eines nationalen Künstlers, der von der Einigung und vom nationalen Aufstieg seines Vaterlandes träumt. Der überdies aus den Werken der großen deutschen Dichter und Musiker auch für sein eigenes Werk immer neue Kraft der Gesundung zu schöpfen vermag.

Rienzi, der letzte der Tribunen

Das zeigt sich sogleich am *Rienzi*. Er wurde am 20. Oktober 1842 in der Dresdner Hofoper aufgeführt. Man begann um sechs Uhr nachmittags, der Vorhang fiel erst nach Mitternacht: die Zeitmaße der späteren Wagner-Opern waren damit bereits vorweggenommen. Dennoch wurde keineswegs die gesamte vorhandene Partitur aufgeführt. Es war ein ungeheurer Erfolg; am 1. Februar des nächsten Jahres wurde Richard Wagner mit lebenslangem Vertrag als königlich-sächsischer Kapellmeister angestellt. Er war damit der Nachfolger Carl Maria von Webers. Was er sich als Knabe erträumt hatte, war eingetreten: nun stand er an der gleichen Stelle und vor dem gleichen Orchester. Endlich hatten sich Minna Wagners Hoffnungen erfüllt. Von nun an sollte sie nicht müde werden, den Gatten immer wieder zu drängen, einen neuen *Rienzi* zu schreiben und den Erfolg wiederkehren zu lassen.

Richard Wagner aber empfand bereits bei der Uraufführung des *Rienzi* tiefes Befremden über sein Werk. In der Tat hat er einen so rauschenden Premierenerfolg wie beim *Rienzi*-Abend erst Jahrzehnte später, erst bei der Münchener Uraufführung der *Meistersinger* am 21. Juni 1868, erleben dürfen.

Große tragische Oper in fünf Akten lautet der Untertitel. In Klammern steht dahinter: *(nach Bulwers gleichnamigem Roman)*. Dem Geist der großen Oper im Stile Meyerbeers weiß sich der Dichter-Komponist ganz ausdrücklich verpflichtet. Die Gattung der «Großen Oper» aber ist untrennbar verbunden mit der Bankierswelt des französischen Bürgerkönigtums, deren ästhetische Prinzipien und Lebensformen keineswegs auf Frankreich beschränkt geblieben waren, sondern nach Deutschland hinüberstrahlten. In Frankreich paßte die Große Oper ebensogut zu dem neu aufkommenden bürgerlichen Reichtum wie zwei Jahrzehnte später die Operette Offenbachs, die Genuß, Gesellschaftsparodie und Kunstparodie in einem zu bieten gedachte, zur Welt des Zweiten Kaiserreichs. Große Oper aber ist Einbruch des Rekorddenkens, des Quantitativen, bürgerlicher Rechenhaftigkeit in die Welt der Opernszene. Wagners spätere Auseinandersetzung mit dem Thema «Oper und Drama» findet hier die soziale Grundlage. In dieser Großen Oper, damit also auch im

Erstaufführung des «Rienzi» im Königlichen Hoftheater in Dresden am 20. Oktober 1842. Szenenbild aus Akt IV, letzte Szene

Rienzi, ist der höfische Traditionalismus der Opernszene aus dem 18. Jahrhundert ebenso überholt wie das ethische Postulat des «Fidelio» oder das Nationalkolorit des «Freischütz». Der Komponist will dem Opernbesucher für das Geld etwas bieten. Werke von übermäßiger Länge, Aneinanderreihung von Rekorden der Bravour, ganz tiefe Bässe, ganz hohe Tenöre, ganz schwere und glitzernde Koloraturen. Dazu dann aber noch «ernste Probleme» von aktueller Bedeutung wie Judenemanzipation, religiöse Toleranz, Ehefragen.

Im *Rienzi* findet sich dies alles wieder. Beim Adriano, der als Altpartie geschrieben ist, greift Wagner sogar auf die Kastratentradition des 18. Jahrhunderts zurück. Die Liebeshandlung wird dadurch sinnlos: es fehlt der erotische Reiz, den Mozarts Cherubino besitzt; es fehlt erst recht das parodistische Element, das bei Strauss und Hofmannsthal mit der Hosenrolle des Rosenkavaliers verbunden ist. Außerdem ist das doppelte Transvestitentum in «Figaro» und «Rosenkavalier» ganz eng mit der Handlung verknüpft, was alles im *Rienzi* fehlt. Für die musikalische Entscheidung Wagners mochte einmal sprechen, daß er den *Rienzi* selbst bereits als Tenorpartie geschrieben hatte, so daß eine zweite Tenorstimme daneben wirkungslos bleiben mußte. Auch dürften Klanggründe bei der Paarung Adriano und Irene mitgesprochen haben. Dennoch zeigt sich hier bereits das

Nachgeben des Dichters und Tonsetzers vor Publikumswünschen. Wagner hatte dem *Rienzi* gegenüber eigentlich niemals Illusionen: er wußte, wie äußerlich er, bei vielen glänzenden Einfällen, als Komponist gearbeitet hatte. Die mangelnde künstlerische Sorgfalt bei Abfassung des Textes war ihm sogar noch stärker bewußt. In der Einleitung zum ersten Band der Gesammelten Schriften gesteht er dazu in aller Ehrlichkeit:

Hätte ich bei der Abfassung dieses Opernbuches nur im mindesten dem Ehrgeiz gefrönt, mir die Allüren eines Dichters zu geben, so würde ich nach dem Stande meiner damaligen Bildung es wohl bereits ermöglicht haben, nicht ohne einigen Erfolg für Diktion und Vers mich genügend korrekt zu zeigen, was mir bei der Ausführung eines früheren Operntextes: «Das Liebesverbot» sogar schon in dem Maße gelungen war, daß mir dies selbst die Anerkennung meines oben genannten sonstigen Freundes eintrug. Hiergegen ist es mir nun aber nicht unbelehrend, den Gründen nachzugehen, welche mir bei der Abfassung des Textes von «Rienzi» eine so auffällige Vernachlässigung der Diktion und des Verses zu gestatten schienen. Diese leiteten sich von sehr sonderbaren Wahrnehmungen her, welche ich um jene Zeit an den Opern unseres damaligen Repertoirs machte. Ich hatte nämlich gefunden, daß stümperhaft schlecht übersetzte französische und italienische Opern durch die Elendigkeit der hierbei zutage kommenden Diktion und Versifikation, sobald das Sujet selbst ein wirkungsvolles Theaterstück ausmachte, über jede Beachtung der Worte und der Reime hin durchweg effektuierten, während die Bemühungen von fachmäßigen Dichtern, dem Komponisten anständige Verse und Reime zu liefern, selbst der vortrefflichsten, ja edelsten Musik nie zu der allererst notwendigen Wirkung eines guten Theaterstückes verhelfen konnten, sobald dieses eigentliche Stück eben mißglückt war. In dieser Hinsicht hatten mich z. B. die «Jessonda» und die «Euryanthe» in sehr bedenklicher Weise zu einem Nachsinnen gebracht, welches für jetzt sehr bald in eine verzweifelte Stimmung von leichtfertigster Tendenz umschlug. Da ich mich selbst nach einem glücklichen Erfolge auf dem Theater sehnte, faßte mich, sobald ich auf Operntexte ausging, ein völliger Abscheu vor hie und da mir präsentierten sogenannten «schönen Versen und zierlichen Reimen». Hiergegen griff ich nach jeder Erzählung, jedem Roman, nur in der Absicht, mir daraus ein tüchtiges Theaterstück für eine Musik, welche wiederum mit musikalischer Schönrednerei gar nichts zu tun haben sollte, zustande zu bringen.

Nachträglich wollte er den *Rienzi* bloß noch als *musikalisches Theaterstück* angesehen wissen, von welchem seine *weitere Ausbildung zum musikalischen Dramatiker, ohne jede Belehrung des eigentlichen Dichter-Métiers ihren Fortgang nahm.* Im Bayreuther Kreis ist denn auch bis heute nicht gültig entschieden worden, ob der *Rienzi* bereits zum eigentlichen Werk Richard Wagners gehöre, ob er bayreuth-würdig sei.

Die Opernanlage also ist konventionell im Sinne der Meyerbeer-

Tradition. Das Libretto wurde rein handwerksmäßig, kaum im Geist künstlerischer oder gar dichterischer Verantwortung, nach Bulwers damals so erfolgreichem Roman zurechtgemacht. Handlung aber und geistige Substanz sind durchaus mit dem politischen Denken Wagners und dem «Zeitgeist» der ausgehenden 30er Jahre verbunden. Cola Rienzi, päpstlicher Notar, ist ein Mann des Volkes. Der römische Adel ist ihm feindlich gesinnt. Unter Führung ihres Tribunen vertreibt das römische Volk – Wagner bezeichnet sie als Plebejer – die Nobili aus der Stadt. Wagners anti-aristokratische Haltung ist offensichtlich. Die Colonna und Orsini sind fünf Akte hindurch der Inbegriff für Verrat, Kriegslust, Meuchelmord. Mit der Entführung einer reinen Jungfrau durch lüsterne Aristokraten (es ist Irene, Rienzis Schwester) debütiert bereits der erste Akt. Weiblich-bürgerliche Unschuld und adlige Wollust: das ist ein beliebtes Thema bürgerlicher Emanzipation. Wagner kannte die Ahnenreihe – mit Emilia Galotti und Bertha, der Tochter Verrinas in Schillers «Fiesko». Überall übrigens, bei Lessing wie Schiller, wird das altrömische Motiv des Tarquinius und der Lucretia benutzt, das Wagner als Pantomime, also als traditionelle Ballettszene der Großen Oper, in seine Partitur einbaut. Sonderbar oder eigentlich gar nicht sonderbar: Wagners *Rienzi* beginnt mit einem Handlungsmotiv, das später in Verdis «Rigoletto» stark in den Mittelpunkt rücken sollte. Der bürgerliche Antifeudalismus ist dem *Rienzi*- wie dem «Rigoletto»-Komponisten vertraut. Auch ein anderes Grundelement bürgerlicher Emanzipationsliteratur spielt hinein: Bekämpfung kirchlicher, sprich katholischer Intoleranz. Rienzi gelingt es zwar, die römischen Aristokraten zu besiegen, aber die Feindschaft des Papstes und der Kirchenbann, die als Ergebnis politischen Paktierens zwischen Kaiser und Papst geschildert werden, bringen ihn zu Fall. Hatte der Opernbeginn mit Irenes Entführung den «Rigoletto» vorausgenommen, so wirken die beiden letzten *Rienzi*-Akte dem politischen Gehalt nach wie eine Vorwegnahme von Verdis «Don Carlos». Es handelt sich dabei nicht um motivische Abhängigkeiten, sondern um gemeinsame politische Anschauungen zweier Künstler vom Jahrgang 1813.

Bemerkenswerter aber ist vielleicht die Vorwegnahme von späteren Wagner-Themen und szenischen Konstellationen. Das Volk erscheint im *Rienzi* bereits in einer für Wagner typischen Attitüde. Es ist Chor, bloßer Chor, der den Helden entweder schmäht oder ihm fast urteilslos akklamiert; wie das Volk im Verlauf der fünf Akte (*Rienzi* besitzt sehr starke und wirkungsvolle Chorpartien) den Rienzi entweder unterstützt oder verrät, das weist hin auf die spätere Ritterschaft des *Lohengrin*, deren chorisch-musikalische Bedeutung groß ist, deren Beitrag zum Geschehen aber auf die Akklamation jeweils rasch wechselnder Herzöge beschränkt bleibt: Telramund, Lohengrin, Gottfried von Brabant. Das hat nicht bloß mit musikalischen oder dramaturgischen, sondern wesentlich mit politischen Dingen zu tun. *Rienzi*, diese Große tragische Oper, schwankt sonderbar *zwischen Rebellion und konservativer Beharrung*. Revolution –

aber erst nach Aufforderung von oben! Freiheitskampf – *doch würdig, ohne Raserei.* Rienzi ermahnt das Volk ausdrücklich:

Ihr Freunde, ruhig geht in eure Häuser
Und rüstet euch, zu beten für die Freiheit!
Doch hört ihr der Trompete Ruf
In langgehaltnem Klang ertönen,
Dann wachet auf, eilt all herbei,
Freiheit verkünd ich Romas Söhnen!
Doch würdig, ohne Raserei,
Zeig jeder, daß er Römer sei!

Hier ist die Keimzelle dieser ersten großen Wagner-Oper. Bekanntlich beginnt schon die berühmte Ouvertüre mit *der Trompete Ruf in langgehaltnem Klang.* Dieser Beginn und seine Verknüpfung mit dem thematischen Material der Ouvertüre gehört zu Wagners glänzendsten Einfällen. (Verdis Vorspiel zum «Rigoletto» läßt übrigens vermuten, daß der Italiener den Beginn der Rienzi-Ouvertüre gekannt hat.) Musikalisch steht diese Große Oper durchaus in den Traditionen ihrer Gattung: Arien, Ensembles, wirkungsvolle Chöre und Aufmärsche (am berühmtesten der Gesang der Friedensboten), Schlachthymne nach dem Vorbild von Meyerbeers «Hugenotten», große Ballettpantomime an der üblichen Stelle des zweiten Aktes. Auch szenisch wird überaus viel geboten: Entführung, Leichen, Mordversuche, Rienzi zu Pferde, Lateran und Kapitol, endlich Brand und Zusammensturz des Kapitols. Es war sicher mehr als eine szenische Wirkung beabsichtigt, wenn der Schluß dieser Oper bereits den Schluß des größten späteren Musikdramas, der *Ring*-Tetralogie, vorwegnimmt. Brand des Kapitols und Untergang Rienzis – Brand Walhalls und Untergang Wotans und seiner Götter.

Sicher ist es nicht unbillig, auf solche Kontinuitäten hinzuweisen, denn der Verfasser des *Rienzi* war später nur allzusehr bemüht, diese Große tragische Oper von seinem späteren Werk abzugrenzen. In der Einleitung zu den Gesammelten Schriften heißt es darüber:

Soweit meine Kenntnis reicht, vermag ich im Leben keines Künstlers eine so auffallende Umwandlung, in so kurzer Zeit vollbracht, zu entdecken, als sie hier bei dem Verfasser jener beiden Opern sich zeigt, von denen die erste kaum beendigt war, als die zweite fast fertig schon vorlag. Gewiß aber dürfte der verwandtschaftliche Zug beider Arbeiten dem aufmerksam Prüfenden dennoch nicht entgehen. Das wirkungsvolle «Theaterstück» liegt dem «Fliegenden Holländer» gewiß nicht weniger zugrunde, als dem «Letzten Tribunen». Nur fühlt wohl jeder, daß mit dem Autor etwas Bedeutendes vorgegangen war; vielleicht eine tiefe Erschütterung, jedenfalls eine heftige Umkehr, zu welcher Sehnsucht wie Ekel gleichmäßig beitrugen. Ich darf hoffen, daß der «Deutsche Musiker in Paris» hierüber genügenden Aufschluß gibt.

Zwischen *Rienzi* aber und *Holländer* liegen die Pariser Hungerjahre, die Erfahrungen mit der Welt des Bürgerkönigtums.

Heinrich Heines Fragment «Aus den Memoiren des Herrn von Schnabelewobski» war 1831 entstanden und drei Jahre später im ersten Band des «Salon» veröffentlicht worden. Dort erzählt Heine die Geschichte vom fliegenden Holländer. Er hat sie natürlich nicht erfunden, sondern will die Nacherzählung eines in Holland gesehenen Theaterstückes geben, was durchaus möglich ist. Der Stoff war damals in der europäischen Literatur ganz allgemein bekannt und beliebt. Dennoch ist es offensichtlich, daß Richard Wagner die gesamte Handlungsführung von Heine oder auch von Heines Vorlage entnahm.

Der Kapellmeister Wagner hatte Heines Erzählung in Riga gelesen: kurz bevor er mit Minna und dem Neufundländer Robber vor den Gläubigern von dort fliehen mußte. Mit Schmugglerhilfe war man nach Pillau gelangt; darauf sollte ein altes Segelschiff «Thetis» die beiden Flüchtlinge, den Riesenhund und sieben Mann Besatzung nach London bringen. Im Skagerrak erfaßte sie ein furchtbarer Sturm, trieb die «Thetis» nach Norwegen, wo sie in einer Bucht Zuflucht fand. Die Matrosen freuten sich der Rettung und sangen ein Seemannslied. Nach all der Aufregung und Angst vermischten sich in Wagners Vision die Bilder, die Klänge, die literarischen Reminiszenzen. Klänge des Matrosenliedes, der Schreckensanblick des wütenden Meeres, die Erinnerung an Heines Erzählung vom Gespensterschiff und vom fliegenden Holländer. In London machte Wagner zuerst Station, um dem Lord Bulwer-Lytton das nach dessen Roman geschaffene Opernlibretto zu überreichen, aber der Romancier und Staatsmann war nicht zu sprechen. In Paris entstand dann in den Hungerjahren, zwischen Bittstellereien, Besuchen bei Opernleuten und einflußreichen Gönnern, der Text einer romantischen Oper über das Holländer-Thema.

Die grausamste Ironie damaligen Lebens im Paris des Bürgerkönigs lag wohl für Wagner darin,

Heinrich Heine

1ste Vorstellung im vierten Abonnement.

Königlich Sächsisches Hoftheater.

Montag, den 2. Januar 1843.

Zum ersten Male:

Der fliegende Holländer.

Romantische Oper in drei Akten, von Richard Wagner.

Personen:

Daland, norwegischer Seefahrer. — —	Herr Risse.
Senta, seine Tochter. — — —	Mad. Schröder-Devrient.
Erik, ein Jäger. — — — —	Herr Reinhold
Mary, Haushälterin Dalands. — — —	Mad. Wächter.
Der Steuermann Dalands — —	Herr Bielczizky.
Der Holländer. — — — —	Herr Wächter.

Matrosen des Norwegers. Die Mannschaft des fliegenden Holländers. Mädchen.

Scene: Die norwegische Küste.

Textbücher sind an der Casse das Exemplar für 2½ Neugroschen zu haben.

Krank: Herr Dettmer.

Einlaß-Preise:

	Thlr.	Ngr.
Ein Billet in die Logen des ersten Ranges und das Amphitheater . .	1	—
„ „ „ „ Fremdenlogen des zweiten Ranges Nr. 1. 14. und 29.	1	—
„ „ „ „ übrigen Logen des zweiten Ranges	—	20
„ „ „ „ Sperr-Sitze der Mittel- u. Seiten-Gallerie des dritten Ranges	—	12½
„ „ „ „ Mittel- und Seiten-Logen des dritten Ranges . . .	—	10
„ „ „ „ Sperr-Sitze der Gallerie des vierten Ranges . . .	—	8
„ „ „ „ Mittel-Gallerie des vierten Ranges	—	7½
„ „ „ „ Seiten-Gallerie-Logen daselbst	—	5
„ „ „ „ Sperr-Sitze im Cercle.	—	20
„ „ „ „ Parterre-Logen	—	15
„ „ „ das Parterre	—	10

Die Billets sind nur am Tage der Vorstellung gültig, und zurückgebrachte Billets werden nur bis Mittag 12 Uhr an demselben Tage angenommen.

Der Verkauf der Billets gegen sofortige baare Bezahlung findet in der, in dem untern Theile des Rundbaues befindlichen Expedition, auf der rechten Seite, nach der Elbe zu, früh von 9 Uhr bis Mittags 12 Uhr, und Nachmittags von 3 bis 4 Uhr statt.

Alle zur heutigen Vorstellung bestellte und zugesagte Billets sind Vormittags von 9 Uhr bis längstens 11 Uhr abzuholen, außerdem darüber anders verfüget wird.

Der freie Einlaß beschränkt sich bei der heutigen Vorstellung blos auf die zum Hofstaate gehörigen Personen und die Mitglieder des Königl. Hoftheaters.

Einlaß um 5 Uhr. Anfang um 6 Uhr.

Ende gegen 9 Uhr.

Theaterzettel der Uraufführung des «Fliegenden Holländers»

daß der Direktor der Oper, Léon Pillet, zwar bereit war, den interessanten, wenn auch in Frankreich nicht mehr ganz neuartigen Opernstoff über das «vaisseau fantôme», das Gespensterschiff, zu akzeptieren, über den von Wagner selbstverständlicherweise vorgetragenen Plan aber, ihm selbst als Textdichter gleichzeitig auch die Vertonung zu übertragen, nur die Achseln zuckte. Wagner fand sich schließlich bereit, für fünfhundert Franken seine Rechte an dem Libretto zu verkaufen: unter dem inneren Vorbehalt, das Werk dann in deutscher Versgestalt und für die deutsche Opernszene so zu vertonen, wie es der Bild- und Klangvision vom Meer und von dem norwegischen Fjord entsprechen mochte.

Die *Holländer*-Musik ist dann noch in Paris, in sieben Wochen, entstanden. Mit den fünfhundert Franken, die schließlich ein gewisser Paul Foucher durch Vermittlung des Operndirektors zahlte, um die Werkidee zu erwerben, konnte ein Klavier angeschafft werden. Der Einfall des Steuermannsliedes, das unbegleitet, fast kunstlos, durchaus unopernhaft aufsteigt, um in erstaunlichen Naturlauten, mit Oktavenintervall, auszuklingen, wobei allerdings das typische Tremolo des *Holländer*-Orchesters den Gesang stützt, stellte sich zuerst ein. Dann wurde das Spinnerlied komponiert. Als Wagner die Nachricht von der Annahme des *Rienzi* durch Dresden erhielt, konnte er auch die *Holländer*-Partitur bereits mit auf die Rückreise nehmen.

Der fliegende Holländer, Romantische Oper in drei Akten von Richard Wagner, erlebte am Montag, 2. Januar 1843, noch nicht drei Monate nach der Uraufführung des *Rienzi*, am königlich-sächsischen Hoftheater zu Dresden seine erste Aufführung. Es war ein Achtungserfolg, wohl kaum mehr. Das Publikum hatte begreiflicherweise ein Gegenstück zum vergötterten *Rienzi* erwartet und war enttäuscht. Den Holländer sang «Herr Wächter», die Senta «Mad. Schröder-Devrient».

Auch dies hatte Wagner nunmehr erreicht, neben der Kapellmeisterstelle dort, wo einst Weber stand: daß Wilhelmine Schröder-Devrient, deren Fidelio als Jugenderlebnis großer musikalischer Dramatik den künftigen Meister der Opernszene so entscheidend geprägt hatte, nun ihre Kunst für eine seiner eigenen Operngestalten einzusetzen bereit war.

Immerhin war der halbe Erfolg der *Holländer*-Premiere für Wagner nicht mehr zur Lebensfrage geworden; die Ernennung zum Ersten Kapellmeister an der königlichen Oper konnte als Ausgleich dienen.

Beides ist richtig: daß Wagner erklären kann, der *Holländer* sei genauso als wirkungsvolles «Theaterstück» angelegt wie der *Rienzi*, und daß er trotzdem in seiner romantischen Oper, die nun nicht mehr den Untertitel einer «Großen Oper» trägt, ein Werk *heftiger Umkehr* geschaffen habe. Der *Holländer* steht zunächst in der Tradition deutsch-romantischer Opernkunst: in den stofflichen und geistigen Antithesen wie in der Verwendung der musikalischen Mittel. Wie stets beinahe in der Handlungsführung romantischer Opern in Deutschland, bildet der Zusammenstoß zwischen Menschenwelt und Geisterwelt das geistige Zentrum. Nach diesem Grundprinzip war E. T. A. Hoffmanns Oper «Undine» nach der Erzählung des Barons de la Motte Fouqué angelegt; «Freischütz» und «Oberon» hatten diesen Zusammenstoß nicht weniger behandelt als die Opern Heinrich Marschners. Es gehörte auch durchaus zu dieser Tradition, daß die Begegnung des Menschen, der sich liebend und vertraut mit der Geisterwelt einließ, tragisch zu enden hatte. Die Vermischung der beiden Sphären, der irdischen mit der außerirdischen, vollzog sich lange vor Wagner als Konstellation von Liebe und Tod. Das Thema des Liebestodes, von Richard Wagner später immer wieder umkreist und abgewandelt, bildete bereits bei E. T. A. Hoffmann ein Leitmotiv. Richard Wagner hat immer wieder bewiesen, daß er sein frühes Hoffmann-Erlebnis zu nutzen verstand.

Zusammenstoß also der Menschen- und Geisterwelt im Zeichen des Liebestodes. Ein zweites Überlieferungselement lag in der Weltschmerzthematik. Die Holländer-Gestalt Richard Wagners ist nicht bloß Verkörperung der Geisterwelt. Sie bedeutet – darüber hinaus – eine Erweiterung des weltschmerzlichen Außenseitertyps der europäischen Romantik ins Geisterhafte. Die Weltschmerzliteratur gehört geschichtlich dem Zeitalter der politischen Restauration in Europa, der Metternich-Zeit an. Immer wieder wird gerade von den kühnsten und wahrhaft empörerischen Künstlern der europäischen Romantik (die sich in der politischen Zielsetzung wie den künstlerischen Ausdrucksformen ganz wesentlich von der deutschen romantischen Schule unterscheidet) die skeptisch-gesellschaftsfeindliche Gestalt des resignierenden Empörers nachgestaltet. Man hat oft von «Byronismus» gesprochen, denn Byrons «Kain» oder «Manfred» konnten als Modelle dieser Literatur dienen. Byrons «Manfred» steht am Anfang einer Gestaltenreihe, der sich die polnische Romantik eines Adam Mickiewicz ebenso verpflichtet fühlt wie Puschkin mit dem «Eugen Onegin» oder Lermontov mit seinem Petschorin, dem «Helden unserer Zeit». Auch Friedrich Hebbels Golo aus der «Genoveva», die in diesem gleichen Jahre 1843 erschien, weist viele gemeinsame Züge mit der Weltschmerztradition und damit auch mit Wagners Holländer-Gestalt auf. Der Verbindung zwischen dem Holländer und den typischen Weltschmerzhelden Heinrich Marschners, dem Vampir oder Hans Heiling, mag gleichfalls gedacht werden.

Die Holländer-Gestalt Richard Wagners ist durchaus nicht bloß Inkarnation eines Verfluchten; sie bedeutet weit mehr als das, was Heine an der Gestalt gesehen hatte, wenn er sie mit dem Hinweis auf den «ewigen Juden des Ozeans» bewältigt zu haben glaubte. Wagners Holländer ist verflucht, aber er ist vor allem der Menschen überdrüssig und ihrer Gesellschaft. Seine Todessehnsucht, die er in der Auftrittsarie ausspricht, ist gegründet auf der Enttäuschung, auf der Verzweiflung am Menschen:

Dich frage ich, gepries'ner Engel Gottes,
der meines Heil's Bedingung mir gewann:
war ich Unsel'ger Spielwerk deines Spottes,
als die Erlösung du mir zeigtest an? –
Vergeb'ne Hoffnung! Furchtbar eitler Wahn!
Um ew'ge Treu' auf Erden – ist's getan! –

Der Holländer erscheint viel mehr als ein enttäuschter Mensch denn als ein verfluchtes Gespenst. Er ist unter anderem auch ein Misanthrop der klassischen Dramentradition, die gerade nach 1830 von neuem in der Literatur zu wirken begann.

Allerdings entsteht aus der Verbindung der beiden Motive: Geisterwelt–Menschenwelt und Weltschmerzthematik ein Konflikt, dessen Tiefe Wagner hier noch nicht ausgelotet hat. Sentas Schwur ewiger Treue kann nur auf eheliche Treue gerichtet sein: auf ein treues irdisches Zusammenleben mit dem geliebten Mann. Der Holländer aber muß diesen Schwur ganz anders verstehen. Sentas ewige und bewährte Treue braucht er, um sterben zu können! Der Konflikt ist unlösbar. Die irdische Bindung ist von Anfang an undenkbar. Ihr ist ebenso von Anbeginn an ein Element des Absurden beigemischt wie später der Eheschließung Elsas mit Lohengrin. An dieser Stelle aber weist der *Holländer* wesentlich über alle literarischen und librettistischen Vorbilder hinaus; zum erstenmal erscheint eine typische Wagner-Problematik auf der Opernbühne.

Sie besteht eigentlich darin, daß *Der fliegende Holländer* die Reihe der für Wagner so kennzeichnenden Künstlerdramen eröffnet. *Holländer, Tannhäuser* und *Lohengrin* haben untereinander ebensoviel Trennendes wie Gemeinsames. Sie alle aber sind Künstlerdramen mit beinahe gleicher Konstellation. Immer geht es um den Konflikt des Genies mit den herkömmlichen Lebens-, Kunst- und Moralbegriffen der Umwelt. Tannhäusers Künstlertum stößt zusammen mit traditionalistischer Kunstauffassung und Kunstübung. Die Künstlergestalten des Holländers und Lohengrins aber sind Geniegestalten, die ohne Beweis und Untersuchung mit dem Anspruch auf Unbedingtheit auftreten. Der Holländer fordert von Senta die fraglose *ewige Treue* ohne Gegenleistung. *Höchstes Vertrauen* (Lohengrin) und *die Treue bis zum Tod!* (Senta) entsprechen einander. Das ergibt keine mögliche Bindung. Wagner hat das gefühlt und auch komponiert: ekstatisch schwingt sich Sentas Stimme auf zum Schwur, ein Forte der Sängerin und des Orchesters markiert die Stelle *die Treue bis zum Tod!* Da aber der Schwur geleistet, die Tonart H-dur wieder erreicht ist, folgt kein Jauchzen und irdisches Frohlocken des Orchesters. Ein unheimliches plötzliches Pianissimo der Holzbläser und Hörner mit tremolierenden Streichern deutet auf das Ungute, Ungeheure dieses Schwurs. Der Künstler, das Genie, sie verlangen Treue ohne Frage und Beweis: kraft ihrer Lebensform als Genie, als Geist. Holländer, Tannhäuser und Lohengrin enthalten ebenso autobiographische Elemente Wagners wie Stolzing und Sachs, wie Tristan, Wotan und Amfortas. In einem späteren Brief an Franz Liszt (11. Februar 1853) wird die Gleichsetzung Wagner-Holländer ganz ausdrücklich vollzogen.

Auch die Musik des Holländers steht im Übergang zwischen dem Herkömmlichen und dem durchaus Neuen. Die Partitur ist als Nummernoper angelegt. Ouvertüre, dann erster Aufzug mit Introduktion, Lied des Steuermanns, Rezitativ und Arie, Szene und Duett, Schlußchor. Auch in den anderen beiden Aufzügen begegnen wir den gewohnten Formen romantischer Opernkunst, der Ballade, Arie, Kavatine, Duetten und Terzetten, schulgerechten Finales mit Chor. Die romantische Harmonik ist weitgehend übernommen und beibehalten; die verminderten Septimen Webers, Mendelssohns oder Marschners erscheinen auch dem Komponisten des *Holländers* als dienlich. Dennoch findet sich Chromatik von einer Kühnheit, die weit über alle Vorbilder hinausreicht. Wenn der Holländer im Duett mit Daland bekennt:

Wenn aus der Qualen Schreckgewalten
die Sehnsucht nach dem Heil mich treibt,
ist mir's erlaubt, mich festzuhalten
an e i n e r Hoffnung, die mir bleibt?,

so steigt das Melos der Singstimme folgendermaßen auf:

Die Vision endlicher Vernichtung in der Holländer-Arie steigt im Unisono der Singstimme mit Trompeten und Posaunen in gewaltigen Schritten auf:

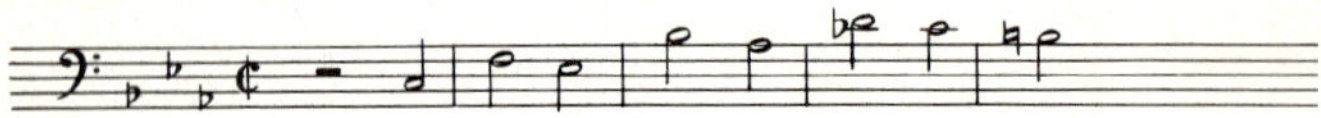

Dies alles ist romantische Tradition und dennoch bereits eigene Wagnersche kühne Erfindung.

Außerordentlich ist auch die Weiterbildung der volkstümlichen Lied- und Chornummern Carl Maria von Webers. Spinnerlied und Matrosenchöre sind volkstümlich melodische Einfälle ersten Ranges; sie haben wesentlich zur unverminderten Popularität der Oper beigetragen. Hart und nicht immer organisch verbunden neben diesen volkstümlichen Nummern aber stehen melodische Weiterbildungen ebenso in die Nähe Meyerbeers wie des jungen Verdi rücken. Dalands D-dur-Arie im zweiten Akt gehört hierher.

Nahezu vergleichslos bleibt die Ouvertüre. Sie ist eine symphonische Dichtung, die aber nicht bloß, wie bei Beethoven oder Weber, einige der Hauptthemen und geistig-musikalischen Kontraste zu einem geschlossenen Orchesterstück verbindet. Die *Holländer*-Ouvertüre ist eigentlich eine Vorwegnahme der Gesamthandlung. Sie unterscheidet sich dadurch auch von der *Tannhäuser*-Ouvertüre, erst recht von den Vorspielen zu *Lohengrin, Tristan* oder *Parsifal*. Erst im Vorspiel zu den *Meistersingern* hat Wagner von neuem eine musikalische Gesamtdarstellung der eigentlichen Handlung vorangestellt. Im Grunde

Bayreuther Festspiele 1956:
aus dem Bühnenbild zum 3. Akt des «Fliegenden Holländers»

läßt sich die *Holländer*-Ouvertüre durchaus episch nacherzählen. Das beginnt mit dem berühmten Holländer-Motiv in d-moll,

läßt die Erscheinung des Gespensterschiffes folgen, die Überleitung führt zum Erlösungsmotiv in der Paralleltonart F-dur, schildert das

weitere Umherirren auf dem Meer, die Begegnung von Geisterschiff und Menschenschiff, neues Suchen, die Erlösung scheinbar nahend in Sentas Schwur, scheinbares Scheitern der Erlösung mit dem zerrissen abbrechenden Fortissimo-Akkord, dem die Generalpause folgt; darauf die Heilsgewißheit, die sich formal, nach dem Vorbild Beethovens und Webers, als Schlußstretta im Übergang von d-moll zu D-dur ausdrückt, dann aber, in genauer Vorwegnahme des eigentlichen Opernschlusses, in leisen Tönen der Verklärung diese symphonische Kurzfassung des Werkes ausklingen läßt.

Tannhäuser

Auch der *Tannhäuser* entsteht aus dem Zusammenklang sinnlicher Eindrücke und literarischer Reminiszenzen. Zur frühen Hoffmann-Lektüre hatten die «Serapionsbrüder» gehört; dabei war Wagner mit der Geschichte vom «Kampf der Sänger» bekannt geworden, die den dritten Abschnitt der serapiontischen Auseinandersetzungen eröffnet. Angeregt durch Hoffmann, der seine Kenntnis vom sagenhaften Sängerkrieg auf der Wartburg nach eigener Angabe der Chronik des Altdorfer Professors Johann Christoph Wagenseil entnommen hatte, ohne wohl das 119 Strophen zählende mittelhochdeutsche Gedicht vom Wartburgkrieg gekannt zu haben, wendet sich Richard Wagner in Paris den Dokumenten mittelalterlicher deutscher Volks- und Kunstdichtung zu. Auch dies entspringt dem Protest des deutschen Musikers in Paris gegen den warenmäßigen Kunstbetrieb der Bürgerkönigswelt. Zweimal hatten literarische Schöpfungen des deutschen 19. Jahrhunderts bei Wagner die Neugier hervorgerufen, nun die eigentlichen mittelalterlichen Quellen dieser neuzeitlichen Dichtung kennenzulernen. So führte auch der Weg von Hoffmanns «Kampf der Sänger» zurück zum mittelhochdeutschen Lied vom Wartburgkrieg.

Die Textvorlage des Wartburgkrieges aber weiß kaum etwas vom Tannhäuser und vom Venusberg. Auch in Hoffmanns serapiontischer Erzählung steht Heinrich von Ofterdingen an dem Platz, den Wagner später in seiner romantischen Oper der Gestalt des Tannhäuser einräumte. Das Tannhäuser-Venus-Thema hat seine besondere Genesis und Überlieferung. Nur eine leichte Andeutung des mittelalterlichen Volksliedes vom Tannhäuser weist hinüber zum Sagenkreis um Wartburg und Sängerkrieg.

Das Tannhäuser-Thema hatte abermals Heinrich Heine an Wagner weitergereicht. «Der Tannhäuser. Eine Legende» war 1836 von Heine geschrieben und später in die Sammlung seiner «Neuen Gedichte» aufgenommen worden. Zuerst aber hatte er sein Tannhäuser-Gedicht, das abermals die Form eines Reisebilds annahm, an den Schluß eines Aufsatzes über «Elementargeister» gestellt und 1837 als dritten Band des «Salon» veröffentlicht. Seltsame Kontinuität in der Beziehung Heine–Wagner: im ersten Band des «Salon» findet Richard Wagner die Holländergeschichte, der dritte Band dieser gleichen Sammlung Heinescher Werke vermittelt die Bekanntschaft mit dem Tannhäuser. Heine hatte dabei so getan, als besäße er eine neuere Bearbeitung des Tannhäuserliedes. Es gab damals, in den ersten Jahrzehnten des 19. Jahrhunderts, viele Möglichkeiten für einen Deutschen, die Tannhäusersage kennenzulernen: durch Arnim, Brentano und das «Wunderhorn», durch die «Deutschen Sagen» der Brüder Grimm, durch eine ältere Fassung der Sage vom Venusberg, die Ludwig Bechstein 1835 im «Sagenschatz des Thüringer Landes» abgedruckt hatte. Heine übernahm das Motiv der Trennung Tannhäusers von der Frau Venus und schilderte dann die Pilgerfahrt nach Rom, die ein durchaus unbußfertiger Tannhäuser unternimmt, der als guter jungdeutscher Sensualist dem Papst die Schönheiten der Frau Venus preist und dafür nicht Zorn, sondern jammerndes Bedauern des Papstes erfährt. Im mittelalterlichen Tannhäuserlied hatte der Papst verkündet:

> «So wenig das Stäblein in meiner Hand grünen mag,
> kommst du zu Gottes Huld!»

Tannhäuser war dann, nach mittelalterlicher Überlieferung, in den Venusberg zurückgekehrt, wo er auch blieb, wenngleich das Stäblein grüne Blätter hervorgebracht hatte.

Dem Tannhäuser Heinrich Heines wird folgender Bescheid:

> «Der Teufel, den man Venus nennt,
> Er ist der Schlimmste von allen;
> Erretten kann ich dich nimmermehr
> Aus seinen schönen Krallen.
>
> Mit deiner Seele mußt du jetzt
> Des Fleisches Lust bezahlen,
> Du bist verworfen, du bist verdammt
> Zu ewigen Höllenqualen.»

Auch dieser Tannhäuser war – selbstverständlich, möchte man beinahe sagen – in den Venusberg zurückgekehrt: herzlich begrüßt. Ein satirisch-politischer Reisebericht hatte das Heine-Gedicht abgeschlossen, oder eigentlich auch bloß beendet, denn in der typischen Manier dieses Dichters war der formale Abschluß vermieden worden.

Heines Tannhäuser bringt Richard Wagner abermals dazu, die Quellen zu studieren. Die deutsche Mythologie der Brüder Grimm ist ihm vor allem wichtig. Nun hat er zwei getrennte Stoffe und Bereiche, die aber zueinander zu drängen scheinen: das Tannhäuser-Venusberg-Thema und das Sagenmotiv vom Sängerkrieg.

Im April 1842 kehrt Wagner mit Minna von Paris nach Dresden zurück. Die Reise dauert fünf Tage und Nächte. An der Grenze bei Forbach, so wird das später in *Mein Leben* ausführlich beschrieben, gerieten die Reisenden in Schnee und rauhes Wetter. Ein frühlinghaftes Paris hatten sie verlassen, hier in Deutschland schienen sie in den Winter zurückgedrängt zu werden. Die Reiseumstände waren wenig erfreulich. Im Rückblick hat sie Wagner als ein *Abenteuer von fast ähnlicher Gattung, wie unsere frühere Seereise* geschildert. Wie aber damals im norwegischen Fjord die Holländer-Vision als Bild und Klang aufgetaucht war, so brachte auch diese neue Reisestrapaze eine neue Vision:

Einen wirklichen Lichtblick gewährte mir die Begegnung der Wartburg, an welcher wir in der einzigen sonnenhellen Stunde dieser Reise vorbeifuhren. Der Anblick des Bergschlosses, welches sich, wenn man von Fulda herkommt, längere Zeit bereits sehr vorteilhaft darstellt, regte mich ungemein warm an. Einen seitab von ihr gelegenen ferneren Bergrücken stempelte ich sogleich zum «Hörselberg», und konstruierte mir so, in dem Tal dahinfahrend, die Szene zum dritten Akte meines ‹Tannhäusers›, wie ich sie seitdem als Bild in mir festhielt, und später dem Pariser Dekorationsmaler Déplechin, mit genauer Angabe meines Planes, zur Ausführung anwies. Hatte es mich bereits sehr bedeutungsvoll gemahnt, daß ich jetzt erst, auf der Heimreise von Paris, den sagenhaften deutschen Rhein überschritt, so dünkte es mich eine weissagungsvolle Beziehung, daß ich die so geschicht- und mythenreiche Wartburg eben jetzt zum ersten Mal leibhaftig vor mir sah.

Der Einklang war vollzogen. Thüringer Frühlingslandschaft, Tannhäuserthema und Reminiszenz an Hoffmanns Erzählung vom Kampf der Sänger wurden ineinander verschmolzen.

Von Anfang an trat das Tannhäuserthema dominierend hervor. *Der Venusberg*, so lautete der ursprüngliche Titel des neuen Opernbuches. Warum Wagner drei Jahre später, als er den Klavierauszug versenden sollte, einen anderen Titel wählte, nämlich *Tannhäuser und der Sängerkrieg auf der Wartburg*, ist gleichfalls in der großen Autobiographie mitgeteilt worden. Der Kommissionsverleger C. F. Meser in Dresden hatte Anstoß am Titel *Der Venusberg* genommen:

Die Wartburg

Er behauptete, ich käme nicht unter das Publikum und hörte nicht, wie man über diesen Titel die abscheulichsten Witze machte, welche namentlich von den Lehrern und Schülern der medizinischen Klinik in Dresden, wie er meinte, ausgehen müßten, da sie sich auf eine nur in diesem Bereich geläufigere Obszönität bezögen. Es genügte, eine so widrige Trivialität mir bezeichnet zu hören, um mich zu der gewünschten Änderung zu bewegen: ich fügte dem Namen meines Helden ‹Tannhäuser› die Benennung desjenigen Sagenstoffes hinzu, welchen ich, ursprünglich der Tannhäuser-Mythe fremd, mit dieser in Verbindung gebracht hatte, woran leider später der von mir so sehr geschätzte Sagen-Forscher und Erneuerer Simrock Ärger nahm.

Die Entstehung des Tannhäuser fällt also in die erste Dresdner Zeit. Die Niederschrift des szenischen Entwurfs erfolgte noch im Frühsommer 1842 in Teplitz. Dann unterbricht Wagner die Arbeit, da der Herbst für die Uraufführungen des *Rienzi* und des *Holländer* in Dresden vorgesehen wurde. Ungefähr ein Jahr nach jener Thüringer Frühlingsvision, im April 1843, ist der Text fertig. Wagner hatte schon in Teplitz einige erste musikalische Aufzeichnungen gemacht. Interessanterweise ist es auch diesmal wieder das volksliedhafte Element, das sich als erster musikalischer Einfall aufdrängt. Die Komposition des *Fliegenden Holländer* hatte mit Steuermannslied und Spinnerlied begonnen. Diesmal stellt sich zuerst der Frühlingsgesang des Hirten ein. Die Parallelität beider Fälle ist erstaunlich. Das Steuermannslied hatte unbegleitet begonnen, rauh und scheinbar kunstlos, um dann allerdings sogleich eine reiche harmonische Stütze zu erhalten. Der G-dur-Sang des Hirten dagegen – *Frau Holda kam aus dem Berg hervor* – wird durchaus unbegleitet gesungen, nur die «Schalmei» unterbricht einmal den Gesang und gibt schließlich dem Lied einen heiteren, instrumentalen Abschluß. Allerdings hatte sich sogleich mit dem Einfall des Hirtenliedes, wie Wagner aus der Erinnerung mitteilte, auch die Musik des Pilgerchors eingestellt.

Größte Schwierigkeiten bereitete dem Tonsetzer dann, nach eigenem Eingeständnis, die Venusberg-Musik. Es ist eigentümlich, daß alle späteren Umarbeitungen Wagners am *Tannhäuser* weitgehend dieser Musik des Bacchanales und der kompositorischen Beziehung zwischen Ouvertüre und Venusbergmusik gewidmet wurden.

Die Komposition wurde noch vor Jahresende 1844 in Dresden abgeschlossen, die Partitur in den ersten Monaten des Jahres 1845 ausgeführt. Auch diese Wagner-Uraufführung erfolgte in Dresden. Drei Jahre nach der *Rienzi*-Premiere an der gleichen Stelle, am 19. Oktober 1845, fand die *Tannhäuser*-Premiere in der sächsischen Hofoper statt. Richard Wagner stand wieder am Pult, am Kapellmeistersitz Carl Maria von Webers. Wilhelmine Schröder-Devrient, die fest an Wagners Genius glaubte, hatte die hochdramatische, reichlich undankbare Partie der Venus übernommen. Johanna Wagner, eine Nichte des Dichters, Komponisten und Dirigenten, sang die Elisabeth. Die überaus schwierige, auch von heutigen Sängern nach wie vor gefürchtete Partie des Tannhäuser sang der Tenor Tichatschek. Seinem Versagen vor allem schreibt es Wagner zu, wenn auch diese Dresdner Wagner-Premiere *nicht mehr als einen Achtungserfolg* erbrachte. Übrigens war der eigentliche Schluß der Oper in dieser ersten Dresdner Fassung noch sonderbar rudimentär: kein Wiedererscheinen der Venus, keine Leiche der Elisabeth, kein Auftreten der jüngeren Pilger mit dem grünenden Stab. Die Schlußszene verließ sich offensichtlich sehr stark auf ein Publikum, das auch bloße Andeutungen zu verstehen imstande sei. Wagner tat also recht daran, die ursprüngliche Fassung später zu erweitern und der Oper jenen Schluß zu geben, den wir heute kennen.

Wie schwer es war, den damaligen Sängern, die entweder an die deutsch-romantische Webertradition oder an den Stil der Großen Oper gewöhnt waren, die ganz neue Darstellungs- und Gesangsweise beizubringen, die der *Tannhäuser* nun schon gebieterisch verlangt, mag man ahnen, liest man den im Züricher Exil verfaßten umfangreichen Aufsatz *Über die Aufführung des ‹Tannhäuser›. Eine Mitteilung an die Dirigenten und Darsteller dieser Oper.* Wagner hatte bitterste Erfahrungen gesammelt, wenn er zu der Erklärung gezwungen war:

Es liegt auf der Hand, daß geistvolle dramatische Kompositionen auf diese Weise bis zur vollsten Unkenntlichkeit verstümmelt werden müssen; es ist aber auch ebenso gewiß, daß selbst die seichtesten modernen italienischen Opern in der Darstellung außerordentlich gewinnen würden, wenn dabei jener Zusammenhang, der selbst in diesen Opern (obgleich nur in den groteskesten Zügen) noch vorhanden ist, zur Geltung käme. Ich erkläre aber, daß eine dramatische Komposition wie mein ‹Tannhäuser›, deren einzige Wirkungsmöglichkeit lediglich in jenem Zusammenhange zwischen Szene und Musik beruht, geradeswegs umgebracht wird, wenn das von mir gerügte Verfahren der musikalischen und szenischen Dirigenten bei der Darstellung seine Anwendung erhält. Ich ersuche daher die musikalischen Dirigenten, denen Neigung oder Auftrag die Aufgabe zuwies, mein Werk aufzuführen, die Partitur zunächst nicht anders zu lesen, als mit der genauesten Beachtung der Dichtung und endlich der besonderen zahlreichen Angaben für die szenische Darstellung.

Der Handlungsablauf des *Tannhäuser* und alle wichtigen Gestalten sind bereits in den mittelalterlichen Quellen und bei den neueren literarischen Anregern, bei Hoffmann und Heine, vorgebildet: Venus und Tannhäuser, der Landgraf Hermann, die sechs Sänger, die auch Hoffmann nennt, wobei Wagner die etwas künstlich anmutende Schreibweise der Namen bei Hoffmann modernisiert hat, und wobei allerdings, wie bereits gesagt, der Tannhäuser an die Stelle des Ofterdingen getreten war. Die Nichte des Landgrafen, die auch in Hoffmanns Erzählung zwischen Wolfram und Ofterdingen steht, heißt Mathilde im «Kampf der Sänger». Wagner hat das Motiv der heiligen Elisabeth hinzugefügt, während die geschichtliche Elisabeth von Ungarn, die heilige Elisabeth, mit dem späteren Landgrafen Ludwig von Thüringen, einem Sohn des Landgrafen Hermann, vermählt wurde. Gemäß der Tannhäuser-Tradition spannt sich auch bei Wagner der Bogen vom Auszug aus dem Venusberg über die Romfahrt, die Wagner allerdings bloß musikalisch ausführt und als Orchestereinleitung dem dritten Akt voranstellt, über den Fluch des Papstes und die Rückkehr nach Deutschland, bis zum Entschluß, in den Venusberg zurückzukehren. Auch der zweite Akt mit dem Sängerkrieg stützt sich sehr weitgehend auf überlieferte Bestandteile der Handlung.

Trotzdem ist aus der Verschmelzung der beiden Quellen und Mo-

Richard Wagner, Paris 1842, Zeichnung von E. B. Kietz

tive etwas durchaus Neues entstanden: nicht bloß in der musikalischen Ausführung, sondern auch in der gedanklichen Substanz und der Charakteranlage der handelnden Gestalten. Das mittelalterliche Sängerstreitthema galt der Lobpreisung des besten Fürsten. Auch in Hoffmanns Erzählung wirkt diese Gestaltung der Vorlage weiter nach: allerdings mit entscheidenden Änderungen. Zunächst einmal war in der Erzählung vom «Kampf der Sänger» der Außenseiter Heinrich von Ofterdingen als «Bürger zu Eisenach» den fünf anderen Sängern, «alle ritterlichen Ordens», wie Hoffmann schreibt, entgegengestellt worden. Wohl spielt auch bei Hoffmann die doppelte Gestalt der himmlischen und der irdischen Liebe hinein, denn der Zauberer Nasias singt in der Nacht bei der Generalprobe gegen Wolfram ein «Lied von der schönen Helena und von den überschwenglichen Freuden des Venusberges», wogegen Wolfram die «Himmelsseligkeit der reinen Liebe des frommen Sängers» gesetzt hatte. Dennoch war es dem Meister der Serapionsbrüder nicht eben darauf angekommen. Die Antithetik in seinem Sängerkrieg beruhte auf dem Konflikt zwischen einer Dichtung des natürlichen Empfindens und einer Poesie künstlicher Gelehrsamkeit. Auch waren bei Hoffmann die Gestalten als Repräsentanten von Gedanken nicht sehr folgerichtig angelegt: das galt für die zwischen Ofterdingen und Wolfram schwankende «Dame Mathilde» ebenso wie für den Meister Klingsohr aus Ungarland, der bald als Teufelskünstler, bald als echter Prophet geschildert wurde.

Wagner dagegen stellt ausdrücklich die beiden Formen der sinnlichen und der geistig-geistlichen, der niederen und der hohen Liebe gegeneinander. Indem er das Wartburg-Thema mit dem Tannhäuser-Thema vereinigt, muß er der Frau Venus eine ideell vollgültige Gegenspielerin geben. Darum kann er die Mathilde Hoffmanns nicht gebrauchen, sondern muß die Elisabeth von Anfang an als heilige Elisabeth konzipieren. Damit aber ist das Werk auf den Typengegensatz der Huldin und der Heiligen gebracht. Das entspricht zweifellos mittelalterlicher Anschauung, gehört aber sehr ausdrücklich auch zum Ideengut des Jungen Deutschland. Venus und Elisabeth, das ist heidnische und christliche Welt; nach der Auffassung der jungdeutschen Dichter ist darin auch der klassische Konflikt von Sinnenglück und Seelenfrieden (Schiller), von heidnischer Sinnlichkeit und christlicher Askese verkörpert (Goethes «Braut von Korinth»). Heinrich Heine hatte diese Auseinandersetzungen, die natürlich eng mit der Emanzipation des bürgerlichen Menschen von der lutherischen Moraltheologie zusammenhängen, als Gegensatz des sinnenfreudigen Hellenentums und der asketischen Nazarener verstanden. Auch diese Gedankengänge Heinrich Heines waren Richard Wagner bekannt. Das Element des Heiligen in Elisabeth verstand er nicht eigentlich christlich: auf die Askese, den sinnlichen Verzicht hin, war die Gestalt angelegt. Das hatte nun wieder mit E. T. A. Hoffmann zu tun, denn dessen Märchen und Geschichten hatten der Künstlerliebe alle sinnliche Verwirklichung abgesprochen. Der Musiker und die reine Sängerin, mit welcher eine irdische Vereinigung nicht möglich war: das zog sich als Leitmotiv durch Hoffmanns ganzes Werk, und auch der Kapellmeister Kreisler war ein Musiker, wie Tannhäuser ...

Wie Tannhäuser, und wie Richard Wagner. Der Dichter des *Tannhäuser* hat später gelegentlich verquält bemerkt, der *Tannhäuser* sei eigentlich, um einen modernen Ausdruck für den Sachverhalt einzuführen, als «Abreaktion» zu verstehen. Der sinnlich unerfüllte Mann Wagner berauschte sich an den sublimen und sublimierten Gebilden des Venusbergs. Allein er ließ Tannhäuser dadurch schuldig werden und sich schuldig fühlen. Auch hier war der tragische Ausgang mit Notwendigkeit gegeben.

Das jungdeutsche literarische Glaubensbekenntnis wäre schon damit erfüllt worden, daß Tannhäuser zwischen der niederen und der hohen Minne schwankt, zwischen Heidentum und Christentum, und daß er sich in diesem Konflikt verzehrt. Wagner hat den Tannhäuser-Konflikt aber noch anders und eigentümlicher verstanden. Es kam ihm auf einen Aspekt an, der nicht immer klar erfaßt wurde. In einem sehr ausführlichen und wichtigen Brief an Liszt, der in Zürich am 29. Mai 1852 geschrieben wird und genaue Angaben für eine *Tannhäuser*-Aufführung enthält, wird die Grundproblematik des Werkes angedeutet:

Nachdem zuvor alles um Elisabeth, die Mittlerin, sich gruppierte, sie den Mittelpunkt einnahm und alle nur auf sie hören oder ihr nachsprechen und singen, stürzt Tannhäuser, der sich seines furchtbaren Frevels inne wird, in die furchtbarste Zerknirschung zusammen, und — als er wieder Worte des Ausdruckes findet, die ihm zunächst noch versagen, weil er wie bewußtlos am Boden liegt —, wird er plötzlich zur einzigen Hauptperson; und alles gruppiert sich nun so um ihn, wie zuvor um Elisabeth. Alles übrige tritt zurück, alles begleitet gewissermaßen nur ihn, wenn er singt:

‹Zum Heil den Sündigen zu führen,
Die Gottgesandte nahte mir:
Doch ach! sie frevelnd zu berühren
Hob ich den Lästerblick zu ihr!
O! du, hoch über diesen Erdengründen,
Die mir den Engel meines Heil's gesandt:
Erbarm' dich mein, der ach! so tief in Sünden
Schmachvoll des Himmels Mittlerin verkannt!›

In diesem Verse und in diesem Gesang liegt die ganze Bedeutung der Katastrophe des Tannhäuser, ja, das ganze Wesen des Tannhäuser, was ihn mir zu einer so ergreifenden Erscheinung machte, liegt einzig hierin ausgesprochen. Sein ganzer Schmerz, seine blutige Bußfahrt, alles quillt aus dem Sinne dieser Strophen: ohne sie hier, und gerade hier, so vernommen zu haben, wie sie vernommen werden müssen, bleibt der ganze Tannhäuser unbegreiflich, eine willkürliche, schwankende — erbärmliche Figur.

Was Wagner als Tannhäusers Schuld empfindet, wird plötzlich offenbar. Nicht daß er im Venusberg weilte, begründet seine Tragödie. Damit verfällt er bloß der Ächtung durch Papst und Kirche. Wagner scheint nicht gewillt, dieses Verdikt zu übernehmen; solche Schuld ist ihm nicht der tiefste Frevel. Der Venusberg bleibt — man ahnt warum! — eine läßliche Sünde. Aber die Projizierung sinnlichen Begehrens auf Elisabeth, verkennendes Luststreben vor *des Himmels Mittlerin:* das begründet Tannhäusers unsühnbare Schuld.

Sonderbare Übernahme klassischer Motive und Konflikte in diese romantische Oper! Muß man nicht sagen, der Künstler Tannhäuser versündige sich an der Fürstin Elisabeth in ähnlicher Weise wie der Künstler Tasso an der Prinzessin Leonore? Wirkt hier nicht Wolfram in der Art von Goethes Antonio, gibt es nicht Verbindungen zwischen Goethes Herzog und Wagners Landgrafen? Die Künstlertragödie in Wagners Tannhäuser wird in solcher Sicht ganz unmittelbar evident. Zugleich damit auch die sonderbare deutsche gesellschaftliche Konstellation des Tasso- wie des Tannhäuser-Konflikts.

Ein weiterer Grundaspekt dieser romantischen Oper nämlich hängt damit zusammen, der gleichfalls oft verkannt wurde, wenngleich Richard Wagner auch auf ihn ausdrücklich hinwies. Als er die eben fertig gewordene *Tannhäuser*-Partitur an Karl Gaillard nach Berlin schickte, hieß es im Begleitbrief vom 5. Juni 1845:

Ich schicke Ihnen hier meinen Tannhäuser, wie er leibt und lebt; ein Deutscher vom Kopf bis zur Zehe; nehmen Sie ihn als Geschenk freundschaftlich an. Möge er imstande sein, mir die Herzen meiner deutschen Landsleute in größerer Ausbreitung zu gewinnen!! Diese Arbeit muß gut sein, oder ich kann nie etwas Gutes leisten. Es war mir ein wahrer Zauber damit angetan; sowie und wo ich nur meinen Stoff berührte, erbebte ich in Wärme und Glut: bei den großen Unterbrechungen, die mich von meiner Arbeit trennten, war ich stets mit einem Atemzuge so ganz wieder in dem eigentümlichen Dufte, der mich bei der allerersten Konzeption berauschte.

Die Formulierung wirkt einigermaßen verwunderlich. Worin ist Tannhäuser, der Sänger nämlich, *ein Deutscher vom Kopf bis zur Zehe?* Viel eher möchte man diese Kennzeichnung für Wolfram in Anspruch nehmen und die anderen Widersacher Tannhäusers im Wartburgstreit, die Wolfram zu preisen unternimmt:

. . . So viel der Helden, tapfer, deutsch und weise,
Ein stolzer Eichwald, herrlich, frisch und grün.

Sie alle aber, diese Helden, dieser Eichwald des deutschen Sanges, sind Tannhäusers Widersacher. Er geht nicht eben glimpflich mit ihnen um:

Ha, tör'ger Prahler, Biterolf!
Singst du von Liebe, grimmer Wolf?
Gewißlich hast du nicht gemeint,
was mir genießenswert erscheint.
Was hast du Ärmster wohl genossen?
Dein Leben war nicht liebereich,
und was von Freuden dir entsprossen,
das galt wohl wahrlich keinen Streich!

Dennoch wird von Wagner gerade das Deutschtum Tannhäusers betont. Auch hier fließt die gesellschaftliche Erfahrung mit der höchst persönlichen Problematik zusammen. Tannhäusers Schwanken zwischen Venus und Elisabeth hängt, wie angedeutet, mit seelischen Vorgängen im Mann und Künstler Richard Wagner zusammen. Aber Tannhäuser ist auch in anderer Hinsicht nicht bloß eine Künstlergestalt schlechthin, sondern eine Künstlergestalt mit autobiographischem Erleben des Künstlers Richard Wagner. Das Deutschtum Tannhäusers und Richard Wagners ist besonders spürbar bei der Absage an Venus und die Umwelt des Venusbergs. Die tiefe Wirkung, die auf der Bühne jedesmal eintritt, wenn die Venuswelt blasser, wesenloser wird und die deutsche, thüringische Frühlingslandschaft hervorkommt, beruht nicht bloß auf dem szenischen Effekt des Dekorationswandels, sondern auf dem alternierenden Erscheinen zweier geistiger Welten. Mit Recht hat Richard Wagner in einem anderen Brief an Liszt (30. Januar 1852) gebieterisch gefordert, daß Tannhäuser im Venusberg alle drei Strophen seines Liedes singen müsse: *Die richtige Steigerung, namentlich auch in der Wirkung auf die Venus, geht sonst durchaus verloren.* Die

Tannhäuser kehrt zum Venusberg zurück.
Zeichnung von Aubrey Beardsley, 1895

Steigerung aber hat Wagner gleichzeitig im Gedicht und in der Musik angelegt. Tannhäusers Lied wechselt die Tonart, es steigt chromatisch auf: erste Strophe in Des-dur, die zweite in D-dur, die dritte, zwingende steht in Es-dur. Das hängt mit dem Inhalt zusammen. Die erste Strophe des Tannhäuserliedes bittet um Befreiung aus romantischem Überdruß am Genießen. Schon Heinrich Heines Tannhäuser hatte sich nach «Bitternissen» gesehnt. Der Tannhäuser der ersten Strophe begehrt, im romantischen Des-dur:

Aus Freuden sehn' ich mich nach Schmerzen.

Die zweite Strophe ist weit kraftvoller angelegt; sie weiß andere, zwingendere Gründe der Befreiung zu nennen als die morbiden des Überdrusses:

Doch ich aus diesen ros'gen Düften
verlange nach des Waldes Lüften,
nach unsres Himmels klarem Blau,
nach unsrem frischen Grün der Au',
nach unsrer Vöglein liebem Sange,
nach unsrer Glocken trautem Klange: —
Aus deinem Reiche muß ich flieh'n, —
o Königin, Göttin! Laß mich zieh'n!

Von hier aus wird plötzlich die Sehnsucht nach der deutschen Landschaft, nach Deutschland verständlich. Plötzlich hat Tannhäuser die Gestalt des deutschen Musikers Richard Wagner in Paris angenommen. Venusberg und Pariser Lebensform, deutsche Landschaft und Deutschlandsehnsucht, das kommt nun zur Deckung. Darin aber ist Tannhäuser, und nicht Wolfram, urdeutsch von Grund auf.

Auch die Lockung mit der Liebesgrotte will jetzt nicht mehr verfangen: die dritte Strophe des Liedes bedient sich der von Beethoven her bekannten, heroischen Tonart Es-dur. In neuer Gestalt erscheint Tannhäuser, mit neuen Aspekten nationaldeutschen Künstlertums damaliger Zeit:

Doch hin muß ich zur Welt der Erden,
bei dir kann ich nur Sklave werden;
nach Freiheit doch verlange ich,
nach Freiheit, Freiheit dürstet's mich;
zu Kampf und Streite will ich stehen,
sei's auch auf Tod und Untergehen: —
drum muß aus deinem Reich ich flieh'n,
o Königin, Göttin! Laß mich zieh'n!

An diesen Grundgedanken seines Tannhäusers, die untrennbar mit der Entstehungszeit des Werkes und den Ideen Richard Wagners in den 40er Jahren zusammenhängen, hat auch der spätere Meister niemals rütteln lassen. Er bestand darauf, daß der wahre Konflikt in Tannhäuser gegen Ende des zweiten Aktes szenisch deutlich gemacht werde; er forderte unabdingbar, daß die innere Steigerung des Tannhäuserliedes im ersten Akt geistig verstanden und szenisch realisiert würde.

Das Deutschtum Tannhäusers äußert sich übrigens im musikalischen Bereich in eigentümlicher Weise. Es läßt sich zeigen, daß Richard Wagner die eminent deutschen Partien seiner Werke gern durch eine Musik mit ausgesprochenem Marschcharakter auszudrükken pflegte. Das beginnt lange vor den *Meistersingern*. Folgt man dem Rhythmus gerade des Tannhäuserliedes, so ist der Charakter einer hymnischen Marschmusik nicht zu verkennen. Allerdings kann auch nicht geleugnet werden, daß ähnliche Stellen der Partitur (und sogar diese Strophen des Tannhäuserliedes) gleichzeitig dem Belcanto der Großen und insbesondere auch der italienischen Oper sehr nahestehen. Die große Bariton-Kantilene in D-dur, die Wolfram bei der Wiederbegegnung mit Tannhäuser anstimmt, um den Freund zur Rückkehr zu Elisabeth zu veranlassen, und die dann durch die einstimmenden vier Sänger und den Landgrafen zum Sextett erweitert wird, bedeutet einen melodischen Einfall ersten Ranges; aber sie bleibt ganz unverkennbar der Tradition der französischen oder italienischen Opernszene verhaftet.

Trotzdem sind die deutschen und die außerdeutschen geistig-seelischen Bereiche, in Venus und Elisabeth nur äußerlich verkörpert, durch Musik von extremster Gegensätzlichkeit ausgedrückt. Die Genialität der *Tannhäuser*-Partitur beruht gerade darauf. Auch hier gibt es eine sonderbare und für Wagner kennzeichnende Ambivalenz der musikalischen Haltung: in der Dichtung soll die französisch-heidnische Welt des Venusbergs durch die deutsche Landschaft, das deutsche Kunstideal, durch Sittenreinheit und Heiligkeit überwunden werden. Der musikalische Ausdruck aber dieser Deutschheit, der hohen Minne, der Rittertradition ist reichlich konservativ, um nicht zu sagen herkömmlich. Der Pilgerchor und Wolframs Liedformen besitzen eine fatale Ähnlichkeit mit der musikalischen Nachfolge der Romantik durch die «kleinen Meister» des deutschen Männersangs. Die unüberbietbare Beliebtheit von Pilgerchor oder Lied an den Abendstern hat das nachträglich bestätigt. Es ist in der Tat nicht leicht, dem Eröffnungslied Wolframs im Sängerkrieg musikalisch gerecht zu werden. Es-dur, völlige rhythmische Unergiebigkeit des 2/2-Taktes, Modulation von Es-dur nach c-moll, nach As-dur, Septime der Dominante, Rückkehr in die Grundtonart, bescheidene Modulation nach G-dur und f-moll, und abermals die Grundtonart mit Harfenklängen: es ist schwer, sich eine konservativere, spannungslosere Musik vorzustellen. Auch Wolframs zweite Kantilene, gegen Tannhäuser gerichtet, unter Wiederaufnahme der Es-dur-Tonart, ist zwar sehr sangbar und sängerisch wirkungsvoll *(Dir, hohe Liebe, töne begeistert mein Gesang)*, aber sie bleibt rhythmisch und harmonisch ebenso unergiebig.

Der Venuswelt dagegen hat Wagner eine Musik von äußerster Genialität geschenkt, die in der rhythmischen Vielfalt, der Klangphantasie und Neuartigkeit der Instrumentation über alles hinausragt, was vorher von ihm geschaffen worden war. Die festen und starren Rhythmen des Pilgerchors oder der herkömmlichen deutschromantischen Kantilene sind gebrochen, alles scheint zu gleiten; die Eindeutigkeit der Tonarten scheint verwischt, das dunkle Tremolo des Holländer-Orchesters hat sich in ein flirrendes Tremolieren der Geigen verwandelt; kühne Figurationen fahren wie Stichflammen auf. Die erotische Eindeutigkeit der rhythmischen Bewegung wird schon im Venusbergteil der *Tannhäuser*-Ouvertüre durch chromatisch aufsteigende Sextolengänge der Celli gestützt; ein Taktbeginn im Forte wird sogleich wieder ins Piano zurückgenommen. Wenn dann aber – abermals in der Ouvertüre – diese eindeutige Musik der Ausschweifung in Tannhäusers Venuslied übergeht, so bedeutet das zwar eine kräftige instrumentale Steigerung, läßt aber sogleich auch die schwirrende, unfaßbare Tonwelt der Frau Venus in das deutsch-marschmäßig preisende Lied Tannhäusers, des deutschen Musikers in Paris, übergehen ...

Hat Wagner gewußt, daß der musikalische Gegensatz zwischen Tannhäuser und Wolfram als Antithese romantischer Epigonenmusik und neuer Wagnermusik gestellt worden war? Vieles spricht dafür. Das Unbehagen Mendelssohns und Robert Schumanns vor der *Tannhäuser*-Partitur war nicht unberechtigt: sie mußten sich in eigener Sache angegriffen fühlen. Immerhin hatte Wagner seinem musikalischen Gegenspieler Wolfram noch eine ernst gemeinte musikalische Ausdrucksform gegeben. Die musikalische Kennzeichnung Beckmessers gegenüber dem Wagnerianer Stolzing sollte ungünstiger ausfallen!

Mit dem Erscheinen des *Tannhäuser* und seiner langsam, doch unaufhaltsam wachsenden Beliebtheit beginnt aber zugleich die Auseinandersetzung zwischen Wagnerianern und Antiwagnerianern. Zehn Jahre nach der Uraufführung war die Oper bereits über die meisten deutschen Bühnen gegangen; auch Riga hatte sie gespielt, wo Wagner einst als Kapellmeister leiden und den Gläubigern ausweichen mußte; *Tannhäuser* in Prag, in Antwerpen, in Straßburg. Die Fronten der Anhänger und erbitterten Gegner begannen sich zu formieren. Jetzt war der Dichter und Komponist bereits so bekannt geworden, daß er ein lohnendes Thema für den Parodisten abzugeben vermochte. Johann Nestroy hatte sich Hebbels Judith nicht nehmen lassen. Auch der Tannhäuser, später der Lohengrin, schien ihm als Gegenstand der Parodie ergiebig zu sein.

Mit den wachsenden Erfolgen des *Tannhäuser* beginnt übrigens auch das auf lange Jahrzehnte hin fast unerschöpfliche Kapitel «Richard Wagner in der Karikatur». Hierbei tut sich zunächst die Berliner Presse und Publizistik hervor, denn erst 1856 wird es möglich, den *Tannhäuser* an der preußischen Hofoper zu Berlin zu geben. Der «Kladderadatsch» veröffentlicht dazu eine ganze Seite Karikaturen, die sich fast mehr noch gegen den «Abbé» Franz Liszt als gegen Wagner richten und auf den Vorwurf religiöser «Proselittenmacherei» hinauswollen. In aller Plumpheit des bornierten Kleinbürgertums verstand dabei der «Kladderadatsch» die eigentlichen geistig-künstlerischen Positionen gar nicht so schlecht. Er hätte auch gegenüber Nietzsche recht gehabt, denn bereits mit dem *Tannhäuser*, nicht erst mit dem *Parsifal*, beginnt der «Fall Wagner».

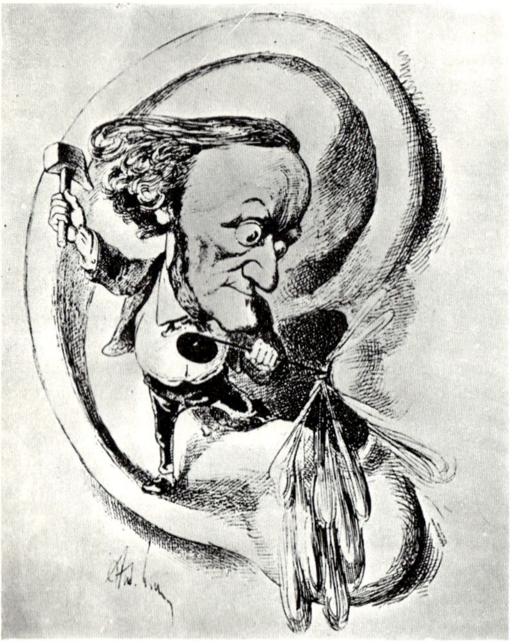

Karikatur von Gill in der «Eclipse»

Lohengrin

Die Heftigkeit der Auseinandersetzung steigert sich seit Erscheinen des Schwanenritters. Im Grund ist der *Lohengrin* heute vielleicht dasjenige Werk Richard Wagners, vor welchem sich die Gegensätze am stärksten zu äußern pflegen. Die balladeske Wucht des *Holländers* hat sich durchgesetzt. *Meistersinger* und *Tristan* sind gleichfalls dem Streit entrückt; der *Parsifal* war als Ausnahmewerk gedacht und ist auf der Bühne der Operntheater ein Ausnahmewerk geblieben. Auch geschlossene Aufführungen der Tetralogie sind verhältnismäßig selten; im übrigen zerfällt der *Nibelungenring*, darin einem allgemeinen Erfolgsgesetz heutigen Musiklebens folgend, in «beliebte» und weniger begehrte Stücke, fast könnte man sagen: in erquickliche und unerquickliche Partien; zu ersteren gehören erster Akt *Walküre*, Walkürenritt, Schmiedelieder und Waldweben, zu den unerquicklichen Teilen gehört eigentlich zum Leidwesen des perfekten Wagnerianers (um einen Ausdruck von Bernard Shaw zu gebrauchen) ziemlich genau die gesamte Ringmythologie. Der *Tannhäuser* besitzt noch seine beliebten Arien, Chöre und Orchesterstücke der alten Operntradition.

Die besitzt auch der *Lohengrin*: vielleicht noch in weit höherem Maße als sein Vorgänger. Dennoch verwandelt sich ein *Lohengrin*-Gespräch stets mit Leichtigkeit in eine grundsätzliche Auseinandersetzung zwischen Anhängern und Gegnern. Vor dem *Tristan* und auch noch vor dem *Ring* ist es möglich geworden, musikalischen Genuß vom Unbehagen über Psychologie, Kryptophilosophie und Mythologie zu trennen. Im Falle des *Lohengrin* erhöht der musikalische Genuß das totale Unbehagen: gerade diese verzaubernde Musik scheint sich mitschuldig gemacht zu haben!

Es bedurfte nicht erst der Ereignisse aus Deutschlands jüngerer Vergangenheit, nicht erst der Zusammenstellung *Lohengrin* und Drittes Reich, um bedenkliche Elemente der Wagner-Kunst durch den *Lohengrin* sichtbar zu machen. Verzückung und Haß treffen hier so hart aufeinander wie selten sonst vor Werken der Kunst, selbst der Kunst Richard Wagners. Das *Lohengrin*-Erlebnis des bayerischen Kronprinzen Ludwig, der bereits mit zwölf Jahren Wagners Abhandlung *Das Kunstwerk der Zukunft* verschlungen hatte und dann am 16. Juni 1861, noch nicht sechzehnjährig, den *Lohengrin* hörte, bewirkte Verzauberung, die unter Tränen empfangen wurde. Das Wunder *Lohengrin* (der Wundertäter *in lichter Waffen Scheine* war dabei von der Musik nicht zu trennen) sollte sich auch in Richard Wagners Leben als Wunder erweisen. *Lohengrin* begründete das ebenso produktive wie folgenschwere Mißverständnis der Freundschaft eines früh gealterten Mannes und Tonsetzers mit einem knabenhaften, im tieferen Sinne wohl gar nicht musikverständigen König.

Vom *Tannhäuser* zum *Lohengrin* führt ein gerader Weg; die zeitliche und geistige Nachbarschaft ist groß. Außerdem sind die Grundgedanken des *Lohengrin* im Juli 1845 in Marienbad gleichzeitig mit der Kernkonzeption der *Meistersinger* entworfen worden. Beide Tatsachen sind für das Verständnis notwendig. Der *Lohengrin* führt die Linie des *Tannhäuser* weiter. Lohengrin und Stolzing sind legitime Verwandte des Sängers Tannhäuser. Das Künstlerthema Wagners, die geschichtliche Bedeutung eines wagnerianischen Künstlers, war im *Tannhäuser* zu stark noch im Sagennebel verborgen geblieben. Die Weiterführung des Konfliktes im geschichtlichen, räumlich wie zeitlich genauer vorstellbaren Bereich schien sich aufzudrängen. Wagnerische und gegen-wagnerische Kunst, Tannhäuser und Wolfram, nicht mehr in die Ferne gerückt durch ein sagenhaftes Mittelalter, sondern mit einem authentischen und geschichtlichen Deutschland, mit Nürnberg im 16.Jahrhundert, in Verbindung gebracht. Bereits der erste Marienbader Entwurf der *Meistersinger* vom 16.Juli 1845 gibt neben dem geschichtlichen Aspekt des 16.Jahrhunderts sogleich auch den politischen Aspekt des deutschen 19.Jahrhunderts, des Jahres 1845, mit den beiden einzigen von Wagner damals schon niedergeschriebenen Schlußzeilen:

Zerging' das heil'ge römische Reich in Dunst,
uns bliebe doch die heil'ge deutsche Kunst.

Damit aber steht der Meistersinger-Entwurf unmittelbar neben geschichtlich-politischen Lohengrin-Worten wie:

Was deutsches Land heißt, stelle Kampfesscharen,
dann schmäht wohl niemand mehr das deutsche Reich!

Ludwig II. als König Lohengrin. Karikatur aus dem «Floh»

Oder:

Wie fühl' ich stolz mein Herz entbrannt,
find' ich in jedem deutschen Land
so kräftig reichen Heerverband!
Nun soll des Reiches Feind sich nah'n,
wir wollen tapfer ihn empfah'n:
aus seinem öden Ost daher
soll er sich nimmer wagen mehr!
Für deutsches Land das deutsche Schwert!
So sei des Reiches Kraft bewährt!

Oder:

Doch, großer König, lass' mich dir weissagen:
dir Reinem ist ein großer Sieg verlieh'n.
Nach Deutschland sollen noch in fernsten Tagen
des Ostens Horden siegreich niemals zieh'n!

Abermals: es kann nicht angehen, solche Sätze nur «im Lichte unserer Erfahrung» verstehen zu wollen. Sie müssen zunächst aus dem Geist ihrer Entstehungszeit gedeutet werden. Da aber zeigt sich wiederum die Verbindung zu den *Meistersingern* — wie die Verbindung zum *Tannhäuser*. *Tannhäuser* war deutsche Sage und mittelalterliche Dichtung. Den Sagencharakter und die geschichtliche Undeutlichkeit der romantischen Mittelalterauffassung hatte Richard Wagner beibehalten. Sinnlicher, greifbarer, nachvollziehbarer wurde bei ihm die Landschaft. Der Sängersaal war romantisch-«altdeutsch» gehalten wie bei Moritz von Schwind, aber die Landschaft war wirkliches Thüringen. Auch Lohengrin, der ein Künstler ist wie Holländer und Tannhäuser oder auch Stolzing, ein Wunschbild dazu, bleibt Sagengestalt. Auch ihn hatte Wagner bei Wolfram von Eschenbach gefunden, der den Schwanenritter, den Sohn Parzivals, als Loherangrin bezeichnet. Das Gedicht vom Sängerkrieg weist gleichfalls Beziehungen zum Lohengrin-Thema auf. Am Ende des 13. Jahrhunderts war dann im Bayerischen ein eigenes Lohengrin-Epos entstanden, das die Geschichte des Schwanenritters schon in die Zeit des Sachsenkönigs Heinrich I. und in die Kriege gegen Ungarn und Sarazenen verlegt hatte. Wagner las das von Joseph von Görres mit einer ausführlichen Einleitung herausgegebene Lohengrin-Epos in Marienbad. Hier lag alles bereit: deutsche Sage in weitaus engerer Verbindung mit deutscher Geschichte als im Tannhäuser; deutsche Geschichte mit der Möglichkeit politischer Nutzbarmachung; daneben eine neue Gestaltungsmöglichkeit des Künstlerthemas. Der *Lohengrin*, Gedicht und Musik, entsteht in den drei Jahren, die zur Revolution von 1848 überleiten sollten. Die Partitur wird Ende März 1848 vollendet, einen Monat nach Ausbruch der französischen Februar-Revolution, die den Bürgerkönig Louis-Philippe vertrieben hatte, zwei Wochen nach den Märzkämpfen in Berlin und Wien, nach Ausbruch auch der sächsischen Revolution.

Lohengrin ist abermals Tannhäuser, abermals der Künstler, abermals Richard Wagner. Er ist das Wunder, das Genie, das im Alltag erscheint. Die Geniegestalten der deutschen Sturm- und Drang-Bewegung (Götz gehörte dazu und Prometheus und der ursprüngliche Faust) waren Selbsthelfer, sie waren auch als Künstler zugleich Genies der Tat und der Empörung. Die Romantiker hatten den Künstler als Genie durch den Künstler als Wunder in religiöser Aura ersetzt. Wagner folgt ihnen hier nicht. Im *Lohengrin* ist die Romantik – darüber möge man sich nicht täuschen – weitgehend Requisit, viel weniger Substanz. Der *Tristan* ist weitaus romantischer als der *Lohengrin*. Das Wunder des Grals und der Lohengrin-Gestalt ist säkularisiert, durchaus noch nicht christlich verstanden. Den Gral deutet der Schöpfer des *Lohengrin* ganz anders als der spätere Meister des *Parsifal*. Wagner läßt darüber in der Mitteilung an die Freunde gar keinen Zweifel aufkommen:

Auch «Lohengrin» ist kein eben nur der christlichen Anschauung entwachsenes, sondern ein uralt menschliches Gedicht; wie es überhaupt ein gründlicher Irrtum unsrer oberflächlichen Betrachtungsweise ist, wenn wir die spezifisch christliche Anschauung für irgendwie urschöpferisch in ihren Gestaltungen halten. Keiner der bezeichnendsten und ergreifendsten christlichen Mythen gehört dem christlichen Geiste, wie wir ihn gewöhnlich fassen, ureigentümlich an: er hat sie alle aus den rein menschlichen Anschauungen der Vorzeit überkommen und nur nach seiner besonderen Eigentümlichkeit gemodelt.

Einen Lohengrin des authentischen Mittelalters kann Wagner nicht gebrauchen, denn nicht das christliche Künstlertum soll Lohengrins Tragik und Einsamkeit begründen, sondern bloß das Künstlertum:

Das mittelalterliche Gedicht brachte mir den Lohengrin in einer zwielichtig mystischen Gestalt zu, die mich mit Mißtrauen und dem gewissen Widerwillen erfüllte, den wir beim Anblicke der geschnitzten und bemalten Heiligen an den Heerstraßen und in den Kirchen katholischer Länder empfinden. Erst als der unmittelbare Eindruck dieser Lektüre sich mir verwischt hatte, tauchte die Gestalt des Lohengrin wiederholt und mit wachsender Anziehungskraft vor meiner Seele auf; und diese Kraft gewann von außen her namentlich auch dadurch Nahrung, daß ich den Lohengrinmythos in seinen einfacheren Zügen, und zugleich nach seiner tieferen Bedeutung, als eigentliches Gedicht des Volkes kennen lernte, wie er aus den läuternden Forschungen der neueren Sagenkunde hervorgegangen ist. Nachdem ich ihn so als ein edles Gedicht des sehnsüchtigen menschlichen Verlangens ersehen hatte, das seinen Keim keineswegs nur im christlichen Übernatürlichkeitshange, sondern in der wahrhaftesten menschlichen Natur überhaupt hat, ward diese Gestalt mir immer vertrauter.

Lohengrins Tragik beruht auf seiner Einsamkeit. Er ist das Wunder in einer Welt, die (in der Gestalt der Elsa) das Wunder zwar ersehnt, doch auch bemüht ist, es in die Alltagssphäre zu zwingen, eben dadurch aber des Wunderbaren zu entkleiden. *Holländer-* und

Lohengrins Abschied. Lithographie von W. v. Kaulbach, 1871

Tannhäuser-Motive sind ineinander verschlungen. Wie im *Fliegenden Holländer*, wie in der deutsch-romantischen Tradition gibt es abermals ein Bündnis zwischen Menschenwelt und Geisterwelt, das tragisch enden muß. Die Ehe zwischen Lohengrin und Elsa muß ebenso scheitern wie die Verlobung der Senta mit dem Ahasver des Ozeans. Hinzu kommt Tannhäusers Protest gegen Alltag und Kunsttreiben der üblichen Umwelt. Der Künstler Tannhäuser ersehnte andere Freuden und Schmerzen als die Wolfram und Walther; darum ging er in den Venusberg: um ein neues Künstlertum zu erlangen. Lohengrin ist dieser neue Künstler, dieser Wagner oder Wagnerianer. Die Glorie des Gralsrittertums bietet nur die äußere Form, die das Künstlersymbol annehmen soll, sie ist aber nicht das Symbol. Lohengrin ist das Künstlertum der Ausnahme, das sich nicht in den Alltag zwingen läßt. Das Frageverbot an Elsa drückt diesen Zustand höchst sinnreich aus. Das Genie verlangt fraglose Treue, höchstes Vertrauen, alle Reservate des Außerordentlichen. Der Alltag verlangt Kenntnis von Namen und Art, Einordnung des Wunders in das Übliche. An diesem Konflikt waren bereits E. T. A. Hoffmanns Künstlergestalten zerschellt. Auch der Anselmus in der Erzählung vom goldenen Topf lebte gleichzeitig in Dresden und in Atlantis. Lohengrin aber kann nicht zugleich Gralsritter, Ehegatte und Herzog sein. Der Gral ist Utopie, die sich nicht alltäglich machen läßt. Darum muß der Lohengrin-Konflikt mit Notwendigkeit tragisch enden. Dies um so mehr, als Wagner, wie bereits zitiert wurde, im Grunde geneigt ist, die Umwelt und den Alltag als das Unnatürliche, das Wunder des Künstlers aber als höhere Natürlichkeit zu betrachten.

Die besondere Tragik zwischen Lohengrin und Elsa, die aus diesem Konflikt entsteht und entstehen muß, hat der Dichter in doppelter Weise begründet. Einmal entspringt sie aus Elsas Schuld: sie hat versucht, das Wunder zur sinnlichen Existenz zu zwingen. Wagner begründet, abermals in der Mitteilung an die Freunde, die Unmöglichkeit dieses Verlangens in reinster Terminologie des Jungen Deutschland und der Philosophie Ludwig Feuerbachs:

Was ist nun das eigentümlichste Wesen dieser menschlichen Natur, zu der die Sehnsucht nach weitesten Fernen sich, zu ihrer einzig möglichen Befriedigung, zurückwendet? Es ist die Notwendigkeit der Liebe, und das Wesen dieser Liebe ist in seiner wahrsten Äußerung Verlangen nach voller sinnlicher Wirklichkeit, nach dem Genusse eines mit allen Sinnen zu fassenden, mit aller Kraft des wirklichen Seins fest und innig zu umschließenden Gegenstandes. Muß in dieser endlichen, sinnlich gewissen Umarmung der Gott nicht vergehen und entschwinden? Ist der Mensch, der nach dem Gotte sich sehnte, nicht verneint, vernichtet?

Damit aber wiederholt sich die Tannhäuser-Situation in sonderbarer Umkehrung. Tannhäusers tiefste Schuld lag darin, die heilige Elisabeth in irdischer Weise begehrt zu haben. Diesmal sind die Rollen vertauscht. Der jungdeutsche Konflikt zwischen sinnlicher und irdischer Liebe ist von neuem wirksam geworden. In der Lohengrin-Gestalt wurde das jungdeutsche Prinzip der Madonna gleichsam ins Männliche übertragen. Elsa scheitert daran, daß sie dem Wunder Lohengrin gegenüber das «Verlangen nach voller sinnlicher Wirklichkeit» erhoben hat. Allein auch Lohengrin ist eigentlich schuldig. Seine Mission war von Anfang an mit Vollziehung der Ehe und fürstlichem Alltag nicht zu vereinigen. Wenn er sich trotzdem darauf einließ, so begründete auch er Schuld und legte die Grundlage für seine Stimmung der Trauer, die ihn «wehmütig» in der Stunde des Abschieds den Schwan erblicken, «mit heftigem Schmerze» zu Elsa sprechen läßt. Wagner hat auch diese Seite des Konflikts bedacht und sogar gedichtet. Es gibt einige Textfragmente zu Lohengrins Schlußworten, die nicht vertont wurden, weil hierdurch die innere Zwiespältigkeit der Lohengrin-Gestalt noch stärker zum Ausdruck gekommen wäre. In den Fragmenten bekennt der scheidende Lohengrin:

O Elsa! Was hast du mir angetan?
Als meine Augen dich zuerst ersah'n,
fühlt' ich zu dir in Liebe schnell entbrannt

mein Herz, des Grales keuschem Dienst entwandt.
Nun muß ich ewig Reu und Buße tragen,
weil ich von Gott zu dir mich hingesehnt,
denn ach, der Sünde muß ich mich verklagen,
daß 'Weiberlieb' ich göttlich rein gewähnt!

In seltsamster Weise ist hier also das Höchstpersönliche mit den philosophisch-literarischen Reminiszenzen verwoben: abermals die Einsamkeit des Künstlers Wagner in seiner sächsischen Umwelt; die Trivialität von Eheleben und Berufsleben; die Reinheits- und Unreinheitsgedanken der jungdeutschen Literatur; Feuerbachs Philosophie der Menschenliebe, die das Christliche, ganz wie es Wagner mit Gral und Lohengrin tut, ins allgemein Menschliche umdeutet.

Es kommt hinzu, daß das Lohengrin-Drama außerdem noch bei Wagner auf einem tagespolitischen Gerüst abläuft. König Heinrich I. ist bereits in den Quellen erwähnt. Seine Appelle in den großen Königsreden der Oper wurden aber in jenen Jahren zwischen 1846 und 1848 von den Zeitgenossen im Sinne einer Verteidigung der deutschen Heimat gegen den Zarismus verstanden. Auch die Frage Schleswig-Holsteins und seiner Zugehörigkeit zu Deutschland spielt hinein in diese Jahre erhöhten nationalen Lebens und Bewußtseins.

Ortrud und Telramund gehören in den Bereich dieser politischen Aktualität. Auf den ersten Blick hat man hier nur ein Ritterspektakel vor sich, wie es nach alter Überlieferung auf dem Gegensatz von verfolgter Unschuld und verfolgender Zauberin oder Hexe aufgebaut zu werden pflegte. In Kleists «Käthchen von Heilbronn» hat man Käthchen und Kunigunde, im Opernvorbild des Lohengrin, in Webers «Euryanthe», wurde daraus das Gegenspiel der Euryanthe und der Eglantine. Wagner übernimmt die Zuordnung der Gestalten und ihre wesentliche dramatische Funktion. Aber Lohengrin ist durchaus anders in Nam und Art als der Ritter Wetter vom Strahl oder Webers Adolar. Die Rittertradition lieh das Handlungsgerüst, nicht die Substanz des Konflikts. Die nämlich ist politischer Art. Richard Wagner gedachte im *Lohengrin* ausdrücklich die damalige tagespolitische Auseinandersetzung zwischen «Zeitgeist» und «Reaktion» auf die Bühne zu bringen. In einem höchst aufschlußreichen späteren Briefe an Franz Liszt vom 30. Januar 1852 hat er sich genauer darüber geäußert. Der Freundschaft Liszts war bekanntlich die Weimarer Uraufführung des Lohengrin am 28. August 1850, also an Goethes Geburtstag, zu danken gewesen; der exilierte Wagner hatte sie nicht hören können. Die Fürstin Caroline von Sayn-Wittgenstein, Liszts Freundin, hatte an Wagner geschrieben und von der Darstellung und Darstellerin der Ortrud gesprochen. Wagner antwortete:

Sehr fesselten mich namentlich ihre geistvollen Bemerkungen über die Rolle der Ortrud, und der Vergleich, den sie zwischen der Leistung der früheren Darstellerin und der jetzigen anstellt. Auf welche Seite ich mich neige, wird Deine verehrte Freundin sogleich erken-

Franz Liszt, 1856, Lithographie von Kniehuber

nen, sobald ich meine Ansicht über diesen Charakter einfach dadurch bezeichne, daß Ortrud ein Weib ist, das — die Liebe nicht kennt. Hiermit ist Alles, und zwar das Furchtbarste, gesagt. Ihr Wesen ist Politik. Ein politischer Mann ist widerlich; ein politisches Weib aber grauenhaft: diese Grauenhaftigkeit hatte ich darzustellen. Es ist eine Liebe in diesem Weibe, die Liebe zu der Vergangenheit, zu untergegangenen Geschlechtern, die entsetzlich wahnsinnige Liebe des Ahnenstolzes, die sich nur als Haß gegen alles Lebende, wirklich Existierende äußern kann. Beim Manne wird solche Liebe lächerlich, bei dem Weibe aber furchtbar, weil das Weib — bei seinem natürlichen starken Liebesbedürfnisse — etwas lieben muß, und der Ahnenstolz, der Hang am Vergangenen, somit zum mörderischen Fanatismus wird. Wir kennen in der Geschichte keine grausameren Erscheinungen als politische Frauen. Nicht Eifersucht auf Elsa — etwa um Friedrichs willen — bestimmt daher Ortrud, sondern ihre ganze Leidenschaft enthüllt sich einzig in der Szene des zweiten Aktes, wo sie — nach Elsas Verschwinden vom Söller — von den Stufen des Münsters aufspringt, und ihre alten längst verschollenen Götter anruft. Sie ist eine Reaktionärin, eine nur auf das Alte Bedachte und deshalb allem Neuen Feindgesinnte, und zwar im wütendsten Sinne des Wortes: sie möchte die Welt und die Natur ausrotten, nur um ihren vermoderten Göttern wieder Leben zu schaffen. Aber dies ist keine eigensinnige, kränkelnde Laune bei Ortrud, sondern mit der ganzen Wucht eines — eben nur verkümmerten, unentwickelten gegenstandslosen — weiblichen Liebesverlangens nimmt diese Leidenschaft sie ein: und daher ist sie furchtbar großartig.

Aber selbst hier bleibt Richard Wagner in eigentümlicher Weise den Gedankengängen der jungdeutschen Literatur verbunden: selbst darin, daß er sie bekämpft. Frauenemanzipation, Politisierung des Weibes, wie man es nannte, war ein Hauptthema der Jungdeutschen gewesen. Der Wagner von 1845 stellt diesen Thesen in der Gestalt der Ortrud das Schreckbild einer politisierten Frau gegenüber, einer Frau allerdings, die politisiert ist im Sinne des Veralteten, des — in Wagners Sinne — Reaktionären. Fünf Jahre vorher hatte Friedrich

Hebbel in seiner «Judith», gleichfalls nach eigenem Eingeständnis, die Unmöglichkeit einer politisch handelnden Frau als Gegenthese zum Emanzipationsgedanken auf die Bühne gebracht.

Allerdings spürt man in Wagners Brief an die Fürstin Wittgenstein bereits Gedankengänge der nachrevolutionären Entwicklung. Man ahnt die innere Distanz, die der Briefschreiber zu seinem eigenen damaligen Denken und Gestalten einnimmt. Er weiß selbst nicht mehr recht, wie er sich der Ortrud gegenüber verhalten soll. Sie ist großartig und verwerflich. Sie ist ihm entsetzlich als politisches Weib. Ist sie aber entsetzlich durch die Tatsache ihres Politisierens und Handelns, oder durch Art und Richtung dieser Politik, die reaktionär ist, ahnengläubig? Sonderbare geistige und politische Mischung auch hier. Die Ablehnung politischen Frauentums durch Wagner ist ihrerseits reaktionär; seine Ablehnung der aristokratischen Politik, die Ortrud betreibt, deutet wiederum auf den vorrevolutionären Wagner, den Empörer und Gegner aller Feudalität.

Eigenartig berührt ferner, daß Ortruds Ruf nach den heidnischen Göttern von Wagner im *Lohengrin* negativ gedeutet wird, während wenige Jahre später bereits, in den ersten Entwürfen zum *Nibelungenring,* die germanische Götterwelt ganz anders akzentuiert erscheint. Der Grund liegt im *Lohengrin* aber darin, daß es nur obenhin um Christentum und Heidentum zu gehen hat. Lohengrin ist kein christlicher Ritter, und Ortrud ist keine Zauberin der Heidengötter. Lohengrin ist das Wunder des einsamen Künstlers in einer ungemäßen Umwelt, Ortrud aber ist die Verkörperung dieser aristokratisch ungemäßen Umwelt und damit im aktuellen Bereich die eigentliche Gegenspielerin des Gralsritters.

Im dramaturgischen Aufbau bedient sich Wagner zum erstenmal ausdrücklich der Alternierung von Tag- und Nachtszenen. Zum erstenmal erscheint die Szenerie des nächtlichen Mittelaktes, wie sie auch für den Handlungsaufbau von *Tristan* und *Meistersingern* maßgebend werden sollte.

Die *Lohengrin*-Musik hat Wagner vom Ende her komponiert. Er begann mit der Vertonung des dritten Aktes im Herbst 1846. Bis März 1847 war der Schlußakt komponiert; damit war das Motivinventar aufgestellt und auch schon durch Verflechtungen zu den musikalischen Höhepunkten geführt. Nun kehrte Wagner zum Anfang zurück, komponierte den ersten, anschließend sogleich den zweiten Akt. Als er im August an Ferdinand Heine schrieb, lag die eigentliche Opernmusik vor. Darauf erst entstand das Vorspiel.

Die eigentümliche Struktur der *Lohengrin*-Musik hat Franz Liszt in einer Analyse, die Richard Wagners freudige Dankbarkeit erregte, mit folgenden Worten beschrieben:

«Die Musik dieser Oper hat als Hauptcharakter eine solche Einheit der Konzeption und des Stils, daß es in derselben keine melodische Phrase und noch viel weniger ein Ensemblestück oder überhaupt irgendeine Stelle gibt, welche getrennt vom Ganzen in ihrer Eigentümlichkeit und in ihrem wahren Sinne verstanden werden kann.

Alles verbindet, alles verkettet, alles steigert sich. Alles ist mit dem Gegenstand auf das engste verwachsen und kann nicht von demselben losgelöst werden.»

In der Tat bildet der *Lohengrin* zum erstenmal musikalische Einheit in einem bis dahin auf der Opernbühne noch nicht erlebten Maße. Das Prinzip der alten Nummernoper ist jetzt endgültig preisgegeben. Das Werk ist in Szenen gegliedert, aber genau durchkomponiert. Die Leitmotive dienen vorerst noch der Charakteristik der Gestalten, Vorgänge, geistigen Prinzipien. Die Motive des Schwanenritters, des Gottesgerichts, des Frageverbots sind so geprägt und beim erstmaligen Erscheinen wie bei der bedeutungsvollen Wiederkehr im musikalischen Fluß in einer Weise «herausgestellt», daß sie des Aufmerkens der Zuhörer sicher sein können. Allerdings ist die Motivtechnik im *Lohengrin* noch durchaus dramatischer, opernhafter Art. Die Verknüpfung der Motive erfolgt noch nicht, wie in den späteren Werken, im Dienste psychologischer Analyse. Es gibt eigentlich im *Lohengrin* noch nicht jenen episch-musikalischen Stil, den Thomas Mann meinte, wenn er die Musikdramatik Richard Wagners als deutschen Beitrag zur Romankunst des 19. Jahrhunderts bezeichnete. Die Eigenart des neuen musikalischen Stils, die der Tonsetzer einige Jahre später bereits durch den Begriff der *absoluten Melodie* charakterisieren sollte, hängt eng mit Wagners Abkehr von den rhythmisch vorgeprägten und überlieferten Formen des Volksliedes und Volkstanzes zusammen. Abermals wird dieses neue musikdramatische Prinzip in der *Mitteilung an meine Freunde* entwickelt.

Wagner opferte bewußt die Volkstümlichkeit der Balladen, Volkslieder oder Chöre aus dem *Holländer,* die Arien oder französisch-italienischen Kantilenen, wie es sie noch in der *Tannhäuser*-Partitur gegeben hatte. Die *Lohengrin*-Musik verzichtete auf alle Volkstümlichkeit im hergebrachten Sinne. Es entsprach durchaus der Kernthematik des Werkes, die mit künstlerischer Einsamkeit und Unalltäglichkeit zusammenhing, wenn vor allem die Musik der Lohengrin-Gestalt durchaus neu, unvolkstümlich, absolut auftrat. Dem geistig Absoluten der Lohengrin-Gestalt entsprach eine Musik der absoluten Melodie. Dies wiederum mußte dazu führen, daß die den Schwanenritter gleichsam als tönende Aura umschwebende Musik, mit Wagner zu sprechen, von der *rhythmischen Volksmelodie* so weit wie möglich entfernt wurde. Das eigentliche Lohengrin-Thema, wie es in reizvoller Verkleinerung in Elsas Vision erscheint, um dann triumphierend im Fortissimo und in der Grundtonart A-dur den instrumentalen Abschluß der Gralserzählung zu bilden, ist allerdings auch rhythmisch sehr genau geprägt, doch kaum im Sinne volkstümlicher Rhythmik. Die übrige Schwanenritter-Musik dagegen ist merkwürdig einlullend, verzaubernd. Der harmonische Erfindungsreichtum hat gegenüber der Rhythmik durchaus den Vorrang; auch die typische Harmonik der *Lohengrin*-Musik zeichnet sich weniger durch Kühnheit und Überraschendes aus als durch magische, aber damit eigentlich auch primitive Wiederholung. Der fünfte und sechste Takt

des *Lohengrin*-Vorspiels in seiner Modulation von A-dur nach fis-moll enthält eigentlich die musikalische Keimzelle des ganzen Werkes. In eigentümlicher Wiederholung erlebt man vor der *Lohengrin*-Musik ein Auseinanderfallen des musikalischen Formats, je nachdem, ob das positive oder das negative Prinzip darzustellen ist. Die fis-moll-Welt Telramunds zu Beginn des zweiten Aktes ist kühner, leidenschaftlicher, weitaus rhythmischer bewegt als der A-dur-Glanz des Schwanenritters. Allerdings sind Telramund und Ortrud in ihrer Musik dafür viel stärker dem romantischen Opernstil Webers, Marschners, auch noch des *Fliegenden Holländers* verhaftet. Wie es andererseits Wagner gelingt, aus dem Sprachrhythmus und der Wortmelodie gesprochener Rede ein ganz eigentümliches Melos erstehen zu lassen, so daß die *Lohengrin*-Musik dadurch plötzlich, bei aller Abkehr vom musikalischen Volkston, eine neue musikalische Volkstümlichkeit überhaupt erst zu begründen vermochte, das gehört zu den großen Errungenschaften neuerer Musikgeschichte. Von der Sprachmelodie des Lohengrin führt ein gerader Weg zum Sprachmelos eines Janáček in der «Jenufa» und damit – zu einem Opernstoff aus dem Volksleben.

Auch das Vorspiel zum *Lohengrin* bricht mit allen Traditionen der Opernouvertüre, sogar mit jenen der vorhergehenden Wagner-Werke. Da ist nichts mehr von musikalischer Kurzfassung der Handlung wie im Vorspiel zum *Holländer.* Auch nicht mehr musikalische Evokation der geistigen Gegenprinzipien wie in der *Tannhäuser*-Ouvertüre. Im *Lohengrin*-Vorspiel wird weder eine symphonische Dichtung noch eine Musik absoluter Symphonik geboten. Diese Musik ist weder absolute Musik noch musikalische Dichtung. Sie gibt im Grunde eine *musikalische Bildwirkung.* In Umkehrung der berühmten Anweisung Beethovens wäre zu sagen, daß sie weit mehr Malerei ist als Ausdruck der Empfindungen. Das war beabsichtigt. Wagner hat in der Exilzeit neben anderen *Programmatischen Erläuterungen* auch eine Deutung des *Lohengrin*-Vorspiels gegeben, die er später in den fünften Band seiner Schriften aufnahm. Abermals beginnt er als treuer Schüler Feuerbachs. Die Umdeutung des Grals ins allgemein Menschliche wird wiederholt:

Aus einer Welt des Hasses und des Haders schien die Liebe verschwunden zu sein: in keiner Gemeinschaft der Menschen zeigte sie sich deutlich mehr als Gesetzgeberin. Aus der öden Sorge für Gewinn und Besitz, der einzigen Anordnerin alles Weltverkehrs, sehnte sich das unertötbare Liebesverlangen des menschlichen Herzens endlich wiederum nach Stillung eines Bedürfnisses, das, je glühender und überschwenglicher es unter dem Drucke der Wirklichkeit sich steigerte, um so weniger in eben dieser Wirklichkeit zu befriedigen war. Den Quell, wie die Ausmündung dieses unbegreiflichen Liebes-

dranges setzte die verzückte Einbildungskraft daher außerhalb der wirklichen Welt, und gab ihm, aus Verlangen nach einer tröstenden sinnlichen Vorstellung dieses Übersinnlichen, eine wunderbare Gestalt, die bald als wirklich vorhanden, doch unnahbar fern, unter dem Namen des «heiligen Grales» geglaubt, ersehnt und aufgesucht ward.

Musikalisch ist das in eine Klangwelt höchst statischer Art getaucht. Eine leise Musik, die an- und abschwillt, aber kaum eigentlich auch nur die mittlere Tonstärke anstrebt, Streicher und Holzbläser, wobei die Höhenlagen entscheidend dominieren und eine schwirrende, fast zirpende Klangwirkung erzeugen. Erst im weiteren Niederschweben des Grals wird der Bereich der Grundtonart modulatorisch verlassen, um im 50. Takt in einem jähen Crescendo die Niederkunft und Enthüllung des Grals vorzubereiten, die der 51. und 52. Takt des Vorspiels *(sehr gehalten)* zelebriert. Forte, das sich bald zum Fortissimo steigert. Reine Akkorde in scharf rhythmischer Prägnanz nebeneinander gestellt: D-dur, h-moll, Fis-dur, h-moll, A-dur, D-dur. Die musikalische Bewegung endet als Kreislauf. Der Gral kehrt zurück. Das dreifache Pianissimo der Geigen im A-dur-Akkord führt die Musik des Vorspiels zu ihrem Ausgangspunkt zurück. Das Wunder war in den Alltag getreten und hatte, wie es Wagner später nannte, *über den in Liebeswonne Verlorenen ... nun seinen Segen* ausgegossen, *mit dem er ihn zu seinem Ritter* weihte. Bindung und Dauer waren hier nicht möglich; der Gral mußte die Alltagswelt wieder verlassen. Das Künstlerthema war keines anderen als eines tragischen Ausgangs fähig.

Wagner hat im *Lohengrin* das eigene Sein und zugleich das Sein der Kunst, nicht bloß seiner eigenen Kunst, in der modernen Gesellschaft gestaltet. Seine Lohengrin-Problematik galt ihm – auch hier wieder – als einzigartig, höchst persönlich, untypisch. Sie war es nicht. Künstlertum und Bürgerwelt hieß das Thema. Die «Bedingungen der Möglichkeit» romantischer Kunst wurden hinfällig. Genau zehn Jahre nach Vollendung des Lohengrin hatte Flaubert die Geschichte der Madame Bovary zu Ende erzählt. Emma Bovary aber gehört an Lohengrins Seite. Für die beiden Künstler mit ähnlicher Thematik, Gustave Flaubert und Richard Wagner, bedeutete die europäische Revolution von 1848/49 einen Wendepunkt. Hier, bei Wagner, die Hinwendung zu den Erziehungslehren Arthur Schopenhauers; dort, bei Flaubert, die Geschichte des passiven Helden Frédéric Moreau, der seine «éducation sentimentale» gleichfalls im Ablauf der 1848er Revolution durchzumachen hatte.

Richard Wagner durchlebt diese revolutionäre deutsche Auseinandersetzung als ein Künstler und Politiker, der versuchen muß, seine philosophischen und literarischen Reminiszenzen aus Jungem Deutschland und Feuerbach, Proudhon und Stirner mit seinen eigenen besonderen künstlerischen Aspirationen in Verbindung zu bringen. Wagner ist gar nicht fähig und erst recht nicht willens, einem Revolutionsprogramm sich anzuschließen ohne Rücksicht darauf, ob dieses Programm seine eigenen musikalischen und theatralischen Konzeptionen zu fördern imstande wäre. Die Revolution ist *seine* Revolution. Gewiß geht es auch ihm um die deutsche Einheit, um neue Verfassungsformen: aber vor allem geht es ihm doch um die Verwirklichung seiner künstlerischen Projekte mit Hilfe der Revolution. Da der sächsische Hof und die Hoftheaterverwaltung in Dresden bisher den Reformplänen des Kapellmeisters Wagner sehr zähen Widerstand geleistet hatten, neigt Richard Wagner – selbstverständlich, möchte man sagen – den republikanischen Tendenzen zu. Von denen allerdings hat er sonderbare, nicht sehr klare, aber vielleicht dafür recht eigennützige Vorstellungen. Seine Rede *Wie verhalten sich republikanische Bestrebungen dem Königtum gegenüber?* vermag darüber Auskunft zu geben. Monarchistischer Republikaner oder republikanischer Monarchist. Vor allem aber ein Revolutionär, dem es um die Kunst- und Theaterreform geht. Der Sieg der Revolution ist als Sieg der Theorie und Praxis des Künstlers Richard Wagner gedacht. Durch alle revolutionären Aktionen und Schriften dieses sächsischen Kapellmeisters und Tonsetzers – vom März 1848 bis zur ersten Maiwoche 1849 – zieht sich dieses Leitmotiv.

Viel Bitterkeit hatte sich in den Dresdener Dirigenten-

Richard Wagner als Dirigent. Schattenriß von W. Bithorn

jahren angesammelt. Großes war allerdings auch vollbracht worden. Wagner hatte folgerichtig die Traditionen deutscher Opernkunst im Spielplan berücksichtigt. Als Dirigent und Tonsetzer wirkte er als Nachfolger und Fortsetzer Carl Maria von Webers. Seinem Eifer war die Überführung der Asche Webers von London nach Dresden im Dezember 1844 zu danken. «Euryanthe» wurde aufgeführt; Wagner hatte eine Trauermusik aus «Euryanthe»-Motiven verfaßt und am Grabe des «Freischütz»-Komponisten gesprochen. Am Palmsonntag des Jahres 1846 war eine Musteraufführung von Beethovens 9. Symphonie unter Wagners Leitung veranstaltet worden. 1847 wurde dann auch Gluck in die neubegründete deutsche Operntradition einbezogen. Beschäftigung mit Gluck, bei gleichzeitigem Studium griechischer Kunst und Philosophie, führte zu einer Wagnerschen Bearbeitung und zur erfolgreichen Einstudierung der «Iphigenia in Aulis».

Das alles war bedeutend und künstlerisch erfolgreich, aber es schien nicht zu genügen. Die Wiederaufnahme des *Rienzi* mißlang. Der *Tannhäuser* wurde kein Erfolg. Um die Aufführungsmöglichkeiten des neuen *Lohengrin* in Dresden schien es schlecht zu stehen. Mit der Intendanz lebte der Erste Kapellmeister in ewigem Streit. Außerdem war Wagner nun offenbar nicht mehr fähig, andere Künstler, auch solche hohen Ranges, neben sich und vor sich selbst zu vertragen. Weber war tot; Marschner konnte er zur Aufführung des «Hans Heiling» nach Dresden holen, aber er gefiel sich dabei bereits in der Rolle des Gönners. Robert Schumann, der zur gleichen Zeit als Konzertdirigent und Kompositionslehrer in Dresden wirkte, war insgeheim ein Ärgernis. Mendelssohns plötzlicher Tod am 4. November 1847 beseitigte den Anlaß zu schweren Konflikten. In der Autobiographie *Mein Leben* kann nachgelesen werden, wie die Erfolge des Dirigenten und Tonsetzers Mendelssohn-Bartholdy als quälende Seelenlast von Wagner empfunden wurden, der anzudeuten scheint, daß auch Mendelssohn ihm, Wagner, gegenüber in ähnlichen Empfindungen gelebt habe.

Wagner strebte im Theater nach der Alleinherrschaft, daran war nicht zu zweifeln. Die Berufung Karl Gutzkows an das sächsische Hofschauspiel hatte ihn dazu veranlaßt, eine scharfe Einengung der Kompetenzen des Schauspielmannes zu erreichen. Der jungdeutsche Dramatiker sollte von aller Einflußnahme auf die Oper und ihren Spielplan ausgeschlossen werden. In diesen Auseinandersetzungen nahm Wagner offen Partei innerhalb der literarischen Auseinandersetzungen der jungdeutschen Schule: er war für Heinrich Laube und gegen Karl Gutzkow. Das führte zu ersten heftigen Streitigkeiten mit dem königlichen Intendanten, dem Freiherrn von Lüttichau. Als die Revolution ausbricht, im Frühjahr 1848, scheint Wagner eine Möglichkeit zu sehen, die Alleinherrschaft des Kapellmeisters Wagner im Dresdener Theaterleben gleichsam gesetzlich zu begründen. Er schreibt den *Entwurf eines Nationaltheaters des Königreiches Sachsen*. Die Darstellung, die er selbst in der Autobiographie *Mein Leben* von dieser Episode gegeben hat, dürfte durch die Dokumente der Wagner-Sammlung von Mrs. Burrell widerlegt sein. Sicher ist, daß Wagner seinen Plan der Hoftheaterverwaltung einreichte, ohne, wie er selbst auch zugibt, seine Kapellmeisterkollegen oder die Mitglieder der Hofkapelle zu verständigen.

War Richard Wagner ein Revolutionär? Er selbst hat den gesamten Vorgang später nach Kräften bagatellisieren wollen. Seine Beteiligung am Dresdner Mai-Aufstand wurde als theatralische Ekstase eines leicht entflammten, aber eigentlich unpolitischen Künstlers hingestellt. Cosima und das Haus *Wahnfried* haben in diesem Sinne weitergewirkt. So entstand das Bild eines Künstlers, königlich sächsischen Kapellmeisters, der eigentlich ohne Schuld auf die Barrikade geriet, flüchten muß, sehr schnell im Exil seine Taten bereut und schließlich, trotz offenbarer Reue, spät erst und unter großen Schwierigkeiten die wohlverdiente Amnestie erhält.

Von alldem kann in Wahrheit keine Rede sein. Die Behauptungen in *Mein Leben* sind nicht haltbar. Wagner stellt es so dar, als habe er, zuerst noch tief beschäftigt mit der Vollendung des *Lohengrin*, gleichsam blinzelnd aufgeschaut, den Ausbruch der Revolution gewahrt und sich nunmehr ein bißchen für das Politische interessiert. In *Mein Leben* liest man das so:

Wohl war ich, namentlich durch meinen älteren Freund Franck für politisches Urteil bereits genügend geschult, um mit so Manchem eine ersprießliche Wirksamkeit des nun sich versammelnden deutschen Parlamentes zu bezweifeln; dennoch übte die, wenn auch unklare, doch zuversichtliche allgemeine Stimmung, der überall sich kundgebende Glaube an die Unmöglichkeit einer Rückkehr in die alten Zustände, auf mich ihren unvermeidlichen Einfluß aus. Nur wollte ich statt Reden Taten, und zwar solche Taten, durch welche unsere Fürsten unwiderruflich mit ihren alten, dem deutschen Gemeinwesen so hinderlichen Tendenzen brechen sollten. In diesem Sinne begeisterte ich mich sogar zu einem populär-poetischen Aufruf an die deutschen Fürsten und Völker zu einem großen kriegerischen Unternehmen gegen Rußland, da von dorther zuletzt der Druck auf die deutsche Politik ausgeübt schien, welcher namentlich die Fürsten ihren Völkern so verhängnisvoll entfremdet hatte. Eine Strophe lautete:

«Der alte Kampf ist's gegen Osten,
Der heute wiederkehrt:
Dem Volke soll das Schwert nicht rosten,
Das Freiheit sich begehrt.»

Zunächst mag zu denken geben, daß der Geist dieser Verse durchaus den entsprechenden Sätzen König Heinrichs und auch Lohengrins in der Oper entspricht; die geistig-politische Kontinuität ist also offensichtlich. Nicht minder deutlich wird die geistige Beziehung der nun im Revolutionsverlauf entstehenden Manifeste des Politikers Wagner zu den neuen künstlerischen Plänen, die sich der Dichter und Tonsetzer nach Vollendung des *Lohengrin* ausgesucht hat.

Auch die Tatsache, daß er in jenem Frühsommer 1848 nahezu als einzigen Freund den gescheiterten Musiker und leidenschaftlichen Revolutionär August Röckel festgehalten hat, um mit Röckel von nun an selbst politisch gemeinsame Sache zu machen, spricht gegen die These vom «Hineinschlittern eines unpolitischen Musikers». Aus Erinnerungen Dresdener Bürger scheint hervorzugehen, daß Röckel später von den Wohlmeinenden als Wagners Verführer und Verderber angesehen wurde. Richard Wagner selbst war ehrlicher. Er hat der seltsamen, aber doch bedeutenden Gestalt seines Revolutionsfreundes ein ehrendes Andenken bewahrt.

Durch Röckel kommt nun der mißvergnügte, reformfreudige, verschuldete Musiker und Politiker Richard Wagner mit dem politischen Parteileben Dresdens in Verbindung. Der «Deutsche Verein» genügt nicht, denn er vertritt die «konstitutionelle Monarchie auf breitester demokratischer Grundlage». In diesem Verein aber sind so bürgerliche Künstler wie Eduard Devrient und der Bildhauer Rietschel zu finden. Damit hat sich eine solche Partei für Wagner erledigt. Er tritt dem «Vaterlandsverein» bei, dem Sammlungsort der Linken, der eigentlichen Republikaner; vor ihnen spricht er, anstelle von Röckel, der nicht reden kann, zum Thema *«Wie verhalten sich republikanische Bestrebungen dem Königtum gegenüber?»*

Sie verhalten sich höchst sonderbar dem Königtum gegenüber. Richard Wagner beginnt damit, *den Untergang auch des letzten Schimmers von Aristokratismus* zu fordern. Abschaffung der Aristokratischen Ersten Kammer ist für die Männer des Vaterlandsvereins und auch für den Kapellmeister Wagner eine Selbstverständlichkeit. Ebenso steht es mit dem allgemeinen Wahlrecht:

Weiter wollen wir die Zuerteilung des unbedingten Stimm- und Wahlrechts an jeden volljährigen, im Lande geborenen Menschen: je ärmer, je hilfsbedürftiger er ist, desto natürlicher ist sein Anspruch auf Beteiligung an der Abfassung der Gesetze, die ihn fortan gegen Armut und Dürftigkeit schützen sollen.

Man würde nun folgerichtigerweise ein republikanisch-demokratisches Programm erwarten: Abschaffung des Aristokratismus hätte doch wohl mit der Beseitigung des Königtums zu beginnen. Daran aber denkt Richard Wagner ganz und gar nicht. Er weiß, daß man ihm Einwände machen und Unlogik vorwerfen wird:

Aber, fragt ihr nun: willst du dies alles m i t dem Königtum erreichen? — Nicht einen Augenblick habe ich sein Bestehen aus dem Auge verlieren müssen —, hieltet ihr es aber für unmöglich, so sprächet ihr selbst sein Todesurteil aus! Müßt ihr es aber für möglich erkennen, wie ich es für mehr als möglich erkenne, nun: so wäre die Republik ja das Rechte, und wir dürfen nur fordern, d a s s d e r K ö n i g d e r e r s t e u n d a l l e r e c h t e s t e R e p u b l i k a n e r sein sollte. Und ist Einer mehr berufen, der wahreste, getreueste Republikaner zu sein, als gerade der F ü r s t? Res publica heißt: die Volkssache. Welcher Einzelne kann mehr dazu bestimmt sein als der Fürst, mit seinem ganzen Fühlen, Sinnen und Trachten, ledig-

lich nur der Volkssache anzugehören? Was sollte ihn, bei gewonnener Überzeugung von seinem herrlichen Berufe, bewegen können, sich selbst zu verkleinern und nur einem besonderen kleineren Teile des Volkes angehören zu wollen?

Die Konzeption wird immer abenteuerlicher: der Republikaner singt das Lob des Hauses Wettin. Die unselige Forderung einer «Revolution von oben», eines Kompromisses aus Fürstentum und Bürgertum, die seit der deutschen Aufklärung so verhängnisvoll in Deutschland umhergetragen wurde und schließlich zur Reichsgründung von 1871 führte, erscheint auch dem scheinbar so konsequenten Republikaner Richard Wagner als durchaus einleuchtend.

Da Wagner zur gleichen Zeit mit dem dramatischen Projekt seines *Jesus von Nazareth* beschäftigt ist, nimmt es nicht wunder, daß der erbliche König als erster Republikaner gleichzeitig auch als *schönste deutsche Auslegung* des Christus-Wortes angepriesen wird: «Der Höchste unter euch soll der Knecht aller sein.» Eigentümlich in der Tat wandeln sich die Ideen der Französischen Revolution in Deutschland. Schon 1796 nämlich hatte Friedrich Schlegel in seinem «Versuch über den Republikanismus» ähnlich argumentiert und geschrieben: «Das Kriterium der Monarchie ... ist die größtmögliche Beförderung des Republikanismus.» Schlegel wollte damals sein Republikanertum aus der verdächtigen Nachbarschaft der Jakobiner entfernen. Auch Richard Wagner, der Republikaner und Sozialist, scheint das Bedürfnis zu verspüren, sich «nach links hin» abzugrenzen:

Oder wittert ihr hierin etwa Lehren des Kommunismus? Seid ihr töricht oder böswillig genug, die notwendige Erlösung des Menschengeschlechts von der plumpesten und entsittlichendsten Knechtschaft gemeinster Materie als gleichbedeutend mit der Ausführung der abgeschmacktesten und sinnlosesten Lehre, der des Kommunismus, zu erklären? Wollt ihr nicht erkennen, daß in dieser Lehre der mathematisch gleichen Verteilung des Gutes und Erwerbes eben nur ein gedankenloser Versuch zur Lösung jener allerdings gefühlten Aufgabe gemacht worden ist, der sich in seiner reinen Unmöglichkeit selbst das Urteil der Totgeborenheit spricht?

In alldem ist Richard Wagner nun wahrlich ein geistiger Mitläufer. Seine Ideen, dieses Gemisch aus Republikanertum, Reform von oben, Feuerbach, Stirner und Proudhon, wirken wie eine Illustration dessen, was im «Kommunistischen Manifest» unter der Etikette des «wahren Sozialismus» angegriffen wird. Man glaubt eine Analyse auch über Richard Wagners Revolutionsideen zu lesen, wenn es in diesem Manifest von 1848 bei Marx und Engels heißt: «Deutsche Philosophen, Halbphilosophen und Schöngeister bemächtigten sich gierig dieser Literatur und vergaßen nur, daß bei der Einwanderung jener Schriften aus Frankreich die französischen Lebensverhältnisse nicht gleichzeitig nach Deutschland eingewandert waren. Den deutschen Verhältnissen gegenüber verlor die französische Literatur alle unmittelbar praktische Bedeutung und nahm ein rein literarisches Aussehen an. Als müßige Spekulation über die wahre Gesellschaft, über die Verwirklichung des menschlichen Wesens mußte sie erscheinen ... Das Gewand, gewirkt aus spekulativem Spinnweb, überstickt mit schöngeistigen Redeblumen, durchtränkt von liebesschwülem Gemütstau, dies überschwengliche Gewand, worin die deutschen Sozialisten ihre paar knöchernen ‹ewigen Wahrheiten› einhüllten, vermehrte nur den Absatz ihrer Ware bei diesem Publikum.» Die Positionen sind klar. Richard Wagner bekämpft als *wahrer Sozialist* den *roh-destruktiven* Kommunismus von Marx und Engels. Der Kommunistenbund verspottet die Positionen des wahren Sozialismus, also auch diejenigen Richard Wagners, als «liebesschwüles» Geschwätz von Schöngeistern und Halbphilosophen. Wie immer man über Richard Wagner als Revolutionär denken mag: er repräsentiert eine typische Haltung; keineswegs ist er ein Fremdkörper in dieser sonderbaren deutschen Revolution. Er gehört zu ihr und sie gehört zu ihm. Da gibt es nicht einmal eine Zweiteilung in den Revolutionär und den Künstler Richard Wagner: Verse aus der *Lohengrin*-Dichtung verwandeln sich in politische Kampfgedichte, die Gedanken des politischen Redners und Agitators erfahren ohne Schwierigkeit eine Übertragung ins Opernhafte und Dramatische. Richard Wagner interessiert sich als Musikdramatiker neben der Arbeit am Jesus-Stoff für ein sonderbares Projekt, das wiederum, wie schon beim *Lohengrin,* als Mischung aus Mythos und Geschichte gedacht ist: als eine Synthese aus Nibelungen und Hohenstaufen. Friedrich Barbarossa, die Waiblinger und die Nibelungen — daraus wird ein Plan mit dem Titel *Die Wibelungen.* Die Schlußworte dieses Projektes, gleichfalls im Jahre 1848 niedergeschrieben, zeigen die Synthese des revolutionären Politikers und des Musikdramatikers: sie bilden überdies die Keimzelle des späteren *Nibelungenrings:*

«Wann kommst du wieder, Friedrich, du herrlicher Siegfried! und schlägst den bösen nagenden Wurm der Menschheit? —

‹Zwei Raben fliegen um meinen Berg —, sie mästeten sich fett vom Raube des Reiches! Von Südost hackt der eine, von Nordost hackt der andere: — verjagt die Raben und der Hort ist euer! — Mich aber laßt ruhig in meinem Götterberge!›»

Auch die Revolutionsschriften des Jahres 1849 stehen dazu nicht im Widerspruch. In diesen vierzehn Monaten einer deutschen oder sächsischen Revolution bleibt Wagner folgerichtig. Sein Aufsatz *Der Mensch und die bestehende Gesellschaft* stellt fest: *Im Jahre 1848 hat der Kampf des Menschen gegen die bestehende Gesellschaft begonnen.* Es ist die seit Ludwig Feuerbach wohlbekannte «menschliche Gesellschaft», worin die konkrete Sozialstruktur unter den Zügen einer Abstraktion «des Menschen» erscheint. Wagner fordert zwar — was einen Fortschritt gegenüber seinen Ideen von 1848 darstellt —, daß die bestehende Gesellschaft als eine verworfene beseitigt werden müsse. Die Gesellschaft der Zukunft habe die Pflicht, die Menschen *durch Vervollkommnung ihrer geistigen, sittlichen und kör-*

perlichen Fähigkeiten zu immer höherem, reinerem Glück zu führen. Das Bewußtsein aber einer solchen Bestimmung des Menschenrechtes müsse in der Gesellschaft erst geweckt werden. Das bedeute Kampf.

Ihren Höhepunkt finden Wagners Revolutionsideen in seiner berühmten Flugschrift *Die Revolution.* Die sozialistische Utopie hat nunmehr die Form einer Rhapsodie angenommen. Die Schlußworte wirken wie eine Vorwegnahme des späten Nietzsche: Dionysos oder der Gekreuzigte. Bei Wagner ist das keine Alternative, sondern eine Synthese.

Näher und näher wälzt sich der Sturm, auf seinen Flügeln die Revolution; weit öffnen sich die wieder erweckten Herzen der zum Leben Erwachten, und siegreich zieht ein die Revolution in ihr Gehirn, in ihr Gebein, ihr Fleisch, und erfüllt sie ganz und gar. In göttlicher Verzückung springen sie auf von der Erde, nicht die Armen, die Hungernden, die vom Elende Gebeugten sind sie mehr, stolz erhebt sich ihre Gestalt, Begeisterung strahlt von ihrem veredelten Antlitz, ein leuchtender Glanz entströmt ihrem Auge, und mit dem himmelerschütternden Rufe: «ich bin ein Mensch!» stürzen sich die Millionen, die lebendige Revolution, der Mensch gewordene Gott, hinab in die Täler und Ebenen und verkünden der ganzen Welt das neue Evangelium des Glückes!

Wie sehr dieses Denken in sich geschlossen bleibt und über die Niederlage des Revolutionärs hinaus in die erste Exilzeit weiterzuwirken vermag, zeigt die erste große Programmschrift des Emigranten Wagner über *Die Kunst und die Revolution,* die – durchaus im Einklang mit den eigentlichen Revolutionsschriften – in einer Synthese aus Jesus und Apollon ihre Krönung findet.

Chaotisch und folgerichtig – so sind die Gedanken, Reden und Flugschriften dieses Revolutionärs in dieser Revolution. Chaotisch und doch folgerichtig ist auch sein *praktisches Handeln* zwischen dem März 1848 und dem Mai-Aufstand 1849. Wagners Reden im Vaterlandsverein über Königtum und republikanische Bestrebungen hatten ihn natürlich bei Hofe, am Theater und beim ganzen konservativen Bürgertum Dresdens unmöglich gemacht. In der Presse wurde er als «Dr. Richard Faust» verspottet. Man widmete dem Redner des Vaterlandsvereins folgende Verse:

«Die Neunte Sinfonie, was wär' sie ohne ihn,
Was ohne ihn die Zeit, der Thron, das Haus Wettin?
Steht er nicht größer da als Lamartine?
O lasset im Triumph uns seinen Wagen ziehn
Und vor dem größten Geist der Mit- und Nachwelt knien.»

Nun geht Wagner auf Reisen, nach Wien, wo er die Auswirkungen und trügerischen Euphorien der März-Revolution erlebt, nach Weimar, wo er Liszt im Hotel Erbprinz aufsucht und zu einer näheren menschlichen und künstlerischen Bindung kommt; dann kehrt er nach Dresden zurück. August Röckel, den man vorübergehend verhaftet hatte, ist eifrig als Publizist und sozialistischer Agitator tätig. Richard Wagner steht ihm nach wie vor zur Seite. Beide gehören zum radikalsten Flügel der sächsischen Revolutionäre. Den Proudhonismus Röckels nahm Wagner durchaus und begeistert auf. Nur zwei Gedanken Röckels wollte er nicht mit in Kauf nehmen: die Abschaffung der Ehe und die Gleichheit aller arbeitenden Menschen ohne Sonderregelung für Künstler! In der späteren Autobiographie teilt das Wagner treuherzig mit. Hier handelt es sich in der Tat nicht mehr um abstrakte Menschheitsideen, um die Kunst und die «menschliche Gesellschaft», sondern um eine geistige Konsequenz, die der Künstler und Mann Richard Wagner keinesfalls zu akzeptieren gewillt war. Keine Egalität ohne Ausnahme für den Künstler und Mann Richard Wagner!

Die Gedanken des Jungen Deutschland hatten sich für Wagner mit der Person Heinrich Laubes verbunden; Feuerbach und Proudhon kannte er aus seinen Büchern; nun machte er eine neue, entscheidende Bekanntschaft, die ihn menschlich und gedanklich außerordentlich beeindrucken sollte.

Michail Alexandrowitsch Bakunin, 1814 geboren, also fast ein Altersgenosse Richard Wagners, hatte Vermögen, Adelstitel, Offizierspatent in Rußland zurückgelassen, um das westliche und mittlere Europa zu revolutionieren. Zwischen 1840 und 1849 findet man ihn überall dort, wo in Europa «etwas los ist». Als der alte Schelling, von Friedrich Wilhelm IV. auf den verwaisten Lehrstuhl Hegels berufen, im Wintersemester 1841/42 über Philosophie der Offenbarung liest, sitzt Bakunin im Auditorium, ebenso wie Sören Kierkegaard, wie Jacob Burckhardt, wie Friedrich Engels. Als Georg Herwegh ein Jahr später, im Herbst 1842, als gefeierter revolutionärer Dichter durch Deutschland zieht, begleitet ihn Bakunin. Er lebt dann als politischer Emigrant in der Schweiz, in Brüssel, in Paris. An der Februar-Revolution nimmt er teil. Als in Deutschland die Wahlen zur Frankfur-

Michail Bakunin (1814 — 1876). Stich von W. Barbotin

ter Nationalversammlung vorbereitet werden und die verschiedenen deutschen linken «Vaterlandsvereine» eine Generalversammlung nach Leipzig einberufen, trifft natürlich auch Bakunin ein: unmittelbar aus Paris.

Georg Herwegh (1817—1875). Stich von Gonzenbach nach einem Gemälde von Hitz

Daß dieser Mann, der nach Dresden weiterreiste, um dort unter dem angenommenen Namen eines Dr. Schwartz zu leben, sehr stark auf Richard Wagner wirkte, war nahezu unvermeidlich. Bakunin war ein Revolutionär «an sich»; daneben ein Todfeind des Zaren und des Zarismus. Die Revolution schien ihm gleichbedeutend mit russischer Revolution. Nun schloß sich der Kreis. Bakunin war mit Georg Herwegh befreundet, Herwegh empfahl ihn an August Röckel; Röckel vermittelte die Bekanntschaft zwischen Bakunin und Wagner; Wagner wurde wenige Jahre später der Exilgefährte Georg Herweghs in Zürich. Hatte Georg Herwegh dem Revolutionär Richard Wagner den Revolutionär Bakunin zugeführt, so sollte er ihm in Zürich fünf Jahre später eine andere, für den Denker und Künstler Wagner höchst folgenreiche Bekanntschaft vermitteln: Schopenhauers Buch «Die Welt als Wille und Vorstellung».

Die Begegnung zwischen Wagner und Bakunin war also weit von Zufall und zeitweiliger Verführung entfernt. Sie war notwendig. Noch die abwertende und abstandnehmende Kennzeichnung in *Mein Leben* läßt es ahnen:

Alles war an ihm kolossal, mit einer auf primitive Frische deutenden Wucht. Ich habe nie den Eindruck von ihm empfangen, als ob er besonders viel auf meine Bekanntschaft gäbe, da ihm im Grunde auf geistig begabte Menschen nicht mehr viel anzukommen schien, wogegen er einzig rücksichtslos tatkräftige Naturen verlangte; wie es mir späterhin aufging, war aber auch hierin die theoretische Forderung in ihm tätiger, als das rein persönliche Gefühl, denn er konnte eben hierüber viel sprechen und sich erklären: überhaupt hatte er sich an das Sokratische Element der mündlichen Diskussion gewöhnt, und augenscheinlich war es ihm wohl, wenn er

Die Revolution in Dresden: Erstürmung des Hotel «Rom» und Sturm auf die Barrikaden im Mai 1849

sich, auf dem harten Canapé seines Gastfreundes ausgestreckt, mit recht viel verschiedenartigen Menschen über die Probleme der Revolution diskursiv vernehmen lassen konnte. Bei diesen Gelegenheiten blieb er stets siegreich; es war unmöglich, gegen seine bis über die äußersten Grenzen des Radikalismus nach jeder Seite hin mit größter Sicherheit ausgedrückten Argumente sich zu behaupten.

Praktisches Tun, Wahl des Umgangs, theoretische Überzeugungen, alles war einheitlich geworden. Am frühen Morgen des 4. Mai 1849 brach in Dresden der bewaffnete Aufstand aus. Die Frankfurter Reichsverfassung sollte durchgesetzt werden. Die sächsische königliche Regierung aber erklärte, die Verfassung der Paulskirche sei dadurch hinfällig geworden, daß Friedrich Wilhelm IV. von Preußen die angebotene Kaiserkrone abgelehnt habe. Der sächsische König bildete eine neue, revolutionsfeindliche Regierung und rief preußische Truppen zu Hilfe, um die gewaltsame Durchsetzung der Paulskirchen-Verfassung durch die demokratische und republikanische Partei zu verhindern. Am 3. Mai wurden Barrikaden errichtet, am 4. flüchteten Hof und Regierung nach der Festung Königstein, worauf in Dresden eine provisorische Revolutionsregierung gebildet wurde. Bis zum 5. Mai wurde Waffenruhe beschlossen, aber inzwischen waren die preußischen Truppen eingetroffen. Die Revolutionäre von Dresden dagegen erhielten fast keinen Zuzug. Ihre Leipziger Gesinnungsfreunde hielten flammende Reden, verhinderten aber nicht einmal, daß die sächsische Garnison abzog und sich auf Befehl der königlichen Regierung gegen Dresden in Bewegung setzte. Am Nachmittag des 6. Mai begann der Straßenkampf. Preußische Artillerie, zwei preußische Infanterie-Bataillone, dazu die sächsischen Regimenter. Die Kavallerie schnitt die Zuzüge ab, die

Wilhelmine Schröder-Devrient weist der erregten Menge den Weg nach dem Schloß aus ihrer Wohnung am Dresdener Markt

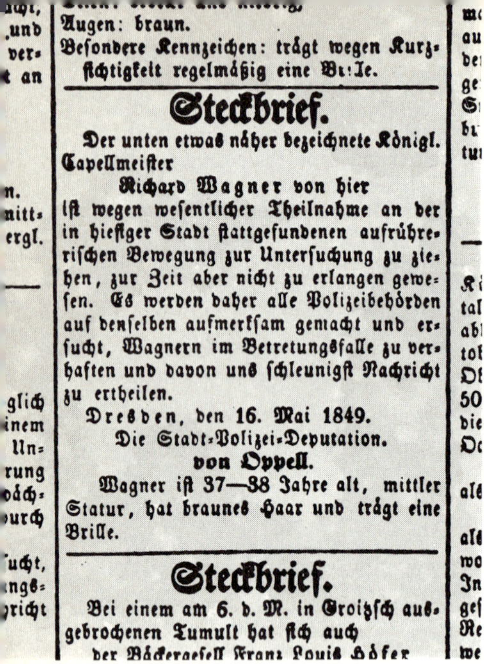

Augen: braun.

Besondere Kennzeichen: trägt wegen Kurzsichtigkeit regelmäßig eine Brille.

Steckbrief.

Der unten etwas näher bezeichnete Königl. Capellmeister

Richard Wagner von hier

ist wegen wesentlicher Theilnahme an der in hiesiger Stadt stattgefundenen aufrührerischen Bewegung zur Untersuchung zu ziehen, zur Zeit aber nicht zu erlangen gewesen. Es werden daher alle Polizeibehörden auf denselben aufmerksam gemacht und ersucht, Wagnern im Betretungsfalle zu verhaften und davon uns schleunigst Nachricht zu ertheilen.

Dresden, den 16. Mai 1849.

Die Stadt-Polizei-Deputation.

von Oppell.

Wagner ist 37—38 Jahre alt, mittler Statur, hat braunes Haar und trägt eine Brille.

Steckbrief.

Bei einem am 6. d. M. in Groitzsch ausgebrochenen Tumult hat sich auch der Bäckergesell Franz Louis Höfer

Barrikaden wurden von der Artillerie beschossen. Michail Bakunin, ehemaliger zaristischer Offizier, war praktisch der einzige Befehlshaber auf den Barrikaden. Das Bild dieses Mannes mit dem «ungeheuren Bart» hat sich den Überlebenden stark eingeprägt. Die regierungstreuen Truppen drangen am 7. Mai in die Innenstadt ein. Richard Wagners Regierungsstätte, das alte Opernhaus, geriet in Flammen. Am Abend des 8. Mai beschlossen die Führer der provisorischen Regierung und des Aufstandes, mit ihren Kämpfern ins Erzgebirge zu ziehen, um von Freiberg aus den Kampf weiterzuführen.

Die Künstler des Vaterlandsvereins waren auf der Seite des Aufstands zu finden. August Röckel war Soldat und Befehlshaber; die von Gottfried Semper, dem Architekten, gebaute Barrikade erwies sich als besonders widerstandsfähig. Richard Wagner hatte Manifeste verteilt und das Feuer durchschritten. Am 7. Mai befand er sich auf dem Turm der Kreuzkirche als Beobachtungsposten.

Am 9. Mai zog auch er *mit Minna vereinigt im Einspänner* ins Erzgebirge. In Freiberg traf er mit Bakunin zusammen. Inzwischen aber hatte die provisorische Regierung entdecken müssen, daß die Freiberger Behörden nicht bereit waren, den Kampf gemeinsam mit den Aufständischen fortzusetzen. Man beschloß, nach Chemnitz zu übersiedeln. Bakunin eilte voraus, Wagner traf spät in der Nacht gleichfalls in Chemnitz ein. Das wurde sein Glück, denn Bakunin und die anderen Revolutionäre waren bereits verhaftet. Die königstreuen Chemnitzer Behörden hatten sich ihrer bemächtigt, um sie auszuliefern. So glückte Wagner, den man nicht entdeckt hatte, die Flucht. Er gelangte zunächst nach Weimar.

Bakunin und auch August Röckel waren gefangen. Der Russe ging seiner Auslieferung an den Selbstherrscher aller Reußen entgegen. Röckel wurde zum Tode verurteilt, dann aber zu lebenslänglichem Zuchthaus begnadigt. Elf Jahre hat er im Zuchthaus zu Waldheim abgebüßt. Die Gefangenen waren gefesselt und mußten einen Eichenklotz mit einer Kette am Bein mit sich nachschleppen. Hundertachtundsiebzig Aufständische wurden in Dresden getötet, den Verlust der Regierungstruppen gab man offiziell mit 34 Toten und 36 Verwundeten an.

Gegen Richard Wagner wurde der folgende Steckbrief erlassen:

Steckbrief.

Der unten etwas näher bezeichnete Königl. Capellmeister
Richard Wagner von hier
ist wegen wesentlicher Theilnahme an der in hiesiger Stadt stattgefundenen aufrührerischen Bewegung zur Untersuchung zu ziehen, zur Zeit aber nicht zu erlangen gewesen. Es werden daher alle Polizeibehörden auf denselben aufmerksam gemacht und ersucht, Wagner im Betretungsfalle zu verhaften und davon uns schleunigst Nachricht zu ertheilen.

Dresden, den 16. Mai 1849.

Die Stadt-Polizei-Deputation.
von Oppell.

Wagner ist 37–38 Jahre alt, mittler Statur, hat braunes Haar und trägt eine Brille.

Am 22. Mai machte der Illegale einen Marsch von sechs Stunden, um nach Jena zu gelangen, wo er Minna im Hause des Jenenser Professors Wolff traf. Liszt hatte ihm Geld und den Rat gegeben, in Frankreich als Kapellmeister und Opernkomponist weiterzukommen. Da aber der Weg durch preußisches Gebiet als unratsam galt, wählte Wagner den Umweg über die Schweiz. Ein andrer Jenenser Professor, Widmann, gab ihm seinen Paß. Über Coburg, Rudolstadt, Lichtenfels gelangte Wagner nach Lindau, überquerte den Bodensee und traf am Morgen des 28. Mai 1849 in Rorschach auf Schweizer Boden ein. Eduard Devrient erhält einen Brief mit der Handschrift des Flüchtlings. Der Brief ist für Minna bestimmt und teilt mit:

(Rorschach, ‹7 1/2 früh›, 28. Mai 1849)

Mein liebes, treues Weib!

Glücklich bin ich auf dem Schweizerboden angekommen! Ich hoffte Dir schon einen Tag früher von hier aus schreiben zu können, leider ging die Reise aber sehr langsam von statten, viel Aufenthalt usw. In Lindau wurde einzig der Paß verlangt und ohne Umstände nach der Schweiz visiert. Heute früh fuhr ich von Lindau über den Bodensee hierher, und in einer halben Stunde geht es weiter nach St. Gallen und Zürich. In Zürich gedenke ich mir etwas Ruhe zu gönnen, um Dir zugleich auch ausführlicher schreiben zu können.

Ich bin im Sichern!

Gott erhalte Dich bei gutem Mute! Viel Kummer habe ich um Dich gelitten, aber – großer Lebensmut ist mir auch wieder gekommen! Leb' wohl, liebstes bestes Weib! Morgen von Zürich aus ein Weiteres –

Dein R. W.

Bakunin war gefangen, Röckel war gefangen, auch Gottfried Semper befand sich auf der Flucht in die Schweiz. Die Revolution war zu Ende. Der Revolutionär war Emigrant. Aber er war in Sicherheit.

Oper und Drama

Für den Flüchtling ist die Schweiz zunächst bloß ein Durchgangsland; in Weimar hatte ihm Franz Liszt den Rat gegeben, von neuem in Paris sein Glück zu suchen. Wagner macht sich also auf den Weg und versucht zum zweitenmal, die französische Hauptstadt für sich und seine neue Kunst zu erobern. Die Enttäuschung ist abermals unvermeidlich. Die Revolution ist auch in Frankreich zu Ende. Die Welt der Bankiers ging unbesiegt aus der Krise hervor; zu ihnen gesellen sich nun die ständig mächtiger werdenden «industriels». Allein auch deren Kunstgeschmack strebt, wie zu den Zeiten des Bürgerkönigtums, nach der Großen Oper. Meyerbeer ist abermals zur Stelle. Sein «Prophet» entspricht wieder genau dem Tagesgeschmack. Ein Heldentenor wird – ähnlich wie in Wagners *Rienzi* – für die Titelrolle eingesetzt. Das Thema kann gar nicht aktueller sein: Wiedertäufer, soziale Gleichheitsideen, gescheiterte Revolution.

Für Wagner aber hat sich in Paris und in der dortigen Kunstwelt seit den Hungerjahren kaum etwas geändert. Das muß er sehr bald erkennen. Liszt schickt dreihundert Franken Reisegeld, damit der Emigrant in die Schweiz zurückkehren kann. In einem erbitterten Brief vom 18. November 1849 an Ferdinand Heine wird Bilanz gezogen:

Acht Tage in Paris genügten, um mich über den gewaltsamen Irrtum aufzuklären, in den ich hineingeworfen worden war. Erlaß es mir, Dir hier umständlich über die empörende Nichtswürdigkeit des Pariser Kunsttreibens, namentlich auch was die Oper betrifft, mich auszulassen. In den letzten Jahrzehnten sind unter Meyerbeers Geldeinflusse die Pariser Opernkunstangelegenheiten so stinkend scheußlich geworden, daß sich ein ehrlicher Mensch nicht mit ihnen abgeben kann. Trotzdem sich Liszts Sekretär Belloni, ein äußerst gewandter, terrainkundiger und dabei sehr gutmütiger Mensch, der Angelegenheit auf ganz glückliche Weise angenommen hat, trotzdem er mir einen Dichter, Gustav Vaes (gegenwärtig Präsident der Commission d'auteurs) zugesellt hat, der von mir den Plan zu einer Operndichtung erwartet, um das Buch sogleich mir zu liefern und zur Annahme für mich von Seiten der Direction der Großen Oper zu bringen, so bin ich doch auf das Festeste überzeugt, daß ich nun und nimmermehr dazu gelangen werde, eine Oper von mir an der Akademie wirklich zur Aufführung zu bringen, wenigstens nicht unter den jetzigen Verhältnissen, bei dem dort jetzt herrschenden Geiste und unter dem jetzigen Regime. Wie es jetzt steht, hält Meyerbeer alles in seiner Hand, d. h. in seinem Geldsacke; und der Pfuhl der zu durchschreitenden In-

trigen ist zu groß, daß ganz andere und pfiffigere Kerle wie ich es längst aufgegeben haben, sich in einen Kampf einzulassen, bei dem einzig das Geld den Ausschlag gibt.

Er ist nun entschlossen, sich am Züricher See niederzulassen. Minna wird herbeigeholt, um einen neuen Hausstand einzurichten. Mit ihr kommt Natalie Planer, Minnas uneheliche Tochter, die aber in dem Glauben aufgezogen wurde, in Minna eine ältere Schwester zu besitzen Auch der Hund Peps trifft ein und Wagners geliebter Papagei Papo, über dessen Künste – zum Beispiel das «Fagottspiel» – den Freunden jeweils berichtet wird. Die Möbel aus Dresden treffen gleichfalls ein. Die Bücher allerdings hat Heinrich Brockhaus als Pfand für ein nicht zurückgezahltes Darlehen in Leipzig behalten. Alte und neue Freunde helfen weiter. Es wiederholt sich in Wagners Künstlertum die Lage der ersten Pariser Zeit: wie damals fühlt sich der gedemütigte Flüchtling ohne Stellung und festes Einkommen zwar zur Schriftstellerei geneigt und fähig, nicht aber zur Musikdramatik. Der Rest des Jahres 1849 und das Jahr 1850 bedeuten daher einen gewissen Höhepunkt in den kulturphilosophischen Schriften Richard Wagners, während die dramatischen Themen *Siegfrieds Tod, Jesus von Nazareth* oder *Wieland der Schmied* stagnieren.

In drei theoretischen Schriften wird die Bilanz der bisherigen künstlerischen Erfahrungen versucht. Der Traktat über *Die Kunst und die Revolution* (1849) ist seinem Charakter nach eine Flugschrift, die eigentlich in den Umkreis der Revolutionspamphlete gehört. Dann folgt, bereits in Buchform und bei Wigand in Leipzig veröffentlicht, *Das Kunstwerk der Zukunft* (1850). Im gleichen Jahre schreibt Wagner einen Aufsatz über *Kunst und Klima,* widmet aber seine Hauptkraft dem umfangreichsten und ehrgeizigsten seiner kultur- und kunsttheoretischen Bücher: *Oper und Drama.* Das Vorwort ist datiert: *Zürich, im Januar 1851.* In drei Bänden erschien das Buch aber erst ein Jahr darauf. Übrigens hatte Wagners Zähigkeit bereits 1850 nicht darauf verzichten wollen, wieder einen neuen, nunmehr dritten Versuch zur künstlerischen Eroberung der französischen Hauptstadt zu machen. Alle Erkenntnisse in den damals heranreifenden theoretischen Schriften mußten gegen ein solches Unterfangen sprechen. Auch hier aber war Richard Wagner bereit, um eines möglichen praktischen Erfolges willen die eigenen theoretischen Anforderungen etwas «zurückzunehmen», oder eigentlich auch wieder nicht, denn Wagner bemühte sich zwar um französische Opernmachthaber und Protektoren, allein nach wie vor und durchaus zugunsten seiner eigenen neuartigen Kunst. Er wies zwar in *Oper und Drama* recht folgerichtig nach, warum seine Kunst der Musikbühne den Künstler- und Publikumsbegriffen in Frankreich (oder auch Italien) widersprechen müsse, allein er wollte dennoch auch an dieser Stelle siegen. Allerdings in Weiterführung der *Lohengrin*-Kunst siegen, nicht aber um des Erfolges willen zum *Rienzi*-Schema zurückkehren.

Eine Liebesepisode bot weiteren Anreiz zu dieser dritten Frankreichreise. Jessie Taylor, eine junge Engländerin, sehr musikalisch, hatte ihn bereits in Dresden besucht. Nun teilt sie mit, daß sie als Madame Laussot in Bordeaux lebt. Eugène Laussot, im Weingeschäft E. Laussot & Cie., 38, Cours du Jardin Public, Bordeaux, ist zwar recht vermögend und auch bereit, auf Wunsch seiner Frau den deutschen Komponisten an die Garonne zu holen, allein sonst scheint er nicht viel Verständnis für die künstlerischen Neigungen seiner Frau zu haben. Wagner trifft in Bordeaux ein, nachdem er vergeblich in Paris versucht hat, das bisher nur knapp skizzierte Opernbuch zu *Wieland der Schmied* auf ähnliche Weise unterzubringen wie damals das Libretto des *Holländers.* Es kommt nun zwischen Richard Wagner und Jessie Laussot zu einer merkwürdigen Liebesgeschichte, die alle Akzente einer echten Leidenschaft besitzt und doch eigentlich haltlos und unernst wirkt, daher auch als banaler Kompromiß zu enden vermag. Was künstlerisch in reiner Sphäre von Wagner bereits vorgebildet worden war, vollzieht sich nunmehr — gleichsam nachgeliefert — in der Wirklichkeit: eine Liaison zwischen Lohengrin und Emma Bovary. In der realen Sphäre aber regiert diesmal die Logik eines Flaubert ...

Wagner war entschlossen gewesen, mit Jessie nach Griechenland und Kleinasien zu entfliehen. Allein es treten nun die Gegenspieler auf: Minna Wagner und Eugène Laussot. Aber es fehlt die Pathetik Frickas, die Tragik König Markes. Die Liebenden verzichten ohne wirklichen Kampf. Als Minna in Paris erscheint, zieht sich Richard Wagner ans Ufer des Genfer Sees zurück. Seinen letzten Besuch in Bordeaux hat er in *Mein Leben* recht anschaulich geschildert. Die Dokumente der Sammlung Burrell aber enthalten sehr ergreifende Briefe Minnas und auch einen sehr würdigen Brief von Jessies Mutter, der Ann Taylor.

Der erste seiner drei Versuche ist gescheitert, als Friedloser, als Wehwalt sich dadurch in einen «Frohwalt» zu verwandeln, daß er fremde Lebens- und Eheordnungen stört. Der dritte Versuch erst sollte glücken. Auf Jessie und Eugène Laussot folgte die Paarung Mathilde und Otto Wesendonk, schließlich Cosima und Hans von Bülow.

Im Mai 1850 feiert er in Villeneuve mit Julie Ritter und ihrem Sohn Karl seinen siebenunddreißigsten Geburtstag, dann kehrt er in die Züricher Wohnung zurück.

In Deutschland beginnt jetzt, vor allem nach dem Erfolg der Weimarer Uraufführung des *Lohengrin* und überhaupt dank Liszts nachdrücklichen Werbeversuchen, ein erster allgemeiner Ruhm des Opernkomponisten Richard Wagner. Im Mai 1853, zu seinem vierzigsten Geburtstag, kann er im Züricher Stadttheater bereits erste Wagner-Festspiele veranstalten. Das Vorwort zu den drei Operndichtungen des *Holländer, Tannhäuser* und *Lohengrin* wird öffentlich vorgelesen, dann folgen an drei Tagen in konzertanter Aufführung wichtige Ausschnitte aus den bisherigen Werken. Zum er-

Minna Wagner

stenmal kann Wagner dabei selbst Ausschnitte der *Lohengrin*-Musik dirigieren. Zum erstenmal auch vollzieht sich bereits hier in Zürich, was später die Regel, seit der Gründung Bayreuths sogar die Institution werden sollte: daß Sänger und Instrumentalisten aus allen Teilen Deutschlands herbeieilen, um sich in den Dienst dieser einen und einzigen Kunst zu stellen.

Der Erfolg des *Lohengrin*, Liszts Freundschaft, der Abschluß der theoretischen Schriften — alles trägt wieder dazu bei, den Musikdramatiker an die Arbeit zu locken. In diesen Züricher Tagen ent-

Richard Wagner. Lithographie von Hanfstaengel nach einem Gemälde von Clementine Stocker-Escher, 1853

steht die Dichtung des *Nibelungenrings*, anschließend die Komposition: vom Urbeginn des *Rheingold*vorspiels über die *Walküre* bis zum Einklang des jungen Siegfried mit der Waldesnatur.

Das Jahr 1852 ist ein Reisejahr innerhalb der Schweiz: Wagner macht eine Frühlingswanderung im Berner Oberland, erlebt die Felsenlandschaften, die sich in *Rheingold*szenerie und Landschaft des zweiten *Walküre*-Aktes verwandeln sollten. Er gelangt in den Tessin, kommt nach Lugano und reist von dort an den Lago Maggiore. Hier erlebt er die Borromeischen Inseln, die Landschaft aus Jean Pauls «Titan». Da Wagner alle Eindrücke teilen und mitteilen muß, läßt er Minna und auch den Züricher Exilfreund Georg Herwegh zu sich kommen.

Die Dichtung des *Nibelungenrings* ist im Herbst 1852 vollendet. Von nun an muß der Tonsetzer wirken. Wagner scheint fast ungeduldig an die voraufgehenden Jahre zurückzudenken, da er alle Kraft der theoretischen Spekulation geopfert hatte. Davon will er nun nichts mehr wissen. Als ihn Liszt im Sommer 1853 für ein gemeinsames Zeitschriftenprojekt gewinnen möchte, kann Wagner, der doch vor kurzem erst zwei theoretische Bücher und mehrere Traktate, dazu eine zweite Autobiographie geschrieben hat, nur unwillig abwehren.

In aller Unordnung und mit den zahllosen Umwegen stellt sich Richard Wagners Leben doch immer wieder als eine erstaunliche und organische Einheit dar. In der Rückschau will sich der Überfluß der theoretischen und häufig gar zähflüssigen Prosa ebenso als Notwendigkeit präsentieren wie die spätere entrüstete Abkehr von allem Theoretisieren zugunsten der neu entflammten Produktion. Insgeheim wußte Wagner natürlich, daß diese neue Produktion ohne die vorhergehende theoretische Spekulation nicht möglich sein konnte. Außerdem spekulierte nicht bloß der Musikdramatiker Richard Wagner über das Verhältnis von Oper und Drama, von künftigem und gegenwärtigem Künstlertum. Die drei theoretischen Schriften waren gleichzeitig als Auseinandersetzung des Revolutionärs Richard Wagner mit seinen historisch-politischen Erfahrungen angelegt. Der beschwichtigende Erklärungsversuch im Brief an Minna, unmittelbar nach der Dresdner Mai-Katastrophe, konnte nicht genügen. Alle drei theoretischen Schriften stehen unter dem Leitmotiv, das den Titel der ersten von ihnen bestimmen sollte: die Kunst und die Revolution. Politische Erfahrung, Humanitätsphilosophie und künstlerische Velleitäten fügten sich abermals zur Einheit. Alles verschmolz zur Substanz der *Ring*-Tetralogie. Alles hinterließ dort seine Spuren: in der Dichtung, der Deutung, der Musik.

Den drei theoretischen Kunstschriften ist es gemeinsam, daß Wagner – auch hier wieder weit eher ein Nachfahre der deutschen Klassik, insbesondere Schillers, als der eigentlichen romantischen Ästhetik – vom Kontrast zwischen der modernen Kunst und jener des Griechentums ausgeht. Das war ein typisches Thema europäischer Aufklärung. Die englischen wie französischen Gesellschaftstheoretiker (Montesquieu oder Gibbon) hatten nach den Ursachen des Niedergangs der antiken Kultur, insbesondere des Römertums, gefragt: die französischen Revolutionäre von 1792 hatten eine Wiedergeburt römischer Antike durch die Revolution angestrebt. Deutsches Denken kreiste seit Winckelmann und Lessing um die Synthese aus Deutschtum und Griechentum, von antik und modern. Richard Wagner bleibt also durchaus in den Traditionen deutscher Ästhetik und europäischer Revolutionstheorie, wenn er seinen Traktat über *Die Kunst und die Revolution* auf diesem Gegensatz von Antik und Modern, von Griechentum und moderner Zivilisation aufzubauen gedenkt. Nach wie vor ist Wagner als Feuerbach-Schüler ein Gegner der Verbindung zwischen Kunst und Christentum. Die christliche Welt ist ihm sogar prinzipiell unkünstlerisch. Eine größere Feindin der Kunst aber erblickt der gescheiterte Revolutionär in der modernen Industrie. Die eigentlichen Gegenspieler in der Götterwelt sind ihm Hermes-Merkur und Apollon. Dieser Gegensatz ist für Wagner im Grunde wesensgleich mit jenem von romanischer und deutscher Kunst, von Oper und Drama. Den «Gott der Betrüger und Spitzbuben» weiß er recht anschaulich zu beschreiben:

Leibhaftig seht ihr ihn in einem bigotten englischen Bankier, dessen Tochter einen ruinierten Ritter vom Hosenbandorden heiratete, vor euch, wenn er sich von den ersten Sängern der italienischen Oper, lieber noch in seinem Salon als im Theater (jedoch auch hier um keinen Preis am heiligen Sonntage) vorsingen läßt, weil er den Ruhm hat, sie hier noch teurer bezahlen zu müssen als dort. Das ist Merkur und seine gelehrige Dienerin, die moderne Kunst.

Wagner ist nach wie vor in dieser Schrift sowohl Demokrat wie Sozialist. Nur von einer Erneuerung des Publikums, von neuen, arbeitenden Volksschichten, die er ins Theater holen will, vermag er sich eine Renaissance der Kunst und ihre Befreiung von der Herrschaft Merkurs vorzustellen. Er steht ausdrücklich auf der Seite des Pariser Proletariats (auch dieser Ausdruck «Proletariat» wird verwendet) im gescheiterten Juni-Aufstand von 1848. Die Revolution, so meint Wagner, soll die Menschen aus dem Zwange der Industriegesellschaft befreien; die Kunst soll ihnen eine neue Schönheit erschließen, sie selbst zu schönerem Menschentum erziehen. Es ist, wie so oft bei Richard Wagner, abermals eine Synthese aus «wahrem Sozialismus» und klassischer deutscher Humanität.

Von einer solchen Gesellschaftserneuerung und

Ludwig Feuerbach (1804–1872)

Kunsterneuerung aber glaubt Wagner, sie werde nicht mehr «nach Gelde gehen», nicht mehr im Zeichen des Mercurius stehen, sondern als Synthese von Jesus und Apollon wirken: «Jesus, der für die Menschheit litt, und Apollon, der sie zu ihrer freudenvollen Würde erhob!»

Was der Kunstphilosoph und Sozialtheoretiker hier erst thesenartig verkündet hatte, suchte er in seinem Buch über *Das Kunstwerk der Zukunft* eingehender zu demonstrieren. Was schon im Traktat über das Verhältnis von Kunst und Revolution, insbesondere an den Visionen einer neuen menschlichen Schönheit und Emanzipation sichtbar geworden war: die prägende Kraft der Philosophie Ludwig Feuerbachs, wird in diesem neuen Buch von Wagner selbst ganz ausdrücklich unterstrichen. Das *Kunstwerk der Zukunft* ist

LUDWIG FEUERBACH
in dankbarer Verehrung gewidmet

Auch hier verrät eine Äußerlichkeit die tiefe Wandlung, die Wagner – der Künstler wie der Revolutionär – in den nächsten Jahrzehnten durchmachen sollte: in den Gesammelten Schriften erscheint das Buch vom Kunstwerk der Zukunft später ohne diese Widmung an Feuerbach. Der Widmungstext ist, ebenso übrigens wie die eigentlichen Revolutionsschriften, erst sehr viel später, lange Zeit nach Wagners Tode, in den zweiten Nachtragsband verbannt worden. Dabei wird die Schrift über das Kunstwerk der Zukunft der Substanz nach erst durch diese Widmung ganz verständlich. Der Verfasser wendet sich an den verehrten, aber persönlich unbekannten Philosophen mit folgender Anrede:

Niemand als Ihnen, verehrter Herr, kann ich diese Arbeit zueignen, denn mit ihr habe ich Ihr Eigentum Ihnen wieder zurückzugeben. Nur in soweit es nicht mehr Ihr Eigentum geblieben, sondern das des Künstlers geworden, mußte ich unsicher darüber sein, wie ich mich zu Ihnen zu verhalten hätte: ob Sie aus der Hand des künstlerischen Menschen das wieder zurückzuempfangen geneigt sein dürften, was Sie als philosophischer Mensch diesem spendeten. Der Drang und die tiefempfundene Verpflichtung, jedenfalls Ihnen meinen Dank für die von Ihnen mir gewordene Herzstärkung zu bezeigen, überwog meinen Zweifel.

Nicht Eitelkeit, sondern ein unabweisbares Bedürfnis, hat mich – für kurze Zeit – zum Schriftsteller gemacht.

Der Schluß des Buches über das *Kunstwerk der Zukunft* verknüpft den musikdramatischen Plan von *Wieland dem Schmied* mit diesen kunstrevolutionären Gedankengängen. Der Entwurf des *Wieland*-Dramas hatte abermals, wie schon im *Tannhäuser*, deutsche und französische Welt miteinander konfrontiert. Französische Geldherrschaft und deutsche Volkskraft waren antithetisch aufeinander bezogen. Die Namengebung war symbolisch. Der Goldherrscher hieß Neiding, Wielands Arzt-Bruder wurde Helferich genannt, ein Marschall des Königs Neiding heißt Gram. Man ist bereits im

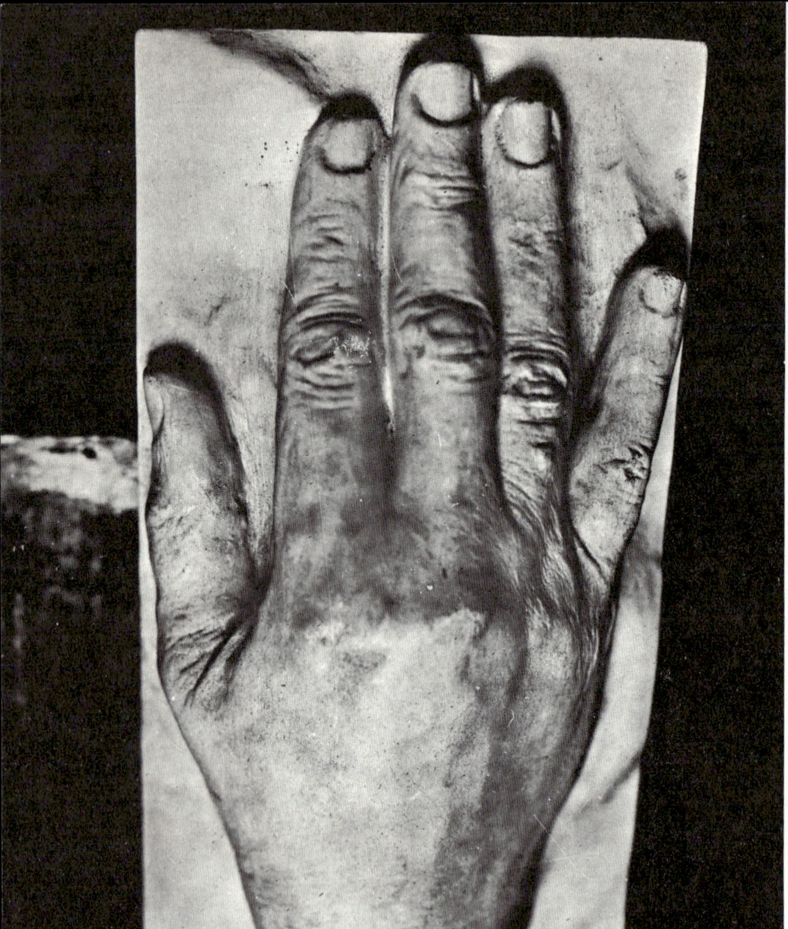

Richard Wagners rechte Hand. Gipsabguß

engsten Umkreis des Nibelungenstoffes. Wieland schmiedet sich in höchster Not Flügel, die ihn, den Gelähmten, aus dem Banne Neidings in die Freiheit tragen. Die Gedanken dieses *Wieland*-Entwurfes wählt Wagner als Krönung seines neuen Buches. Die Schrift über Kunst und Revolution hatte ihm in der symbolischen Verschmelzung von Jesus und Apollon gegipfelt. Indem Wagner den Wieland-Mythos an den Schluß seiner Gedankengänge über das Künstlertum der Zukunft stellt, verbindet er abermals die Kunst und die Revolution. Es ist die bare revolutionäre Aktion und geht damit auch weit über Feuerbach hinaus, wenn Wagner seinen Schmied Wieland als Vorbild preist:

Getragen von dem Werke seiner Kunst flog er auf zu der Höhe, von da herab er Neidings Herz mit tödlichem Geschosse traf, – schwang er in wonnig kühnem Fluge durch die Lüfte sich dahin, wo er die Geliebte seiner Jugend wiederfand. –

O einziges, herrliches Volk! Das hast du gedichtet, und du selbst bist dieser Wieland! Schmiede deine Flügel, und schwinge dich auf!

Der Aufsatz über Kunst und Revolution war eine Skizze zu dem Buch vom Kunstwerk der Zukunft. Dieses Buch aber wirkt, gegen Wagners Riesenessay *Oper und Drama* gestellt, selbst wie eine skizzenhafte Vorform. Man liest diese vor mehr als einem Jahrhundert geschriebenen Gedanken heute gleichzeitig mit höchster Ungeduld und leidenschaftlicher Anteilnahme. Der Eindruck ist zwiespältig wie bei allen Schriften des merkwürdigen Mannes. Sehr Wahres und sehr Falsches ineinandergeschlungen, höchste Sachkunde neben peinlicher Mitrederei; durchaus bedenkenswerte Einsichten stehen hart neben Erzeugnissen des Ressentiments oder der Bösartigkeit, die sich achtzig Jahre später in Deutschland sehr unheilvoll erweisen sollten.

Die Antithese von Oper und Drama, die dem Buch den Titel und Grundgedanken gibt, wird in vierfacher Weise durchgeführt. Indem Wagner auf seine Thesen vom Kunstwerk der Zukunft zurückgreift, stellt er die unfreie Kunst der Gegenwart der zu befreienden Kunst einer künftigen Ära, einer revolutionären Umgestaltung gegenüber. Das ist die Antithetik des Sozialisten Wagner. Den zweiten Gegensatz liefert Feuerbach: zum eigenen Gebrauch umgedeutet durch Richard Wagner. Zwei Liebesformen sind gegeneinander gestellt, in ähnlicher Postierung wie im *Tannhäuser.* Dirnentum und Koketterie gegen echte Liebe, erst recht gegen die Menschenliebe. Die dritte Antithese hat mit Wagners Nationalempfinden, aber auch, wie stets bei diesem Künstler, mit Wagners Nationalismus zu tun. Französische und italienische Kunst wird zu einer Kunst des Deutschtums in Gegensatz gebracht. Alle drei Antithesen jedoch, die revolutionäre, die nationale, die Opposition verschiedenartiger Sympathiegefühle gipfeln in der für den Verfasser einzig wirklichen Antithese von Opernkunst und Musikdramatik.

Die Musik ist ein Weib, postuliert Richard Wagner. Italienische Opernkunst vergleicht er geschmackvollerweise mit einer *Lustdirne,* um hinzuzusetzen: *Die französische Opernmusik gilt mit Recht als Kokette.* Allerdings nimmt Wagner bei diesen erotischen Vergleichen auch die deutsche Opernkunst, die nicht-wagnerianische nämlich, keineswegs aus. Ihr wird die Rolle der Prüderie zugeteilt. Man sieht: wahre Liebe scheint nur im deutschen Kunstwerk der Zukunft, in jenem Richard Wagners möglich zu sein.

Zu diesem Zweck aber muß der bisherige Opernbegriff preisgegeben werden. In der bestehenden Opernkunst war das Drama bloß ein Mittel zur Entfaltung, zur Entfesselung von musikalischem Glanz; Richard Wagner möchte die Musik in den Dienst einer neuen musikalischen Dramatik stellen. Das führt ihn zu weitschweifigen, stellenweise sogar armseligen Betrachtungen über die Entwicklung der gesamten dramatischen Weltliteratur. Lessing, Schiller und Goethe werden in eigenwilliger Genealogie in die Rolle von Vorläufern versetzt: auf ihre Teillösungen soll nun die eigentliche Lösung folgen, die gleichzeitig Auflösung aller bisherigen Formen ist. Dabei hat Wagner einen höchst frappierenden Ausgangspunkt, der als geschichtliche Analyse ganz indiskutabel, als künstlerische Zeiterkenntnis in der Mitte des 19. Jahrhunderts aber höchst geistreich ist:

Das moderne Drama hat zweierlei Ursprung: einen natürlichen, unsrer geschichtlichen Entwicklung eigentümlichen, den Roman —, und einen fremdartigen, unsrer Entwicklung durch Reflexion aufgepfropften, das nach den mißverstandenen Regeln des Aristoteles aufgefaßte griechische Drama.

Der eigentliche Kern unsrer Poesie liegt im Roman; im Streben, diesen Kern so schmackhaft wie möglich zu machen, sind unsre Dichter wiederholt auf fernere oder nähere Nachahmung des griechischen Dramas verfallen. — Die höchste Blüte des dem Roman unmittelbar entsprungenen Dramas haben wir in den Schauspielen des Shakespeare; in weitester Entfernung von diesem Drama treffen wir auf dessen vollkommensten Gegensatz in der ‹Tragédie› des Racine. Zwischen beiden Endpunkten schwebt unsre ganze übrige dramatische Literatur unentschieden und schwankend hin und her.

Schon in den vorhergehenden Schriften hatten die Bemerkungen über Antike und Moderne gezeigt, daß Wagner gleichzeitig Fortsetzer und Gegenspieler der deutschen Aufklärung und Klassik sein wollte. Eine Synthese aus Deutschtum und Griechentum war trotz allem nicht beabsichtigt. Nunmehr sucht er zu beweisen, daß der Weg zu einer Erneuerung der Tragödie aus dem Geist des Griechentums bloß zu Racine und gewissen Dramen Goethes oder Schillers geführt habe, also auf einen Irrweg. Shakespeare wird angerufen, wie einstens im Sturm und Drang, nämlich die angebliche Regellosigkeit des Engländers. Entwicklung der Romankunst ist das Ziel, aber in anderer Weise als bei den Romantikern. Hier hat Wagner den Zeitgeist seiner eigenen Epoche genau erfaßt. Sein Musikdrama gehört in der Tat an die Seite der großen, gleichzeitig entstehenden Romankunst der Engländer, Russen, Franzosen. Auch in Wagners eigener Erkenntnis rücken Romankunst eines Flaubert und mythologische Musikdramatik, die besser musikalische Epik heißen würde, eng zusammen. Die weiteren Ausführungen in dem Buch *Oper und Drama* sind Spezialbetrachtungen für den eigenen künstlerischen Gebrauch: über Endreime und Stabreime, über die neue epische Funktion des Orchesters, das Verhältnis des Dichters und Musikers im musikdramatischen Schaffen. Ein großartiger Exkurs ist eingeschaltet: über die Ödipus-Sage und die Gestalt der Antigone. Hier ist aber das Thema des Liebesfluchs, die Annäherung zwischen Alberich und Antigone, so offensichtlich, daß dieser bedeutende Gedankengang im Zusammenhang mit der Entstehung des *Nibelungenrings* behandelt werden muß. Wagners Buch schließt wieder mit einem Appell, gleichsam einem «Ausblick». Der Mythos ist aber nicht mehr aus vergangenen Kulturen entnommen: er präsentiert sich in der Zukunftsform der Utopie. Eigentlich ist auch nicht mehr vom Kunstwerk der Zukunft die Rede, sondern nur noch von dessen Künstler. Das Volk als bedingende Kraft für das Kunstwerk scheint ebenso in die Statistenrolle zurückgedrängt zu sein wie auf der Szene des *Rienzi* und des *Lohengrin*, später im Festwiesenbild der *Meistersinger*. Das Buch *Oper und Drama* ist noch das Werk eines Revolutionärs. Es lebt noch in der Feuerbachianischen Utopie; allein es verrät auch wieder die Einsamkeit Lohengrins. Utopie und Entsagung. Die neue musikalische Romankunst steht im Zeichen der Menschenliebe; aber sie spricht auch bereits vom Liebesverzicht, vom Liebesfluch.

Schopenhauer als Erzieher

Auch Wagner, der gescheiterte Revolutionär, findet jetzt, wie so viele seiner Zeitgenossen, das Gedankenreich Arthur Schopenhauers auf seinem Wege. In einem Brief über den *Holländer*-Aufsatz von Liszt sind die Schopenhauer-Leitmotive noch versteckt: nur dem Sachkenner verständlich. Im Herbst 1854 folgt dann, wiederum brieflich an Liszt gerichtet, das große und eigentliche Geständnis:

Lieber Franz!
ich komme immer mehr dahinter, daß Du eigentlich ein großer Philosoph bist! — wie ein rechter Fahrhans komme ich mir dagegen oft vor. Neben dem — langsamen — Vorrücken meiner Musik habe ich mich jetzt ausschließlich mit einem Menschen beschäftigt, der mir — wenn auch nur literarisch — wie ein Himmelsgeschenk in meine Einsamkeit gekommen ist. Es ist Arthur Schopenhauer, der größte Philosoph seit Kant, dessen Gedanken er — wie er sich ausdrückt — vollständig erst zu Ende gedacht hat. Die deutschen Professoren haben ihn — wohlweislich — 40 Jahre lang ignoriert; neulich wurde er aber — zur Schmach Deutschlands — von einem englischen Kritiker entdeckt. Was sind vor diesem alle Hegels etc. für Charlatans! Sein Hauptgedanke, die endliche Verneinung des Willens zum Leben, ist von furchtbarem Ernste, aber einzig erlösend. Mir kam er natürlich nicht neu, und Niemand kann ihn überhaupt denken, in dem er nicht bereits lebte. Aber zu dieser Klarheit erweckt hat mir ihn erst dieser Philosoph. Wenn ich auf die Stürme meines Herzens, den furchtbaren Krampf, mit dem es sich — wider Willen — an die Lebenshoffnung anklammerte, zurückdenke, ja, wenn sie noch jetzt oft zum Orkan anschwellen —, so habe ich dagegen doch nun ein Quietiv gefunden, das mir endlich in wachen Nächten einzig zu Schlaf verhilft; es

ist die herzliche und innige Sehnsucht nach dem Tod: volle Bewußtlosigkeit, gänzliches Nichtsein, Verschwinden aller Träume — einzigste endliche Erlösung! —

Wunderbar habe ich nun oft Deine Gedanken wiedergefunden: drückst Du sie auch anders aus, weil Du religiös bist, so weiß ich doch, daß Du ganz dasselbe meinst. Wie tief bist Du! In Deinem Aufsatz über den Holländer trafst Du mich oft mit Blitzeskraft. Als ich Schopenhauer las, war ich meistens bei Dir: Du hast's nur nicht gemerkt. — So werde ich immer reifer: nur zum Zeitvertreib spiele ich noch mit der Kunst.

Geistiges Mitläufertum pflegt sich daran vorzüglich zu erweisen, daß es nicht genau zwischen Eigentum und Übernommenem zu unterscheiden weiß. Der philosophierende und publizierende Richard Wagner bildet keine Ausnahme. Die Schopenhauer-Lektüre, die auf Empfehlung Georg Herweghs zustande gekommen war, muß er weiterempfehlen: das ist ganz natürlich. Wagner ist immer bestrebt, seine neuen Eindrücke und Erkenntnisse auf die Freunde und Nahestehenden zu übertragen. Was er selbst erfuhr oder durchdachte, soll für jene zum gültigen Gesetz werden. Hier ist es Schopenhauer, der dann einige Jahre später, zu Minnas Ärger, den unerschöpflichen Gesprächsstoff des Freundeskreises auf dem grünen Hügel der Villa Wesendonk bilden sollte.

Geistiges Mitläufertum also doppelter Art: Wagner möchte auch Liszt zu Schopenhauer bekehren, spürt aber selbst einigermaßen geniert, daß das katholische Christentum des Freundes mit der so ganz unchristlichen Welt Schopenhauers schwerlich zusammengebracht werden kann. Der Briefschreiber behilft sich also mit einem ergötzlichen Kompromiß: er macht den Katholiken Franz Liszt zu einem Schopenhauerianer wider Willen. Liszt soll Schopenhauer gelehrt haben, ohne es selbst zu wissen, so wie bei Molière der Bürger als Edelmann zeit seines Lebens Prosa sprach und es auch nicht wußte.

Das geistige Mitläufertum ist darin zu finden, daß Wagner, den in seiner bisherigen geistigen Entwicklung nichts dazu legitimiert hatte, den Anschein erweckt, als sei ihm die Welt Schopenhauers von jeher vertraut gewesen. *Mir kam er natürlich nicht neu . . .* Allein der Briefschreiber vergißt, daß seine Behauptung: man könne Schopenhauers Prinzip der Willens- und Weltverneinung nur dann erfassen, wenn man dafür bereits insgeheim «disponiert» war, einen echten Schopenhauer-Gedanken darstellt, den man bisher als Richard Wagner-Gedanken noch nicht zu entdecken vermochte.

Es ist nämlich nicht so, daß Wagner von jeher Schopenhauerianer gewesen wäre, ohne es zu wissen. Das trifft weder für ihn selbst zu noch für Franz Liszt, von welchem er eben dies behauptet. Vieles mußte zusammenkommen: persönliche wie gesellschaftliche Erfahrungen, damit aus dem Feuerbachianer und Proudhonisten Richard Wagner, dem einzigen Schüler jungdeutscher Literatur, ein Jünger Arthur Schopenhauers werden konnte.

Schopenhauer wurde zum Erzieher, indem er zum Tröster zu werden schien. Thomas Mann hat in seinem Schopenhauer-Aufsatz von 1938 spöttisch bemerkt: «Schopenhauer ist recht etwas für junge Leute – gewiß aus dem Grunde, weil seine Philosophie die Konzeption eines jungen Mannes ist.» Es war die Anspielung darauf, daß ein Dreißigjähriger das Buch von der Welt als Wille und Vorstellung schrieb. Etwas für junge Leute – nach 1849 war Schopenhauer auch etwas für enttäuschte und gescheiterte Revolutionäre geworden. Die sonderbare und gewaltige Spätwirkung einer Philosophie, die aus mehr als dreißigjähriger Anonymität heraustrat und auf Jahrzehnte hin für deutsche junge Generationen zum geistigen Erlebnis werden sollte (das reicht von Wotan und Parsifal über Nietzsches «Unzeitgemäße Betrachtungen» bis zur Welt Thomas Buddenbrooks), ist nur aus der geschichtlichen Konstellation zu erklären. Der geschichtliche Aktivismus schlägt hier in Weltnegation und Entsagung um. Für die jungdeutsche Schule und nicht zuletzt für Ludwig Feuerbach waren die verschiedenen Liebesformen als Grundlage aller Gesittung anerkannt worden. Als Konflikt zwischen Sinnenliebe und hoher Liebe, zwischen Asketismus und Griechentum bei den jungdeutschen Literaten, als Ethik der Menschenliebe bei Ludwig Feuerbach. Dem tritt nun Schopenhauer mit einem ganz neuen Kategoriensystem entgegen. Das vierte Buch seines Hauptwerkes beschließt der Paragraph 66 mit dem Lehrsatz: «Alle Liebe ist Mitleid.» Der nächste Abschnitt erläutert die These aus der Umkehrung «Und jede Liebe, die nicht Mitleid ist, ist Selbstsucht».

Arthur Schopenhauer (1788–1860)
Zeichnung von L. Kleemann

Für Wagners Kunst ist diese ethische Umdeutung überaus wichtig geworden. Es stimmte nicht, daß Schopenhauer virtuell bereits in dem Frühwerk angelegt war. Die Kunst Richard Wagners bis zum *Lohengrin* – und darüber hinaus in den Konzeptionen des *Jesus* oder *Siegfried* – steht im Zeichen der Willensbejahung, der Weltveränderung, der Liebesethik. Diese Grundpositionen, die untrennbar mit Wagners schöpferischem Genius im Einklang standen – Schopenhauer war ein (allerdings sehr musikalischer) Denker, jedoch kein schaffender Künstler –, erwiesen sich als so fest gefügt, daß sie

Um 1855

auch durch das neue Schopenhauer-Erlebnis nicht ganz erschüttert werden konnten. Daher bieten sich die neuen Kunstwerke, vom *Tristan* bis zum *Parsifal*, als Schopenhauer-Tempel dar, die weitgehend aus den Bausteinen der früheren Götterhäuser Richard Wagners errichtet wurden: so wie Kaiser Justinian die Säulen des Artemis-Tempels von Ephesus nach Konstantinopel holte, um sie für den Bau der Hagia Sophia zu verwenden. Die innere Zwiespältigkeit des *Nibelungenrings* vermag das besonders stark zu bezeugen.

Die Lehren Schopenhauers fanden also ihren fruchtbaren geschichtlichen Augenblick nach dem Scheitern der europäischen Revolution. Es ist ergreifend und tief sinnbildlich, wenn Richard Wagner aus Zürich am 4. Februar 1855 an den Herausgeber der «Neuen Zeitschrift für Musik» in Leipzig schreibt, um ihn zu bitten, ein Exemplar der soeben bei Brockhaus erschienenen zweiten Auflage der «Welt als Wille und Vorstellung» an August Röckel in das Zuchthaus zu Waldheim zu senden.

Noch wenn im Frühjahr 1866 zwischen Richard Wagner in Triebschen bei Luzern und der Baronin Cosima von Bülow in München geheime Telegramme gewechselt werden, tragen sie sonderbare Decknamen als Unterschrift. Wagner signiert als «Will». Cosima antwortet mit der Unterschrift «Vorstel». Die Begriffe «Wille» und «Vorstellung» haben hier in Wagners Leben eine neue und sonderbare Funktion erhalten.

Im März des Revolutionsjahres 1848 war die Komposition des *Lohengrin* abgeschlossen worden. Im November 1853 beginnt Richard Wagner mit der Vertonung der *Rheingold*-Dichtung und führt die Komposition in beispielloser Konzentration in drei Monaten zu Ende. Das deutet auf ein Verströmen, gleichsam einen Ausbruch lange gestauter musikalischer Kräfte. Fünfeinhalb Jahre eines Lebens als Agitator seiner selbst und der Revolution; als Redner und Publizist; als Kulturphilosoph und Dramaturg; als Kapellmeister eigener und vor allem fremder, geliebter und sehr ungeliebter Werke. Nun endlich tritt aus diesem Wandel der Erscheinungen und Tätigkeiten die eigentliche Gestalt des Künstlers hervor: die des Tondichters.

Richard Wagner hat sein vierzigstes Lebensjahr vollendet. Er sitzt in Zürich, stets voller Geldsorgen, aber doch in einem recht behaglichen Hausstand. Es gibt in Deutschland, in Frankreich, nunmehr auch in England, evidente Zeichen seines beginnenden Ruhmes. In Zürich hat sich aus deutschen Revolutionsemigranten und schweizerischen angesehenen und wohlhabenden Bürgern ein Kreis gebildet, zu dem Richard Wagner gehört, wenngleich er noch nicht als ausschließlicher Mittelpunkt dieser geselligen Veranstaltungen gelten kann. Mathilde Wesendonk allerdings sah in ihren viel später (1896) veröffentlichten Erinnerungen den damaligen Züricher Kreis durchaus als einen Sternenchor, der um die Wagner-Sonne kreiste. Das sieht folgendermaßen aus:

«Er war ein großer Naturfreund. In seinem Garten belauschte er das Nestchen der Grasmücke, eine Rose auf seinem Schreibtisch konnte ihn beglücken, und das Waldweben im Siegfried erzählt von dem Geflüster hoher Wipfel im Sihltalwalde, wohin er auf weiten Wanderungen, öfters in Gesellschaft des Dichters Georg Herwegh, seine Schritte lenkte. Das Gespräch der beiden drehte sich dann um die Philosophie Arthur Schopenhauers.

Seine ‹Flügel-Adjutanten› waren zeitweise Tausig und Hans von Bülow. Wagner nannte Hans sein Alter-Ego. Die Dankbarkeit, Uneigennützigkeit und Opferfreudigkeit v. Bülows kannte keine Grenzen. Aber auch Tausig war rührend in seinem Bestreben, die Wünsche des Meisters ihm an den Augen abzulesen. So hat er, als er in der Wagner-Villa zu Gast weilte, nach dem Mittagessen mit der aufgeregten kränkelnden Frau eine Stunde lang – Domino (!) – gespielt, damit das Mittagsschläfchen Wagners nicht gestört werde.

Die Berufung Gottfried Sempers an das Polytechnikum in Zürich war ein Ereignis freudigster Art; Gottfried Kellers ‹Grüner Heinrich› und die ‹Leute von Seldwyla› las Wagner mit vollendeter Meisterschaft vor. ‹Spiegel, das Kätzchen›, die ‹drei gerechten Kammacher› und ‹Romeo und Julie auf dem Dorfe› waren seine Lieblinge.

Mit Frau Eliza Wille auf Mariafeld besprach er alles, was ihn künstlerisch und menschlich tief bewegte.

Endlich nenne ich noch den Getreuesten der Getreuen, seinen Hausfreund Dr. Jacob Sulzer, der auch die Zurückberufung Gottfried Kellers im Großen Rat befürwortete und schließlich durchsetzte.

Besuche aus Weimar fehlten nicht. Gräfin d'Agoult verschmähte es nicht, von Paris nach Zürich zu reisen: ‹Pour faire connaissance des grands hommes!› »

Erfreulicherweise besitzen wir eine andere Schilderung dieses Kreises und seiner Lebensform. Diesmal werden die Vorgänge durchaus distanziert, nüchtern und mit behaglicher Ironie geschildert. In einem Brief vom 13. Januar 1856 schreibt Gottfried Keller an Lina Duncker:

«Hier in Zürich geht es mir bis dato gut; ich habe die beste Gesellschaft und sehe vielerlei Leute, wie sie in Berlin nicht so hübsch beisammen sind. Auch eine rheinische Familie Wesendonk ist hier, ursprünglich aus Düsseldorf, die aber eine Zeitlang in Neuyork waren. Sie ist eine sehr hübsche Frau namens Mathilde Luckemeier, und machen diese Leute ein elegantes Haus, bauen auch eine prächtige Villa in der Nähe der Stadt; diese haben mich freundlich aufgenommen. Dann gibt es bei einem eleganten Regierungsrat feine Soupers, wo Richard Wagner, Semper, der das Dresdner Theater und Museum baute, der Tübinger Vischer und einige Zürcher zusammenkommen und wo man morgens zwei Uhr nach genugsamem Schwelgen eine Tasse heißen Tee und eine Havannazigarre bekommt. Wagner selbst verabreicht zuweilen einen soliden Mittagstisch, wo tapfer pokuliert wird, so daß ich, der ich glaubte, aus dem Berliner Materialismus heraus zu sein, vom Regen in die Traufe gekommen bin. An diversen zürcherischen Zweckessen bin ich auch schon gewesen; man kocht sehr gut hier, und an Raffiniertheiten ist durchaus kein Mangel, so daß es hohe Zeit war, daß ich heimkehrte, um meinen Landsleuten Moral und Mäßigung zu predigen,

Gottfried Keller (1818 bis 1890). Photographie aus dem Jahr 1863

zu welchem Zweck ich aber erst alles aufmerksam durchkosten muß, um den Gegenstand recht kennen zu lernen, den ich befehden will.»

Der elegante Regierungsrat mit den feinen Soupers ist übrigens jener Dr. Sulzer, den Mathilde Wesendonk als «Getreuesten der Getreuen» bezeichnet. Dies ist eine vielschichtige, bedeutende Gesellschaft, allein es ist zunächst durchaus noch kein virtueller Wagner-Verein. Auch italienische Emigranten aus der gleichfalls gescheiterten italienischen Einigungsbewegung des Revolutionsjahres haben im Züricher geistigen und vor allem literarischen Leben mitzureden. Einer von ihnen, der Professor de Sanctis, Romanist an der Eidgenössischen Technischen Hochschule, wird sogar von Wagner als lästiger Nebenbuhler in der Gunst der Mathilde Wesendonk empfunden.

Bedeutsam ist die geistige Konstellation des Kreises. Gottfried Keller und Friedrich Theodor Vischer stehen einer Literaturauffassung nahe, die – wie es in dem Buch *Oper und Drama* geschehen war – den Roman, überhaupt das epische Kunstwerk, als höchste Kunstform pries. Die äußere Ähnlichkeit zwischen Vischer und Wagner geht sogar noch weiter. Auch Vischer, der von 1855 an als Professor der Ästhetik an der Universität und Technischen Hochschule in Zürich lehrt, vollzieht nun, im Lichte der Revolutionserfahrungen, eine Überprüfung seiner ästhetischen Prinzipien.

In dieser Auseinandersetzung, die stellvertretend werden sollte für die deutsche bürgerliche Geistigkeit im weiteren Verlauf des Jahrhunderts, ist Gottfried Keller derjenige, der gleichzeitig gemäßigt und folgerichtig bleibt. Keller war auch in seiner Berliner und Heidelberger Zeit niemals der revolutionären Aktion so zugetan wie Wagner oder Herwegh. Er hatte niemals die Egoismustheorien der jungen Hegelianer, eines Bruno Bauer oder Max Stirner, ernst genommen und brauchte daher auch nicht, wie später Friedrich Theodor Vischer, den anarchischen Egoismus eines Stirner in religiöser Weise umzudeuten (Vischer schreibt viel später, 1873, als auch bei Wagner bereits die entsprechende religiöse Wendung eingeleitet wurde: «Die Religion ist das Tauwetter des Egoismus»). Andrerseits war auch für Gottfried Keller, gleichfalls nach eigenem Bekenntnis, die Philosophie Ludwig Feuerbachs zum auslösenden Erlebnis geworden. Die erste Fassung des «Grünen Heinrich» (1854/55) ist voll davon. Seine Polemiken mit Jeremias Gotthelf demonstrieren den Feuerbach-Standpunkt nicht minder als etwa jenes Märchen von Spiegel, dem Kätzchen, das genau in jener Zeit entsteht, das Richard Wagner, nach Mathilde Wesendonks Bericht, «mit vollendeter Meisterschaft» vorlas, und das, in allem Märchenzauber, doch gleichzeitig ein Feuerbach-Thema, das Verhältnis von Leib und Geist, abhandelt! Als einziger dieses Kreises, im Gegensatz zu Wagner, zu Vischer und zu Herwegh, macht Gottfried Keller die Wendung von Feuerbach zu Schopenhauer durchaus nicht mit. Sein Bericht über die Gesellschaft der Wagnerfreunde hält daher auf heiteren Abstand.

Die Züricher Jahre von 1853 bis 1858 sind also für die deutsche Kulturgeschichte in ungewöhnlichem Maße bedeutsam geworden. Auch ohne Richard Wagner ergab das ein wichtiges geistiges Koordinatensystem. In Wagners Schaffen aber vollzieht sich die Entfaltung außerordentlicher Potenzen. Die Dichtung des *Nibelungenrings* wird vollendet. Die Komposition des *Rheingold* gelingt in der Zeit vom 1. November 1853 bis zum 14. Januar des folgenden Jahres. Dieses neue Jahr 1854 sieht die Entstehung der *Walküren*-Musik. Das Jahr 1855 findet Richard Wagner als Dirigenten von acht großen Frühjahrskonzerten der Londoner Philharmonischen Gesellschaft in England. Der Herbst des Jahres dient der Arbeit an der *Walküren*-Partitur, also dem Vorgang der Instrumentierung. Erster und zweiter Akt des *Siegfried* entstehen zwischen dem 22. September 1856 und dem 30. Juli 1857. Dazu tritt nun der *Tristan*: Dichtung und beginnende Komposition. *Fünf Dilettantengedichte für Frauenstimme in Musik gesetzt von Richard Wagner* gehören gleichfalls in jene Epoche: es sind die fünf *Wesendonk-Lieder,* Gedichte der Mathilde Wesendonk, von Wagner vertont und bereits in zwei Fällen als Skizzen künftiger *Tristan*-Musik behandelt.

Bis zur Übersiedlung in das «Asyl» auf dem grünen Hügel zur Seite der Villa Wesendonk wohnten Richard und Minna Wagner in einem der «Escher-Häuser» am Zeltweg. Das Haus, wo *Rheingold, Walküre,* der Anfang des *Siegfried* entstanden, steht heute noch. Schauspielhaus und Opernhaus der Stadt Zürich liegen unweit von Wagners damaliger Wohnung. Das Geburtshaus Gottfried Kellers ist ebenso nahe wie das Sterbehaus Georg Büchners. In den 50er Jahren des 19. Jahrhunderts gehörten die Escher-Häuser am Zeltweg zur Vorstadt; nahe dem eigentlichen Züricher Stadtkern, aber doch in einer gewissen landschaftlichen Unabhängigkeit. Allerdings hatte Wagner am Zeltweg durch die Mit- oder Nebenmenschen und ihren Lärm viel Not. Erst waren es nur drei Klaviere und eine Flöte; dann richtete ein Schmied in unmittelbarer Nähe seine Werkstatt ein, so daß Wagner mit ihm einen Pakt schließen mußte. Allerdings gewann er dabei die zornige Musik Siegfrieds vor Mime, dem Schmied!

Wie immer in Wagners Leben gibt es auch in diesen Jahren viele Reisen, Besuche, Kuren und Erholungsfahrten. Wagner ist auch wieder in Paris, wo er am 10. Oktober 1853 zum erstenmal die Tochter Liszts erblickt, Cosima, ein junges Mädchen von 16 Jahren. Die Londoner Konzerte bringen viel Ärger, aber auch viel Erfolg. Alte und neue Bekanntschaften: Berlioz, Hans von Bülow, die Pianisten Karl Tausig und Karl Klindworth, Malwida von Meysenbug. Wagner lernt an der Harmonik der neuen symphonischen Dichtungen von Franz Liszt und an dessen großer h-moll-Sonate für Klavier, die ihm Klindworth in London vorspielt. Geld erhält er von Liszt, von Otto Wesendonk, durch Gastkonzerte. Die Wohnung am Zeltweg wird sehr reichlich ausgestattet. Wagner arbeitet besessen und ist im Grunde unwillig, seine Arbeitskraft in den Dienst eines üblichen Broterwerbs zu stellen.

Villa Wesendonk und «Asyl» in Zürich

Im April 1857 wird ihm auf dem grünen Hügel ein Asyl geboten: fern von der Stadt, dem Lärm, dem Schmiedehämmern. Ohne wesentliche Geldaufwendung. Angeboten durch Otto Wesendonk; zur Miete auf Lebenszeit für einen jährlichen Mietbetrag von 800 Franken. Otto Wesendonk hatte das Grundstück auf dem Hügel in der «Enge» gekauft, um sich dort eine Villa für die Familie und die Gemäldegalerie zu erbauen. Sein Freundschaftsdienst für Richard Wagner hatte auch egoistische Gründe: das Nachbargrundstück war durch einen Irrenarzt erworben worden, der in unmittelbarer Nachbarschaft der Wesendonks auf dem grünen Hügel seine Kranken zu pflegen gedachte. Otto Wesendonk bot einen hohen Preis, um dieses Projekt zu verhindern. Er erwarb das Nachbargrundstück mit dem darauf stehenden kleinen Haus, das nun, im Frühling 1857 – wenngleich nur für kurze Zeit – Richard Wagners Asyl werden konnte.

Der Park der Villa Wesendonk ist immer noch schön. Der grüne Hügel allerdings hat im Verlauf eines Jahrhunderts aufhören müssen, einen Musensitz außerhalb des Stadtgetriebes zu tragen. Die einstige «Enge» vor der Stadt gehört längst zum Züricher städtischen Bereich. Ein eigener Bahnhof Zürich-Enge führt hinaus zum rechten Ufer des Sees. Kilchberg ist nicht fern, wo Conrad Ferdinand Meyer und Thomas Mann gelebt haben und begraben liegen. Die Villa Wesendonk auf dem grünen Hügel, nunmehr seit langem in die Stadt einbezogen, wirkt seltsam anachronistisch. Sie war es eigentlich schon zur Zeit, da Otto Wesendonk den Prachtbau in nachgeahmter Renaissance errichten ließ. Heute wirkt der verlassene Bau wie das Traumschloß eines wenig stilsicheren Träumers. Arnold Böcklin in einer Umwelt neuer Sachlichkeit. Hier waltete seit der Entstehung und auch während der Wagner-Zeit 1857/58 der Geist des Historismus. Die Renaissancepracht in der wenig gemäßen Landschaft des Züricher Sees bedeutete kulturelles Erinnern, Geist einer Spätzeit. Vorgebildet war bereits, was dreißig Jahre später der entfernte Nachbar vom Züricher See, Conrad Ferdinand Meyer, in seinen Renaissance-Novellen nachgestalten sollte: Sehnsucht nach einer verlorenen Zeit und Kraft. Scheinbar kontrastierte Wagners Kunst in ihrer ungestümen Forderung nach Neuem mit solchem Historismus. Nur scheinbar indessen. Germanische und keltische Vorzeit, Buddhismus, Calderón, Schopenhauer: alle Stoff- und Bildungselemente, die auf dem grünen Hügel von Wagner aufgenommen und verschmolzen wurden, gehörten genauso zum historisierenden Geist der Epoche, wie der Baustil der Villa Wesendonk. Abermals hatte der späte Nietzsche unrecht, wenn ihm erst der *Parsifal* zum Anlaß offener Gegnerschaft wurde. Seine unzeitgemäßen Betrachtungen über «Nutzen und Nachteil der Historie für das Leben» hätten hier bereits ebenso gut anknüpfen können.

Otto und Mathilde Wesendonk waren nicht Schweizer, sondern Rheinländer. Beide stammten aus Elberfeld. Otto wurde 1815, Mathilde Luckemeyer am 23. Dezember 1828 geboren. Otto war Teilhaber eines Newyorker Seidenhauses, dessen Alleinvertretung für Deutschland er besaß. Mathilde Luckemeyer stammte gleichfalls aus reichem Kaufmannshause, sie war die Tochter eines Königlich Preußischen Kommerzienrates. Am 19. Mai 1848, noch 19-jährig, hatte sie Otto Wesendonk geheiratet. Ein erster Sohn starb wenige Monate nach der Geburt. Nach 1851 aber kamen abermals drei Kinder zur Welt, eine Tochter und zwei Söhne. Der zweite Sohn Karl Wesendonk wurde am 18. April 1857 geboren: zur gleichen Zeit, da Otto Wesendonk seinem Freunde Richard Wagner das Nachbarhäuschen auf dem grünen Hügel angeboten hatte. Wesendonks waren 1851 nach Zürich gekommen und wohnten zuerst im Hotel Baur au Lac. Seit 1853 war Wagner ein regelmäßiger Besucher in den Hotelzimmern, die Wesendonks kamen dafür zum Zeltweg. Mathilde Wesendonk war sehr begabt, musikalisch, empfänglich für eine Dichtung spätromantischer Nachfolge, wie auch ihre von Wagner vertonten Gedichte beweisen. Sie war kultiviert und verwöhnt, im Grunde aber hart und entschlossen in der Durchsetzung ihrer Wünsche. Liest man die späteren Erinnerungen an Wagner, um sie mit den eigenen Briefen und Tagebuchaufzeichnungen des Künstlers zu vergleichen, so will es scheinen, als sei Mathilde Wesendonk die stärker treibende Kraft gewesen. Auch hier, wie bei der späteren und erfolgreicheren «Wiederholung», ist Wagner gleichsam ein Gegenstand der Eroberung. Die stark weiblichen Züge seines Künstlertums, worauf oft hingewiesen wurde, werden in seiner Beziehung zu Mathilde Wesendonk gleichfalls sichtbar. Das Gemälde von Dorner, das die reiche Kaufmannsfrau im Stil deutsch-romantischer Porträtkunst zeigt, verrät vom Innern der schönen Frau vielleicht weniger als ein Relief von J. Kopf, das ebenfalls Schwärmerei zeigt, aber auch Härte, verbunden mit der Fähigkeit, weh tun zu können.

Die Ehe Wesendonk war offenbar glücklich. Otto Wesendonk war großzügig, gebildet, verständnisvoll. Er hat sich während des späteren Konfliktes sehr gut benommen: um ihn, der kaum zwei Jahre jünger war als Richard Wagner, lag während der Krise etwas von der Würde König Markes. Die Ehe von Richard und Minna Wagner war seit langem zerstört. Die schwer herzleidende Frau mußte sich immer wieder zu längeren Kuren fortbegeben. Trotzdem war sie es keineswegs allein, wie das Bayreuther Schrifttum später darzustellen bemüht war, die hartnäckig den Fortbestand der Ehe erzwang. Auch Wagner war trotz allem untrennbar mit ihr verbunden. Sie war der Inbegriff seines Hauses, seiner Bequemlichkeit, seiner Alltäglichkeit. Er wollte beides haben: den Gebrauchsgegenstand Minna und die hohe Liebe zu Mathilde Wesendonk. Eine sonderbare Travestie des *Tannhäuser*-Themas. In einem späteren Brief an Mathilde Wesendonk (Paris, 10. April 1860) berichtet er über die Sorgen mit *Tannhäuser*-Aufführungen, die ihn zur Neukomposition des Venusbergs zwingen, und setzt hinzu, an die Empfängerin gerichtet: *Wundern Sie sich nicht, daß dies in einem Briefe an Elisabeth geschieht.* Mathilde Wesendonk war also Tannhäusers Elisabeth. Der Konflikt war damit in der Realität genauso gegeben wie auf der Opernbühne. Auch hier konnte er nur tragisch enden, oder wenigstens: in einer Weise, die als tragisch empfunden wurde. Das Ende war allerdings gut. Mathilde Wesendonk hat den Ausgang später berichtet. «Daß wir bis zum Tode des Meisters in freundschaftlichem Verkehr mit ihm waren, unterliegt doch wohl keinem Zweifel ... Bei den Festspielen in Bayreuth haben wir nie gefehlt. Nach seiner Verheiratung mit Frau Cosima galt sein erster Besuch mit ihr Mariafeld (Wohnsitz von Herrn und Frau Wille) und dem grünen Hügel in der Enge; zum letzteren brachte er die Kinder mit.» Die Wesendonks bezogen die Villa erst am 22. August 1857. Richard Wagner aber konnte schon Ende April einziehen. Wie er nun lebte, das hat er Liszt im Briefe vom 8. Mai 1857 getreulich berichtet:

Ich habe eine üble Zeit hinter mir, die nun allerdings einem recht angenehmen Zustande zu weichen scheint. Seit 10 Tagen haben wir das bewußte Landgütchen neben der Wesendonkschen Villa bezogen, das ich der wirklich großen Teilnahme dieser befreundeten Familie verdanke. Zuvor aber sollte mir noch manche Not erwachsen; die Einrichtung des Häuschens, die übrigens sehr nett und mir entsprechend ausgefallen ist, bedurfte langer Zeit, so daß wir mit dem Auszuge gedrängt waren, ehe die Möglichkeit des Einzuges zustand kam. Nun wurde auch meine Frau krank, so daß ich sie immer nur von jeder Einmischung abzuhalten, und dafür alle Auszugsmühe selbst und allein zu übernehmen hatte. Zehn Tage wohnten wir im Hotel,

Mathilde Wesendonk. Zeichnung von E. B. Kietz

und endlich zogen wir bei furchtbarem Wetter und Kälte ein, so daß es wirklich nur dem Gedanken der definitiven Umsiedlung möglich war, die Laune mir gut zu erhalten. Nun ist aber alles überstanden; alles ist nach Wunsch und Bedürfnis für die Dauer hergerichtet und eingeräumt; alles steht am Platz, wo es stehen soll. Mein Arbeitszimmer ist mit der Dir bekannten Pedanterie und eleganten Behaglichkeit hergerichtet; der Arbeitstisch steht an dem großen Fenster, mit dem prachtvollen Überblick des Sees und der Alpen; Ruhe und Ungestörtheit umgibt mich. Ein hübscher, bereits sehr gut gepflegter Garten bietet mir Raum zu kleinen Promenaden und Ruheplätzchen, und meiner Frau die angenehmste Beschäftigung und Abhaltung von

Grillen über mich; namentlich nimmt ein größerer Gemüsegarten ihre zärtlichste Sorge in Beschlag.

Fast genau ein Jahr dauern Idyll und Asyl auf dem grünen Hügel. Minna ist mehrfach verreist, zwischen Wagner aber und Mathilde Wesendonk entsteht eine sehr enge schwärmerisch-geistige Beziehung. Otto Wesendonk kennt sie und bemüht sich, in äußerster Zurückhaltung zu leben. Minna Wagner ahnt erneut einen «Seitensprung» nach dem Muster Jessie Laussot. Ihr Versuch, sich mit Otto Wesendonk gegen Tristan und Isolde zu verbünden, muß scheitern, aber der offene Streit der Königinnen führt schließlich zur Katastrophe. Tristans öder Tag bricht an. Ein Morgengruß an Mathilde Wesendonk wird am 7. April 1858 durch Minna, die den Gärtnerburschen bestochen hatte, abgefangen. Er ist ein Zeugnis der Liebe, der Eifersucht, aber auch einer starken künstlerischen Stilisierung. Wagner schließt:

Was fasele ich da für dummes Zeug! Ist's die Lust, allein zu reden, oder die Freude, zu Dir zu reden? – Ja, zu Dir! Aber sehe ich Dein Auge, dann kann ich doch nicht mehr reden; dann wird doch Alles nichtig, was ich sagen könnte! Sieh, dann ist mir Alles so unbestreitbar wahr, dann bin ich meiner so sicher, wenn dieses wunderbare, heilige Auge auf mir ruht, und ich mich hinein versenke! Dann gibt es eben kein Object und kein Subject mehr; da ist Alles Eines und Einig, tiefe, unermeßliche Harmonie! Oh, da ist Ruhe, und in der Ruhe höchstes, vollendetes Leben! O Tor, wer sich die Welt und Ruhe von da draußen gewinnen wollte! Der Blinde, so hätte er Dein Auge nicht erkannt, und seine Seele nicht in ihm gefunden! Nur Innen, im Innern, nur in der Tiefe wohnt das Heil! – Sprechen und mich erklären kann ich auch gegen Dich nur noch, wenn ich Dich nicht sehe, oder Dich nicht sehen – darf. –

Sei mir gut, und vergib mir mein kindisches Wesen von gestern: Du hast es ganz richtig so genannt! –

Das Wetter scheint mild. Heut' komm' ich in den Garten; sobald ich Dich sehe, hoffe ich einen Augenblick Dich ungestört zu finden! –

Nimm meine ganze Seele zum Morgengruße! –

Noch einmal kommt es nach diesen Szenen zu einem Kompromiß. Minna wird zur Kur geschickt, und Wagner schreibt ihr am 27. April 1858 äußerst hart und beleidigend:

Dies, liebe Minna, ist der Datum, an dem ich mich entschlossen habe, mich nicht in eine Wasserheilanstalt, sondern in ein Narrenhaus bringen zu lassen; – denn dahin scheine ich einzig noch zu gehören! Mit allem, was ich sage oder schreibe, und wenn ich es am besten meine, richte ich nichts wie Unglück und Mißverständnis an. Schweige ich von gewissen Dingen, so mache ich Dich mißtrauisch und argwöhnisch, ich wollte Dich hintergehen; schreibe ich dann ernst und offen, und – wie ich Esel eben glaubte – zugleich gründlich beruhigend, so erfahre ich, daß ich damit eine raffinierte Bosheit ausgeheckt, um Dich schnurstracks unter die Erde zu bringen! Zugleich aber auch wird mir gesagt, ich soll ein Mann sein! Nun gut, nicht ein

Mann, sondern Dein Mann will ich sein: sag' mir nur immer genau, wie ich sprechen, denken und die Dinge der Welt ansehen soll, ich will mich immer genau darnach richten, und nichts sprechen, denken und sehen, was Dir nicht recht ist: bist Du so zufrieden? Gib mir auch immer an, was ich und wie ich componieren, dichten und dirigieren soll: ich will mich ja in allem nach Dir richten, damit Du nicht einen Augenblick mehr an mir zweifeln kannst.

Der gesellige Verkehr zwischen den beiden Familien war abgebrochen, aber es wurde versucht, wenigstens das Asyl zu retten. Auch das mißlingt. Eine läppische Episode führt zum Ende des Zwischenspiels: Minnas Heimkehr von der Kur wird durch Willkommenskränze gefeiert, die nunmehr über der Asyltür weiter hängen sollen, damit deutlich dokumentiert werde, was hier legitim und was illegitim sei. Nun verliert auch Mathilde Wesendonk die Geduld, und Wagner muß abreisen. Die Komposition des *Nibelungenrings* ist bis zum zweiten Akt *Siegfried* gediehen. Die *Tristan*-Komposition steht gleichfalls im zweiten Akt. Ein Entwurf der *Parzival*-Dichtung (die Schreibweise *Parsifal* folgt erst viel später) ist skizziert. Nun reist Wagner am 18. August 1858 ab: zunächst nach Genf, um dann mit Karl Ritter nach Venedig weiterzureisen, wo die Arbeit am *Tristan* wieder aufgenommen werden soll. Damit war nicht nur die Seßhaftigkeit in Zürich gescheitert, sondern auch die Ehe mit Minna Wagner. Ein undatierter Brief Minna Wagners an Mathilde Wesendonk hat sich erhalten. Er zeigt, wie Minna die Dinge verstand:

«Geehrte Frau!

Mit blutendem Herzen muß ich Ihnen vor meiner Abreise noch sagen, daß es Ihnen gelungen ist, meinen Mann nach beinahe 22jähriger Ehe von mir zu trennen. Möge diese edle Tat zu Ihrer Beruhigung, zu Ihrem Glück beitragen.

Es ist mir leid, daß Sie mich, durch sehr gehässige Äußerungen über mich, zwingen, Ihnen eine wörtliche Abschrift jenes verhängnisvollen Briefes, den mein Mann an Sie zu richten sich erlauben durfte, vorzulegen, wo ich mich nach Durchlesung endlich entschloß zu Ihnen zu gehen um mich in Freundschaft zu besprechen.

Mögen Sie sich nun selbst fragen was Sie darin an meiner Stelle getan haben würden. Fest überzeugt daß Sie meine noble gute Absicht nicht verkannt als ich das letzte Mal Sie sah in Bezug meiner Besprechung mit Ihnen, leider aber mußte ich nur zu bald erfahren, daß Sie mein Vertrauen mißbraucht und einen ganz gewöhnlichen Klatsch daraus gemacht hatten. Sie hetzten meinen Mann wiederholt gegen mich auf und verklagten mich sogar ungerecht und unvorsichtig bei Ihrem guten Mann an. Bei meiner Zurückkunft nach dreimonatlicher Abwesenheit erklärte mir mein Mann daß ich mit Ihnen mich in persönlichen Verkehr setzen müßte. Ich gab nach einigen Exzessen auch nach, wollte den Mantel der Vergessenheit über das Vorgefallene decken; nur ein abscheuliches Gerede welches entstanden sein sollte niederzuschlagen und aufrichtig gestanden nur das

Asyl zu erhalten doch vergebens, es war jedenfalls zu spät — Sie wollten es nicht und Sie hatten recht daran getan, es ist das Einzige wofür ich Ihnen zu danken vermag.

Nun wird Wagner auch wieder arbeiten von der er was mich sehr schmerzte lange Zeit so schmählich abgehalten wurde.

Wie ich in letzter Zeit noch erfahren mußte, dies der einzige Wunsch einer unglücklichen Frau.

M. Wagner»

Richard Wagner, der Friedmund heißen wollte, mußte sich nun wieder in die Rolle des Wehwalt finden. Die Wesendonk-Episode zwischen der Frau des reichen Kaufmanns und dem armen Künstler-Emigranten, hineingestellt in den Rahmen historisierender Renaissance, mochte, trotz allem, weniger tragisch als tragikomisch sein. Die künstlerische Transponierung war es nicht. *Tristan und Isolde* wurde gleichzeitig ein Werk der Klassik und der Romantik, keineswegs historisierend, sondern kühn und neu, Tragödie und Epos in einem.

Tristan und Isolde

Tristan ist die erste der beiden großen «Einschaltungen». Die *Nibelungen*dichtung war vollendet, die *Rheingold*-Partitur lag ebenso abgeschlossen vor wie jene der *Walküre*; zwei Akte des *Siegfried* hatte Wagner vertonen können, bevor die große Unterbrechung eintrat. Hinter den Figuren der Tetralogie aber war in der Züricher Zeit, schon am Zeltweg und erst recht im Asyl auf dem grünen Hügel, die Tristangestalt immer deutlicher hervorgetreten. Die Vollendung des *Tristan* und der Passionsweg bis zu seiner Uraufführung zogen dann noch, in eigenartiger Kontrapunktik von Leben und Werk, die *Meistersinger von Nürnberg* nach sich.

Die Entstehung des *Tristan* pflegt man herkömmlicherweise mit Mathilde Wesendonk in Verbindung zu bringen. Daß hier unmittelbare Beziehungen zwischen Leben und Lebensdeutung, Erlebnis und Dichtung bestehen, ist offensichtlich. Wagner hat später in einem Briefe an Eliza Wille von Mathilde Wesendonk gesagt: *Sie ist und bleibt meine erste und einzige Liebe!* Neuartiges Empfinden des Künstlers, bis dahin nur geahnt, aber nicht wirklich empfunden (was der *Tannhäuser*-Partitur zum Nachteil gereichen mußte), verwandelte sich nun in eine musikalische Emotion ohnegleichen.

Dennoch kann die Identifizierung nicht glücken: Mathilde-Isolde, Wagner-Tristan, Wesendonk-Marke. Gewiß spricht der liebende und entsagende Künstler später von Isolde und meint Mathilde Wesendonk; aber er nennt sie gelegentlich auch Elisabeth. Die Einheit aus Isolde und Elisabeth ist jedoch kaum möglich. Die Wirklichkeit der Vorgänge auf dem grünen Hügel bot dafür überdies keine Grundlage. Richard Wagners Liebe zu Mathilde Wesendonk erwies sich als eine auslösende, freisetzende Kraft. Tristanwelt und Tristanmusik konnten erst dadurch entstehen, allein die Tristanwelt wurde dadurch für Wagner nicht erst begründet: sie war im wesentlichen bereits innerlich vorgebildet. Was das Erlebnis im norwegischen Fjord für den *Holländer* bedeutet hatte, der Anblick der Wartburg für die Entstehung des *Tannhäuser*, nächtliche Prügelei zu Nürnberg im Jahre 1835 für das künftige zweite Finale der *Meistersinger*, das wurde nun durch Mathilde Wesendonk für den *Tristan* geleistet: eine Lebensvision, die sich den bereitliegenden künstlerischen Motiven beigesellte.

Der Plan zu *Tristan und Isolde* wurde von einem Entbehrenden, nicht einem Liebenden entworfen. Im Dezember 1854 bereits hatte Wagner an Franz Liszt geschrieben:

Da ich nun aber doch im Leben nie das eigentliche Glück der Liebe genossen habe, so will ich diesem schönsten aller Träume noch ein Denkmal setzen, in dem vom Anfang bis zum Ende diese Liebe sich einmal so recht sättigen soll: ich habe im Kopfe einen «Tristan und Isolde» entworfen, die einfachste, aber vollblutigste musikalische Konzeption; mit der «schwarzen Flagge», die am Ende weht, will ich mich dann zudecken, um – zu sterben.

Für den Entstehungsprozeß des neuen Musikdramas war außerdem wichtig, daß eine innere Beziehung zwischen den Nibelungenthemen und der Tristankonstellation hergestellt werden konnte; Siegfried zog Tristan nach sich, wie dieser wiederum die Gestalt des Parzival hervorrief. In einem *Epilogischen Bericht*, den Wagner später über die Entstehungsgeschichte der *Ring*-Tetralogie veröffentlicht hat, schreibt er:

Mit dem Entwurfe von «Tristan und Isolde» war es mir, als entfernte ich mich selbst nicht eigentlich aus dem Kreise der durch meine Nibelungenarbeit mir erweckten dichterischen und mythischen Anschauungen. Der große Zusammenhang aller echten Mythen, wie er mir durch meine Studien aufgegangen war, hatte mich namentlich für die wundervollen Variationen hellsichtig gemacht, welche in diesem aufgedeckten Zusammenhange hervortreten. Eine solche trat mir mit entzückender Unverkennbarkeit in dem Verhältnisse Tristans zu Isolde, zusammengehalten mit dem Siegfrieds zu Brünnhilde, entgegen . . . Die völlige Gleichheit dieser besteht aber darin, daß Tristan wie Siegfried das ihm nach dem Urgesetze bestimmte Weib, im Zwange einer Täuschung, welche diese seine Tat zu einer unfreien macht, für einen anderen freit, und aus dem hieraus entstehenden Mißverhältnisse seinen Untergang findet.

Eine Erwägung des Tonsetzers spielte noch mit, die Unterbrechung der Arbeit am *Nibelungenring* für ein Werk von ganz anderer Thematik und Bühnenstruktur zu nutzen. *Tristan* sollte nämlich, so sonderbar sich das heute ausnimmt, als ein Erfolgswerk unternommen werden, das leicht aufführbar sei, mit wenigen Personen und Dekorationen, daher rasch über viele Opernbühnen gehen und die Geldnöte Wagners tilgen könnte. In dem Briefaufsatz *Zukunftsmusik*, den Wagner im September 1860 an einen französischen Freund Fr. Villot richtete, gesteht er:

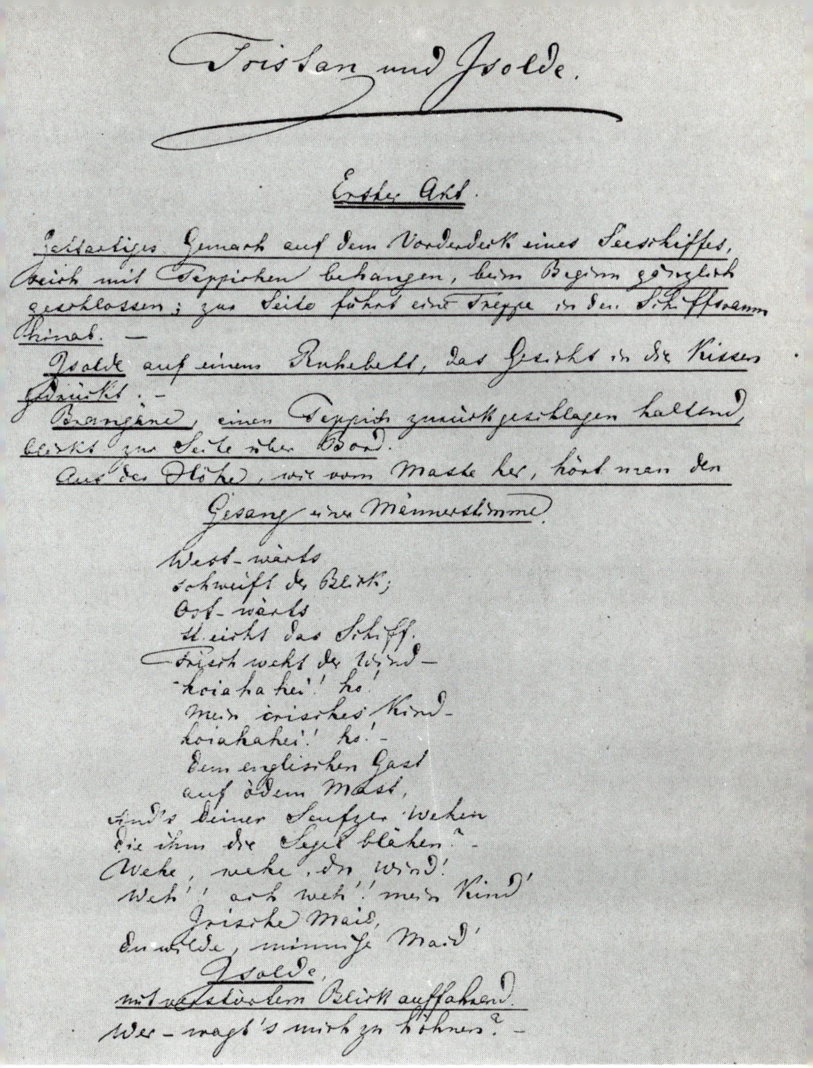
Tristan und Isolde.

Erster Akt.

Zeltartiges Gemach auf dem Vorderdeck eines Seeschiffes, reich mit Teppichen behangen, beim Beginn gänzlich geschlossen; zur Seite führt eine Treppe in den Schiffsraum hinab. —

Isolde auf einem Ruhebett, das Gesicht in die Kissen gedrückt. —

Brangäne, einen Teppich zurückgeschlagen haltend, blickt zur Seite über Bord.

Aus der Höhe, wie vom Maste her, hört man den Gesang einer Männerstimme.

Westwärts
schweift der Blick;
Ostwärts
streicht das Schiff.
Frisch weht der Wind —
hoiahahei! ho!
mein irisches Kind —
hoiahahei! ho! —
Dem englischen Gast
auf ödem Mast,
sind's deiner Seufzer Wehen
die ihm die Segel blähen? —
Wehe, wehe, du Wind!
Weh'! ach weh'! mein Kind!
Irische Maid,
du wilde, minnige Maid!

Isolde,
mit verstörtem Blick auffahrend.

Wer — wagt's mich zu höhnen? —

Der Beginn des «Tristan»-Manuskriptes

Die äußerliche Veranlassung zu dieser Unterbrechung in jener großen Arbeit war der Wunsch, ein seiner szenischen Anforderungen und seines kleineren Umfanges wegen leichter und eher aufführbares Werk zu liefern; ein Wunsch, zu dem mich einerseits das Bedürfnis, endlich wieder etwas von mir auch hören zu können, trieb, sowie andererseits die zuvor Ihnen bezeichneten ermutigenden und versöhnenden Erfahrungen von den Aufführungen meiner älteren Werke in

Deutschland mir diesen Wunsch jetzt wiederum als erreichbar darstellten.

Er hätte sich damals allerdings schon sagen müssen, daß dieser Tristan, gerade dank der Beschränkung auf das musikalische Element und innere Drama, viel schwieriger darstellbar sein werde als alle Zauberei des *Rheingold*. Die Vorgeschichte der ersten Münchener *Tristan*-Aufführung, das Scheitern des Wiener Aufführungsprojektes nach 77 Proben, erwiesen abermals den Kontrast zwischen der ursprünglichen Werkidee und der endgültigen Werkgestalt.

Der *Tristan* wirkt ungewöhnlich nicht bloß durch die Einschaltung in den Entstehungsprozeß der Tetralogie. Er ist nicht nur merkwürdig durch die fast groteske Diskrepanz zwischen dem geplanten und dem entstandenen Werk. Bis heute ist er, trotz allen Beziehungen und Motivverflechtungen mit den anderen Wagner-Werken, durchaus einzigartig geblieben.

Nahezu alle Wagner-Werke sind schon vom Titel her an die Einsamkeit eines Helden gebunden: Rienzi, Holländer, Tannhäuser, Lohengrin, die Walküre, Siegfried, Parsifal. Bereits im Tristantitel dagegen wird die Einsamkeit gesprengt: das Liebespaar und Heldenpaar soll diesmal im Mittelpunkt stehen. Isolde spricht es aus:

Doch uns're Liebe,
heißt sie nicht Tristan
und — Isolde?
Dies süße Wörtlein: und,
was es bindet,
der Liebe Bund,
wenn Tristan stürb',
zerstört' es nicht der Tod?

Diese Verbundenheit ist für die Liebenden selbst nicht unangefochten. Für Tristan gibt es zunächst einmal «Tristans Liebe», dann erst, heikel und kaum ernsthaft geglaubt, «Tristans *und* Isoldens Liebe». Die Gemeinsamkeit der Liebenden, die für beide den Ausbruch aus der früheren Einsamkeit bedeuten soll, ist nicht nur von außen bedroht: durch Marke, durch Melot. Sie ist innerlich gefährdet, denn Liebe und Schuld, Glückserfüllung und Gewissensqual sind allzu eng miteinander verknüpft. Auch dieses Werk Richard Wagners, das ein Liebespaar statt des einsamen Helden schon im Titel vorzustellen gedachte, ist stets von neuer Einsamkeit bedroht.

Stärker als in den früheren Wagnerwerken, stärker sogar als später im *Nibelungenring*, kreist dieses «Liebesdrama» um den Vorgang des Verrats. Treue und Verrat sind Lebensmotive Richard Wagners, die er nahezu all seinen Werken einprägen mußte. In *Rienzi* ist das noch äußerlich politisch gemeint, im *Tannhäuser* als Schwanken zwischen widerstreitenden Prinzipien gestaltet, für den Holländer und Lohengrin geht es um höchstes Vertrauen, Treue bis zum Tode. Das Verratsmotiv in Tristan dagegen ist tiefer, geheimnisvoller, daher

Tristans Tod. Stich nach einem Gemälde von Piseis

tödlicher für alles Glücksverlangen. Diesmal hat Wagner die Partner auf der rein menschlichen Ebene belassen. Es gibt keine Berührung zwischen Menschenwelt und Geisterwelt. Die Phantome, Götter, Gralsritter sind verschwunden. Ein Menschenpaar steht in menschlicher Umwelt: zum erstenmal in Wagners Werk. Die Tragik entspringt nicht mehr dem Bruch eines Geistergesetzes, wie im *Holländer* oder *Lohengrin*, das ohnehin unhaltbar sein mußte. Diesmal werden menschliche Bindungen bedroht und verraten. Nicht der Ehebruch wird von Wagner als tragisch gestaltet und von den Liebenden als tragische Schuld verstanden. In Marke verrät Tristan den König und den Freund. Isolde dagegen empfindet Tristan selbst als Verräter. Eine unentrinnbare Verstrickung führt Tristan dahin, daß er sich in jedem Falle als Verräter erweisen muß. Hält er Marke die Treue, tritt er also als Liebender vor Isolde zurück, so verrät er seine einstige Liebe zur irischen Königstochter, die ihn heilte und liebte.

Dann vertieft er seinen Verrat, der damit begann, daß er die geliebte Frau für einen anderen zu freien unternahm. Genauso versteht es Isolde:

Das als Verräter
dich mir wies,
dem Licht des Tages
wollt' ich entflieh'n,
dorthin in die Nacht
dich mit mir zieh'n,
wo der Täuschung Ende
mein Herz mir verhieß,
wo des Trug's geahnter
Wahn zerrinne:
dort dir zu trinken
ew'ge Minne,
mit mir — dich im Verein
wollt' ich dem Tode weih'n.

Folgt Tristan aber diesem Anruf, bleibt er der einstigen Liebe treu, so verrät er den König wie den Freund. Eine erschütternde Verszeile faßt diese unlösliche Verstrickung zusammen. Auch Melot hat, aus geheimer Liebe zu Isolde, den Freund Tristan an den König verraten. Verrat also am Verräter. Am Ende des zweiten Aktes stehend, fassen die Sätze das tragische Geschehen noch einmal zusammen:

Dein Blick, Isolde,
blendet' auch ihn:
aus Eifer verriet
mich der Freund
dem König, den ich verriet.

Der geistesgeschichtliche Standort ist unverkennbar. Im *Tristan* hat Wagners Züricher Beschäftigung mit den Dramen Calderóns ihre Wirkung getan. Nicht zufällig hatte Wagner im Januar 1858 an Liszt geschrieben: *Nächst Dir und Calderón hat mich dieser Tage ein Blick in den mitgenommenen fertigen ersten Akt des «Tristan» wunderbar erhoben.* Der Calderón gehörte aber unmittelbar zum Tristan-Thema. Liebe und Verrat nämlich sind hier so eng und unentrinnbar ineinander gefügt wie Liebe und Ehre. Sehr schön gelingt es Wagner, den Ehrbegriff Tristans aus der adligen und spanischen Umwelt des 17. Jahrhunderts zu lösen und als dramatisches Motiv zu verwenden, ohne daß doch die adligen Normen dabei verbürgerlicht würden. Darum auch macht der Liebestrank nur sichtbar, was ohnehin vorhanden war. Er erzeugt nicht den tragischen Konflikt, sondern hilft nur, ihn zur Erscheinung zu zwingen. Die Verstrickung aber von Ehre und Liebe erlaubt keine Lösung, höchstens Vergessen. In Tristans Sühnelied ist dies alles gesagt:

Tristans Ehre —
höchste Treu':
Tristans Elend —
kühnster Trotz.
Trug des Herzens;
Traum der Ahnung:
ew'ger Trauer
einz'ger Trost,
Vergessens güt'ger Trank!
Dich trink' ich sonder Wank.

Zu Calderón aber gesellt sich Schopenhauer. Der Liebestod Tristans und Isoldens ist nicht als handgreifliche Apotheose zu verstehen, wie einst die Vereinigung des Holländers mit Senta. Tristans Wort vom *Vergessen* meint es anders. Das Versinken in Bewußtlosigkeit, das die Vereinigung der Liebenden eben dadurch herbeiführt, daß die Einzelung aufhört, die Individualität, enthält viel von Schopenhauers Weltverneinung. Tristans und Isoldens Liebestod ist von gleicher Art wie die *Götterdämmerung*: Absage an den Weltwillen. Hier hat Wagner ein romantisches Motiv E. T. A. Hoffmanns wieder aufgenommen und mit der gleichfalls romantischen Philosophie Schopenhauers amalgamiert. Ebenso wie die Liebe des Kapellmeisters Kreisler und der Julia auf alle irdische Vollziehung verzichtet hatte, dadurch gleichsam einem Postulat der Künstlerliebe folgend, ist Tristans und Isoldens Liebesdämmerung auch nur in der nächtigen Welt ewigen Vergessens möglich. Der *Tristan* wird zur letzten und höchsten Gipfelung deutscher Romantik.

In Aufbau und Dramaturgie dagegen strebt er nach höchster klassischer Abrundung. Dichtung und Musik sind weit entfernt von allem Spiel der Romantik mit dem Fragmentarischen, dem bloß Angedeuteten. Drei streng gebaute Akte. Zuerst steht Isolde im Mittelpunkt; spät erst tritt der Herr Tristan vor sie hin. Der dritte Akt ist Tristans. Der Mittelakt gehört dem liebenden Paar: Tristan *und* Isolde. Die Rahmenakte stehen im Zeichen des Tages. Einsamkeit und *öder Tag* sind hier gleichbedeutend. Der Mittelakt als Vereinigung der Liebenden gehört der Nacht, die Vergessen, Nichtmehrsein, Erfüllung und Tod in einem bedeutet. Als der Tag anbricht, beginnt für das Liebespaar die neue Einsamkeit.

Die Dramaturgie arbeitet mit dem klassischen Dreieck französischer Dramentradition, die übrigens in der Dreieckskomödie des französischen Ehebruch-Schwankes ihre Fortsetzung findet. Isolde, Marke, Tristan. Hinzu treten die Vertrauten, die «confidents» des französischen klassizistischen Dramas. Die Frau Brangäne zur Frau Isolde, Kurwenal zu Tristan. Melot ist lediglich auslösender Faktor. Er ist aber mit den Hauptgestalten verbunden: durch Treue und seinen Verrat mit dem König; durch Liebe, Eifersucht und Verrat mit Isolde; durch Freundestreue und Verrat mit Tristan. Nicht bloß in der geistigen Substanz, sondern auch im künstlerischen Aufbau erweist

sich der Tristan als echtes Werk romanischer (französischer und spanischer) Tradition des 17. Jahrhunderts. Dieser künstlerischen Einheit von Form und Gehalt opfert Wagner sogar eine Grundidee des ursprünglichen *Tristan*-Planes: die Konfrontierung *Tristans mit Parzival.* Im dritten Akt sollte der umherirrende Gralssucher Parzival am Krankenbett Tristans erscheinen. Tristan bot sich dabei als Vorform des Amfortas. Es war nicht bloß die Eigenkraft des Parzivalstoffes, die Wagner schließlich veranlaßte, den künftigen Gralskönig von der Tristanwelt zu scheiden. Der Kontrast Tristans und Parzivals hätte einen Rückfall in die Motive und Thematik der früheren Wagnerdramen bedeutet. Plötzlich hätten, als jungdeutsche Variante, törige Reinheit und schuldbeladene Sinnlichkeit einen Gegensatz gebildet: gleichsam als männliches Gegensatz-Paar zu Venus und Elisabeth. Dadurch aber wurde die Grundsubstanz des *Tristan* gefährdet; mit ihr die Reinheit der dichterischen und musikalischen Architektur.

Auch die *Tristan*-Musik bildet eine einzigartige Mischung des Klassischen und des Romantischen. Sie ist kühn und folgerichtig zugleich. Die Zeitgenossen und noch die literarischen Neuromantiker zu Beginn unseres Jahrhunderts empfanden das Werk als höchste Steigerung romantischer Gefühlskunst. Die neue Musikforschung dagegen hat mit Recht die konstruktive Kraft Wagners und die klassische Genauigkeit der Proportionen hervorgehoben. Die Umsetzung seelischer und handlungsmäßiger Vorgänge im musikalischen Ausdruck ist immer wieder ergreifend. Als Beispiel mag der Warngesang Brangänes dienen, der im zweiten *Tristan*-Akt dem Liebestodgesang zu kontrastieren hat. Der Gesang der Liebenden schwingt sich in As-dur auf, in immer kühneren Sprüngen aufsteigend, um unisono auf dem hohen As bei dem Worte *Liebe* zu gipfeln. Brangänes Ruf: *Habet acht! Schon weicht dem Tag die Nacht!* steht in G-dur. Die Gegenüberstellung des As-dur zum G-dur verbindet sich mit der langsam, aber nachdrücklich niederdrängenden musikalischen Bewegung im Orchester: die Liebenden, Tristan und Isolde, sollen gleichsam auf die Erde, in den Tagesbereich zurückgezogen werden. Mit einfachsten musikalischen Mitteln ist eine vollkommene Übereinstimmung aus Wort und Ton, Drama und Musik erreicht.

Ein anderes Wunder solcher Art ist der Tod Tristans: das von den Celli getragene Motiv *Tristans Blick* aus dem Vorspiel, noch

einmal vom Orchester pianissimo intoniert, mit Tristans Vorhaltnoten «Isolde» verbunden, um dann im dreifachen piano auf der verminderten Septime das Brechen des Tristan-Blickes anzudeuten. Das unbegleitete Lied des Steuermanns beim ersten Akt-Beginn weist zurück auf den Steuermann im *Holländer*, den Hirten im *Tannhäuser*. Kühler aber, herber ist das Volkslied geworden. Auch die *Alte Weise* des Hirten zu Beginn des dritten Aktes, vom Englischhorn geblasen, steht in Wagners Werk vergleichslos da; diese aller Symmetrie spottende Rhythmik und rätselhaft neue Melodik ist vielen großen Musikern des 20. Jahrhunderts zum Vorbild geworden.

Das Vorspiel zum *Tristan* hat Wagner später gleichsam nacherzählen wollen:

Der Musiker, der dieses Thema sich für die Einleitung seines Liebesdramas wählte, konnte, da er sich hier ganz im eigensten, unbeschränktesten Elemente der Musik fühlte, nur dafür besorgt sein, wie er sich beschränkte, da Erschöpfung des Themas unmöglich ist. So ließ er denn nur einmal, aber im langgegliederten Zuge, das unersättliche Verlangen anschwellen, von dem schüchternsten Bekennt-

nis, der zartesten Hingezogenheit an, durch banges Seufzen, Hoffen und Zagen, Klagen und Wünschen, Wonnen und Qualen, bis zum mächtigsten Andrang, zur gewaltsamsten Mühe, den Durchbruch zu finden, der dem grenzenlos begehrlichen Herzen den Weg in das Meer unendlicher Liebeswonne eröffne. Umsonst! Ohnmächtig sinkt das Herz zurück, um in Sehnsucht zu verschmachten, in Sehnsucht ohne Erreichen, da jedes Erreichen nur wieder neues Sehnen ist –, bis im letzten Ermatten dem brechenden Blicke die Ahnung des Erreichens höchster Wonne aufdämmert. Es ist die Wonne des Sterbens, des Nichtmehrseins, der letzten Erlösung in jenes wundervolle Reich, von dem wir am fernsten abirren, wenn wir mit stürmischester Gewalt darin einzudringen uns mühen. Nennen wir es Tod? Oder ist es die nächtige Wunderwelt, aus der, wie die Sage uns meldet, ein Efeu und eine Rebe in inniger Umschlingung einst auf Tristans und Isoldes Grabe emporwuchsen?

Es ist eine Musik des Kreislaufs, der Unentrinnbarkeit. Wagner hatte diese geschlossene Form schon im *Lohengrin*-Vorspiel angewandt. Der Gral schwebte herab, senkte sich auf die Erde, um wieder zu verschwinden. Die Chromatik des *Tristan*-Vorspiels drängt gleichfalls

einer Gefühlserfüllung zu, die aber nur als erfüllter Augenblick möglich ist, um sogleich wieder zurückzusinken, kraftlos zu werden, als bloßes Sehnen zu enden. Diese Musik bleibt unentrinnbar, der Liebestod bedeutet kein Überspielen der tragischen Lösung, und der ausgehaltene letzte H-dur-Akkord meint Untergang, nicht Übergang.

Der Sänger und der König

Am 17. August 1858 hatte Wagner das Häuschen auf dem grünen Hügel verlassen. Die kurze Zeit der Geborgenheit war zu Ende. Es folgten neue Jahre der Rastlosigkeit und der Wanderschaft. Am späten Mittag des 4. Mai 1864 erschien er zu einer ersten Audienz in München vor König Ludwig II. von Bayern. Die Zwischenzeit zwischen diesen beiden Daten ist abermals reich an Plänen und Entwürfen: die *Tristan*-Musik entsteht in Venedig und Luzern, in Paris werden die Blätter der *Meistersinger*-Dichtung aufeinandergelegt. Kurz vor dem endgültigen finanziellen Zusammenbruch, dem der erstaunliche Umschlag durch königliche Gunst auf dem Fuße folgt, hat Wagner als künstlerisches, noch ungenutztes Besitztum aufzuweisen: eine *Tristan*-Partitur, die offenbar in ihren Anforderungen alle Aufführungsmöglichkeiten übersteigt; zwei abgeschlossene Partituren des *Rheingold* und der *Walküre*; zwei Akte *Siegfried*, dazu

Dichtung und wichtigste Kompositionselemente der *Meistersinger von Nürnberg*. Dies alles scheint vorerst «für die Schublade» geschrieben zu sein. Gleichzeitig wächst der Ruhm seiner früheren Kompositionen. Auch der Erfolg des Dirigenten Wagner hat die Form eines Weltruhms angenommen. Man sah und hörte ihn in London und Paris, in St. Petersburg, Moskau, Prag oder Wien.

Dennoch sind es Jahre der Unrast, der Gereiztheit, körperlichen und seelischen Verfalls. Wagners Arbeit hat keinen Mittelpunkt, sein Leben ebensowenig. Auch sein Weltbild wurde inzwischen durch allzu viele Bildungselemente angereichert, so daß es gleichfalls mittelpunktlos wirkt. Der ehemalige Schüler des Jungen Deutschland, Proudhons, Feuerbachs, der sich noch zu Beginn der 50er Jahre entschieden dagegen gewehrt hatte, die Gralssymbolik im *Lohengrin* mit christlichen Gedankengängen in Verbindung zu bringen, fühlt sich zusehends stärker von religiösen Vorstellungen gepackt. Nach wie vor entbehren sie einer eindeutig christlichen Sinngebung: der Katholizismus Calderóns wird durch Schopenhauers Erbschaft, den Buddhismus, insgeheim aufgewogen. Dadurch entsteht ein eklektisches Weltbild aus Weltveränderung und Entsagung, Aktivismus und Transzendenz.

Auch der gesellige und gesellschaftliche Umkreis Richard Wagners wirkt verändert. In Zürich hatten die wohlhabenden Patrizier, die Künstler und Professoren den Rahmen seiner Geselligkeit gebildet. Jetzt findet sich der einstige Revolutionär und Freund Bakunins immer stärker im Umgang mit Monarchen und Hofkreisen der verschiedensten Art. In Paris hatte es im März 1861 sehr spannende Kabalen zwischen dem kaiserlichen Hof Napoleons III. und der legitimistischen Aristokratie aus Anlaß einer *Tannhäuser*-Aufführung gegeben. Die Fürstin Pauline Metternich, Gattin des österreichischen Botschafters und Schwiegertochter jenes Mannes, den die Revolution von 1848 davongejagt hatte, war Wagners Protektorin. Louis Bonaparte und Kaiserin Eugénie hatten die *Tannhäuser*-Aufführung gewünscht und gefordert, die nun, nach 164 Proben, in Anwesenheit der wichtigsten Wagner-Freunde und mit dem inzwischen neu erstandenen Wagner-Tenor Albert Niemann in der Titelrolle, von den Aristokraten des Jockeyclubs niedergepfiffen wurde. Bei der ersten Aufführung am 13. März 1861 wurde gelacht: an den Pilgern entzündete sich immer von neuem die Heiterkeit des französischen Publikums. Noch aber fehlten die Herren vom Jockeyclub. Die erschienen erst bei der zweiten Aufführung, wo die Rom-Erzählung durch Pfeifkonzerte unterbrochen wurde. Am dritten und letzten *Tannhäuser*-Abend siegten die Jockeys, die sich, alle mit silbernen Pfeifchen ausgerüstet, die Ehre gegeben hatten. Wagner war zu Hause geblieben, zog aber das Werk zurück. Trotzdem ergab das eine Mischung aus Sieg und Niederlage. Ein großer Teil der öffentlichen Meinung, der kaiserliche Hof voran, hatte sich für Wagner erklärt. Es war kein vernichtender künstlerischer Durchfall, sondern ein Theaterstreit, wie ihn Frankreich seit einem Jahrhundert immer wieder gekannt hatte: als Kampf der Opernfreunde zwischen Gluck und Piccinni, als Schauspielstreit der Klassizisten und französischen Romantiker um Victor Hugo und seinen «Hernani». Sieg aber oder Niederlage: nach Abzug aller Ausgaben behielt Wagner 750 Franken für die künstlerische Arbeit eines Jahres.

Die Rastlosigkeit blieb, allein das Exil ging nun zu Ende. Deutsche Fürsten fanden sich zusammen, um Richard Wagner die Rückkehr nach Deutschland zu ermöglichen. Die «Prinzessin-Regentin von Preußen», Augusta von Sachsen-Weimar, intervenierte anläßlich einer Zusammenkunft deutscher Fürsten mit Napoleon III. zugunsten des «gewandelten Revolutionärs». König Johann von Sachsen verwehrte zwar die Rückkehr Wagners in sein Land, verzichtete aber auf ein Veto gegen den Aufenthalt des Schuldigen in einem anderen deutschen Bundesland. Wagner erhielt einen preußischen Paß und konnte zurückkehren. In Wien sah er zum erstenmal seinen *Lohengrin* auf der Bühne. Er wurde stürmisch gefeiert und dankte aus der Loge mit einer kleinen Ansprache. Auch in Weimar, das er zum erstenmal seit den Tagen der Flucht wiedersah, empfingen Liszt und die Künstlerfreunde den Heimgekehrten mit großer Begeisterung. Die Jahre 1862 und 1863 sind abermals Wanderjahre. Wagner arbeitet in Paris an den *Meistersingern,* fühlt sich immer stärker nach Wien gezogen, wo die Aussichten für eine Uraufführung des *Tristan* am günstigsten zu sein scheinen. Im Frühjahr 1862 wird ihm auch die sächsische Amnestie zuteil. Er reist nach Leipzig und nach Dresden. Von Minna war er eigentlich seit der Züricher Zeit getrennt, doch hatte es stets Besuche und vorübergehende Gemeinsamkeiten gegeben. Die Ehe allerdings war zerstört. Nun kommt es in Dresden zu einer letzten Begegnung.

Der Rhein bei Mainz vermag den Wanderer vorübergehend zu bannen. Allerdings ist es nicht so sehr die Welt des *Rheingold,* die ihn fesselt, als die Verbindung mit dem Verleger Schott, der *Meistersinger* und *Nibelungenring* in Verlag nehmen und viel Geld dafür zahlen will. Auch eine neue Mathilde findet sich, während die Arbeit an den *Meistersingern* weitergeht: Mathilde Maier erweist sich eben jetzt, wo es musikalisch erwünscht ist, als inspirierend für die Gestalt des Evchen. Mathilde Maier, damals neunundzwanzigjährig, stammte aus Mainz. Sie war die Tochter eines hessischen Notars, ihre Familie lebte in Alzey. Richard Wagner lernte sie im Hause Schott kennen. Es erwächst daraus eine Freundschaft, die in einem umfangreichen Briefwechsel widergespiegelt wird. Wagner spricht sie gelegentlich als «Evchen» an: Mathilde Wesendonk war für ihn zugleich Isolde und Elisabeth! Als er später in München seßhaft wird, möchte er Mathilde Maier als Leiterin seines Hausstandes gewinnen, was sie aber ablehnt: was wohl auch damals schon durch Cosima von Bülow vereitelt wurde.

Ein Brief Wagners an sie vom 4. Januar 1863 ist überaus aufschlußreich:

Mir fehlt eine Heimat: — nicht die örtliche, sondern die persönliche.

Wagners Arbeitszimmer im Haus Wahnfried

Nächsten Mai werde ich 50 Jahr. Ich kann nicht heiraten, solange meine Frau lebt: von ihr mich jetzt noch zu scheiden, bei dem Zustand ihrer Gesundheit (einer Herzerweiterung im höchsten Stadium), wo ihr Leben mit einem leichten Stoß zu enden ist, kann ich diesen möglichen Todesstoß ihr nicht geben. Sie wird andererseits alles ertragen, wenn ihr der rechtliche Anschein bleibt. Sieh! an diesem Verhältnisse, dieser Lage der Dinge gehe ich zu Grunde! Mir fehlt ein weibliches Wesen, das sich entschlösse trotz allem u. jedem mir das zu sein, was unter so jämmerlichen Umständen ein Weib mir sein kann, und — muß, sage ich, wenn ich ferner gedeihen soll. Nun verblendet mich vielleicht die Selbstüberschätzung, wenn ich mich so weit überhebe, daß ich annehme, ein Weib, das sich entschlösse, sich mir selbst unter so mißlichen Umständen zu weihen, träte hierdurch aus allen Beziehungen zu menschlichen Verhältnissen, die auf das Dasein und das Wirken eines Menschen, wie ich, gar keine vernünftige Anwendung finden.

Das Werben bleibt ohne Erfolg. Vielleicht war es auch gar nicht sehr ernst gemeint: mehr Wahnmonolog als Werbegesang. In Wien scheint zum erstenmal eine Verwirklichung des *Tristan* möglich zu werden. Der Tenor Ander soll die als ungeheuerlich empfundene Partie übernehmen. Wagner läßt sich in der österreichischen Hauptstadt nieder. Konzertreisen in Rußland brachten gewaltigen Erfolg und einen Reinertrag von 7000 Talern. Nun wird in Wien ein neuer Hausstand aufgebaut, allerdings ohne Hausfrau. Wagner hat ein Hausmädchen und ein Dienerehepaar. Der Tapezierer muß Orgien in Samt und Seide liefern: *Ich erwarte von Ihnen noch folgende Arbeiten: 1. die zwei braunen Lehnstühle für das Musikzimmer, 2. die Ecke hinter das Kanapee, 3. die neu zu überziehenden zwei Lehnstühle für das grüne Eckzimmer (violette Seide), 4. den violett samtenen hohen Lehnstuhl, 5. den rot samtenen großen Polstersessel für die Schlafstube, 6. den großen Spiegel, 7. die violett Samtteppiche und die Mahagonikommode und den Pfeilerschrank, 8. die sämtlichen Gardinen für das grüne Zimmer nebst Aufmachen der vorhandenen weißen Gardinen daselbst.* Am Ende stehen künstlerische Enttäuschung und finanzieller Zusammenbruch. Der *Tristan* wird als unaufführbar nach zahllosen Proben abgesetzt. Wagner kann sich vor Schulden nicht mehr retten. In Österreich besteht noch die Einrichtung der Schuldhaft, die nun droht. Er verkauft den Diamantring einer russischen Großfürstin, muß auch den Érard-Flügel opfern, schließlich in größter Hast alles im Stich lassen. Am 23. März 1864 trifft der flüchtige Bankrotteur in München ein und reist dann weiter in die Schweiz zu Frau Eliza Wille. Dort bleibt er in den nächsten Wochen. Es ist abermals ein Asyl. An Dr. Standhartner schreibt er am 12. April 1864:

Was soll ich noch schreiben? Mir ist elend zu Mute. Ich weiß nur, daß ich heute über 1 Jahr das Geld für meine Schulden haben werde: davon, ob für jetzt meine Angelegenheiten so geordnet werden können, daß ich den Mut u. die Lust erhalte, noch etwas für mein

Leben überhaupt zu tun, hängt vorläufig alles ab. — Weiter kann ich nichts sagen. —

An Meistersinger —!! gar nicht zu denken. Nie! Nie! —

Auch bei Eliza Wille aber kann er nicht mehr bleiben. Franz Wille, der bei Wagners Ankunft in der Türkei geweilt hatte, kehrt zurück: eine Wesendonk-Konstellation scheint sich anzubahnen. In Wien ist alles verkauft und versteigert worden. Wechsel gingen zu Protest. Dies hier ist nicht nur die Lage eines gescheiterten Revolutionärs; sie ähnelt dem Zustand eines verfolgten Verbrechers. Schott und Wesendonks bieten ein bißchen Geld. Richard Wagner trifft am 29. April 1864 im Hotel Marquardt in Stuttgart ein. Ein Freund und Verehrer, den er herbeizitiert, soll bei Cannstatt einen Unterschlupf gewähren. Dann kommt die berühmte, immer wieder durch Historiker und Romanciers beschriebene Wendung, die Wagner auf den Schlußseiten seiner Autobiographie berichtet hat:

Stets auf Übles mich vorbereitend, verbrachte ich eine unruhige Nacht, nach welcher ich andren Tags Herrn Pfistermeister, Kabinets-Sekretär S. M. des Königs von Bayern, in meinem Zimmer empfing. Dieser äußerte mir zunächst seine große Freude darüber, mich nach allem vergeblichen Aufsuchen in Wien, endlich sogar in Mariafeld am Züricher See, durch glückliche Weisungen geleitet, hier angetroffen zu haben. Er überbrachte mir ein Billet des jungen Königs von Bayern, zugleich mit einem Porträt sowie einem Ring als Geschenk desselben. Mit wenigen, aber bis in das Herz meines Lebens dringenden Zeilen, bekannte mir der junge Monarch seine große Zuneigung für meine Kunst und seinen festen Willen, mich für immer als Freund an seiner Seite jeder Unbill des Schicksals zu entziehen. Zugleich meldete mir Herr Pfistermeister, daß er beauftragt sei, mich sofort dem Könige nach München zuzuführen, und erbat sich von mir die Erlaubnis, seinem Herrn telegraphisch meine Ankunft für morgen melden zu dürfen.

Wagners Erinnerung ist übrigens nicht ganz zuverlässig: ein Handschreiben König Ludwigs wurde offenbar damals in Stuttgart nicht überreicht. Der erste Brief des Königs an Wagner wurde nach der Begegnung geschrieben; er trägt das Datum des 5. Mai 1864. Noch von Stuttgart aus richtete der so jählings Erhöhte und Erwählte einen ersten Brief an den bayrischen König:

Teurer huldvoller König!

Diese Tränen himmlischster Rührung sende ich Ihnen, um Ihnen zu sagen, daß nun die Wunder der Poesie wie eine göttliche Wirklichkeit in mein armes, liebebedürftiges Leben getreten sind! — Und dieses Leben, sein letztes Dichten und Tönen gehört nun Ihnen, mein gnadenreicher junger König: verfügen Sie darüber als über Ihr Eigentum! Im höchsten Entzücken, treu und wahr

Ihr
Untertan
Richard Wagner

Stuttgart.
3. Mai 1864.

Theurer huldvoller König!

Diese Thränen himmlischester Rührung sende ich Ihnen, um Ihnen zu sagen, dass nun die Wunder der Poësie wie eine göttliche Wirklichkeit in mein armes, liebebedürftiges Leben getreten sind! – Und dieses Leben, sein letztes Dichten und Tönen gehört nun Ihnen, mein gnadenreicher junger König: verfügen Sie darüber, als über Ihr Eigenthum!

Im höchsten Entzücken, treu und wahr Ihr
Unterthan

Richard Wagner

Stuttgart.
3 Mai 1864.

Die Zeit Wehwalts war zu Ende. Richard Wagner hatte gesiegt. Das Lohengrin-Wunder war eingetreten. Ein Wunder. War es das wirklich?

Mit dem Szenenauftritt des jungen Königs, des Ritters in lichter Waffen Scheine, schließt Richard Wagner den Bericht *Mein Leben* ab. Er durfte getrost sein. Der letzte Satz der Autobiographie sollte Wahrheit bleiben: *Nie jedoch hat unter dem Schutze meines erhabenen Freundes die Last des gemeinsten Lebensdruckes mich wieder berühren sollen.* Auch diese Autobiographie schließt, wie «Dichtung und Wahrheit», mit der Berufung des Sängers durch den Fürsten. Goethe begab sich nach Weimar unter Egmont-Gedanken über die Dämonie des Schicksals. Der sechsundzwanzigjährige Goethe reiste ins Ungewisse. Der deutsche Fürst aber, der von nun an als Wagnerianer wirken sollte, war für Richard Wagner der ersehnte Hafen, überhaupt: das Ersehnte.

Um Fürsten und Fürstenhilfe kreiste Wagners Denken seit geraumer Zeit. Fast genau vier Wochen vor der ersten Zusammenkunft mit König Ludwig hatte er – noch vom Landgut der Willes aus – an Mathilde Maier geschrieben: *Die Nacht träumte ich (im Fieber), Friedrich der Große hätte mich zu Voltaire an seinen Hof berufen. (Ich hatte in seinem Tagebuch gelesen.) So geht es mir mit meinem heimlichen Ehrgeize!* Zwei Jahre vorher (1862), im Vorwort zur *Nibelungen*-Dichtung, waren der Öffentlichkeit zwei Möglichkeiten angedeutet worden, wie man die endgültige Komposition und spätere zyklische Aufführung der Tetralogie finanzieren könne. Der eine Weg: *Eine Vereinigung kunstliebender vermögender Männer und Frauen.* Wagner scheint aber, durch Erfahrungen mit Patriziern und bürgerlichen Mäzenen belehrt, nicht stark darauf zu bauen. Der andere Weg:

Sehr leicht fiele es dagegen einem deutschen Fürsten, der hierfür keinen neuen Satz aus seinem Budget zu beschaffen, sondern einfach nur denjenigen zu verwenden hätte, welchen er bisher zur Unterhaltung des schlechtesten öffentlichen Kunstinstitutes, seines, den Musiksinn der Deutschen so tief bloßstellenden und verderbenden Operntheaters bestimmt . . . Wird dieser Fürst sich finden? – «Im Anfang war die Tat.»

Der Ruf wurde gehört. Der junge Kronprinz Ludwig von Bayern, seit langem ein Verehrer der Wagnerwerke und Wagnerschriften, hatte das Vorwort gelesen und beherzigt. Jetzt war er, seit dem 10. März 1864, König von Bayern. Er antwortete der faustischen Forderung.

Als Richard Wagner, den am 4. Mai nur noch wenige Wochen von der Vollendung des 51. Lebensjahres trennen, vor König Ludwig tritt, findet er einen hochgewachsenen, neunzehnjährigen Jüngling von ungewöhnlicher Schönheit. Der Briefwechsel, der nun anhebt, besitzt, verläßt man sich auf den Wortlaut, bei beiden die Gefühlsintensität der *Tristan*-Partitur. Ludwigs Briefanreden «Glühend Geliebter! Himmlischer Freund!» Wagners Antwort: *Lieber, Treuer,*

Ludwig II. von Bayern als Großmeister des Ritterordens vom Heiligen Georg, 1866

Einziger! Noch auf dem Höhepunkt der Münchener Wagner-Krise zeichnet der König: «In *ewiger* Liebe und Treue bis in den Tod Ihr Ludwig.» Richard Wagner signiert: *Ewig getreu und eigen* oder *Treu und liebend.*

Allein die ewige Treue wird vom Sänger und vom König nur allzu oft beschworen. Der Höhenlage des Briefstils entspricht längst nicht mehr eine höchste Intensität freundschaftlicher Empfindungen. Das

Bündnis des Künstlers und Monarchen beruhte von Anfang an auf einem Mißverständnis. Vornehm und königlich bewies sich Ludwig vor allem in den späteren Jahrzehnten bis zu Wagners Tode: er hielt sich an die Träume seiner Jugend und die einstmals ausgesandte Königsbotschaft. Wagner bedeutete ihm mehr als bloße Jünglingssehnsucht; er hielt zu dem Erwählten, obwohl er erkannt hatte, daß zwischen den Kunstschöpfungen, die er liebte, und dem Schöpfer, den er nicht zu lieben vermochte, ein durchaus unromantischer Zwiespalt bestand.

Wie sich der bayrische Prinz den verehrten Künstler geliebter Kunstwerke eigentlich vorgestellt hatte, kann man nicht wissen. Vermutlich hatte er, allen Tatsachen zum Trotz, den *Lohengrin*-Schöpfer als Lohengrin erwartet. Der Genuß der frühen Wagnerwerke verstand sich als Flucht aus der Alltagswirklichkeit: nun findet er einen geschäftigen, lebensvollen, eifrig organisierenden und sogar politisierenden Künstlerfreund. Wagner muß erkennen: dieser *sehr junge* König will und versteht eigentlich gar nicht die Musik, sondern das szenische Traumbild. Beim Suchen nach einem Lohengrin-Darsteller offenbart sich der Zwiespalt. Ludwig sucht das Ideal männlicher Schönheit, Wagner hält Ausblick nach einem idealen, verständnisvollen, gestaltungskräftigen jugendlichen Heldentenor.

Wagner wird von königlichen Gaben überhäuft. Alle Schulden können bezahlt werden, das Privatbudget des Königs steht zu Diensten, in der Brienner Straße 21 wird ein geräumiges Haus bezogen. Vorher hatte der König seinem Freund und Günstling ein Landhaus am Starnberger See, unweit des königlichen Schlosses Berg, eingeräumt. Wagner entwarf ein weitgespanntes *Programm für den König,* das als künstlerischer Neunjahresplan auftrat. Für das Jahr 1865 waren die Premieren des *Tristan* und der *Meistersinger* (die noch unvollendet dalagen) vorgesehen. 1867 – 1868 reservierte Wagner für eine *Groß-Aufführung des gesamten «Ring des Nibelungen».* Das Programm schloß: *1871 – 1872 Parzival. 1873 Mein glücklicher Tod.*

Dreifache Konflikte verbanden sich bald schon mit Wagners Leben und Wirken in München. Die erste Schwierigkeit lag in der allzu großen Verschiedenheit von Protektor und Günstling. Ludwig war zum schwärmenden Verehrer geschaffen, nicht zum männlichen Beschützer. Wagner hatte zwar aufgehört, ein Demokrat und Sozialist zu sein; vom Fürsten erhoffte er sich die Hilfe bei der Verwirklichung seiner Pläne; allein er war selbst ein Monarch, doch kein Monarchist.

Für die bayrische Umwelt des Königs und die öffentliche Meinung dagegen war er der Revolutionär von 1849, der Barrikadenkämpfer geblieben. Das ergab eine zweite Ursache der Spannung. Der Sekretär von Pfistermeister war zwar als Königsbote in Stuttgart erschienen, allein er war ganz und gar kein Wagnerianer, sondern ein katholischer Bayer und königstreuer Aristokrat. Wagner war für ihn, für das Kabinett und für die Presse einfach der fragwürdige Ausländer, der Protestant, der einstige Flüchtling und Revolutionär, der

Schöpfer unverständlicher und anspruchsvoller Kunstwerke, der Verschwender öffentlicher Gelder.

Es kam hinzu, daß der Wagnerkreis und auch der König den künstlerischen Projekten zu einer Zeit nachgingen, die im geschichtlichen Bereich unter ganz anderen Zeichen stand. Neue Formen deutscher Einigung wurden sichtbar. Der deutsche Krieg gegen Dänemark bildete ein Vorspiel; der Entscheidungskampf um die Hegemonie in Deutschland stellte immer deutlicher die Großmächte Preußen und Österreich gegeneinander. Bayern war an Österreich gebunden und daher scharf antipreußisch. Richard Wagner aber hatte sich Hans von Bülow als Vorspieler des Königs und Hofkapellmeister aus Berlin geholt, der — Berliner, Junker und Heine-Verehrer in einem — kaum eine Gelegenheit vorübergehen ließ, bayrische Gefühle zu verletzen. Übrigens war Bülow ein begeisterter Bismarck-Vertreter: später in Triebschen brach er, bei der Nachricht vom preußischen Sieg bei

«Nur ein vorübergehender Besuch». Titelseite einer Nummer des Münchener «Punsch» aus dem Jahre 1867

Königgrätz, mit Wagner und Cosima in Hochrufe auf Bismarck und das Bekenntnis «Austria est delenda!» aus.

Der Wagnerkreis schien sich somit, von München aus gesehen, zwischen König und Volk, auch zwischen Monarch und Regierung zu stellen. Noch lebte der Großvater des Königs, Ludwig I., der um der Tänzerin Lola Montez willen dem Thron entsagen mußte. In Münchener Kreisen wird Richard Wagner bald «Lolus» genannt.

Überdies ist Wagner seiner ganzen Natur nach ein Mann der Ganzheiten. Er will nicht nur die Vollendung seiner Werke, deren mustergültige Aufführung, ein eigenes Theater, das Ludwig nach den Plänen Gottfried Sempers, den man nach München holt (abermals ein Revolutionär!), an der Isar errichten soll. Auch von der politischen Sphäre gedenkt er nicht zu lassen. In neuen Formen geht es ihm nach wie vor um die Kunst und die Revolution. Allerdings sind seine neuen Schriften, die zwischen 1865 und 1867 entstehen, gleichsam als «Fürstenspiegel» gedacht. Schon die Studie *Über Staat und Religion* aus der ersten Münchener Zeit (1864) ist für Ludwig II. bestimmt und wendet sich ausdrücklich an ihn. Erst recht sind die späteren Aufsätze *Deutsche Kunst und deutsche Politik* von 1867, wenngleich sie in Fortsetzungen in der Presse erscheinen, unverkennbar an Ludwig II. als eigentlichen Adressaten gerichtet.

Geändert also hat sich der Adressat und mit ihm das Verhältnis des Schreibenden zur Umwelt. Richard Wagner ist sich dieser geistigen Wendung durchaus bewußt, wenn er auch mit dem Anspruch auftritt, in allen früheren Gedankengängen «eigentlich» schon das Wesentliche seiner heutigen Auffassungen mitgesagt zu haben. So jedenfalls bemüht er sich zu Beginn der Studie *Über Staat und Religion* die Lage darzustellen. Es ist das gleiche Bestreben, das ihn genau zehn Jahre früher, 1854, bei Entdeckung Schopenhauers, den Fall so darstellen ließ, als sei er von jeher, sich selber unbewußt, bereits Schopenhauerianer gewesen. Dennoch klaffen unüberwindliche Widersprüche zwichen dem einstigen Materialisten und revolutionären Demokraten Wagner und dem nunmehrigen Essayisten, der – nach seinen eigenen Worten – dem Könige eine *so ungemeine, wiederholt als fast übermenschlich bezeichnete Stellung* zuerkennt und seinen Gedankengang in folgender These gipfeln läßt: *Die bezeichnete Eigenschaft der wahrhaften Religiosität, welche sich, aus dem angegebenen tiefen Grunde, nicht durch Disput, sondern einzig durch das tätige Beispiel kundgibt, wird, wenn sie dem König innewohnt, zur einzigen, dem Staate wie der Religion vorteilhaften Offenbarung, durch welche diese mit jenem in Beziehung tritt.* Das sind wohlbekannte Töne seit Novalis, seit der romantischen gegenrevolutionären Staatstheorie, seit Friedrich Wilhelm IV. von Preußen und den monarchisch-staatskirchlichen Theorien eines Friedrich Julius Stahl.

Wesentlich erfreulicher stellen sich die Aufsätze *Deutsche Kunst und deutsche Politik* dar. Auch hier gibt es mancherlei Elemente der «Zurücknahme». Dennoch enthalten diese Aufsätze eine Fülle durchaus richtiger und berechtigter Kritik an der Kunstfeindlichkeit des

Cosima, Blandine und Daniel Liszt. Zeichnung von Preller

Bürgertums und der planmäßigen Verfälschung und Preisgabe großer deutscher Kulturwerte durch die Profitgesellschaft. Richard Wagner erweist sich abermals als Erbe und Hüter der großen deutschen Dichtung und Musik, Beethovens und Webers, Schillers und Goethes. In ergreifenden Worten kämpft er gegen den Verfall des künstlerischen Geschmacks, gegen die Degradierung der größten deutschen Kunstschöpfungen zum Zweck eines billigen «Amüsements». Wagner mag im einzelnen ungerecht sein gegen Rossinis Oper «Tell» oder Gounods opernhaften «Faust»: dennoch trifft er als scharfsinniger Gesellschaftskritiker ein wesentliches Element des Kulturverfalls, wenn er zeigt, daß das deutsche bürgerliche Publikum nur noch bereit sei, Schillers «Tell» oder Goethes «Faust» in einer solchen «melodiösen» Veroperung zu akzeptieren. Erweist sich der Kulturkritiker als überaus hellsichtig, wo es gilt, Symptome des geistigen Verfalls aufzuzeigen, so regiert wiederum chaotische Unklarheit in Wagners Darstellung der angeblichen Verfallsursachen und seinem Projekt zur kulturellen Erneuerung. Gerade infolge seiner Unklarheit aber ist dieser Teil seiner Gedankenführung bei jenem deutschen Bürgertum «populär» geworden, dem Richard Wagner den Prozeß machen möchte. Bis zum Überdruß wiederholt wurde die Formulierung: Deutsch sein heiße, *die Sache, die man treibt, um ihrer selbst und der Freude an ihr willen treiben.* Eine neue und enge Verbindung von Schule und Religion wird gefordert. Dann jedoch macht sich plötzlich der Anhänger von Stirner und Bakunin von neuem bemerkbar: Wagner erweist sich wiederum als ein Gegner des Staates und möchte den König gegen den Staat ausspielen, was auf die Identität von Staat und König, also auf das absolutistische Prinzip Ludwigs XIV. hinausläuft.

So stark vermag Wagner noch von Triebschen aus auf Ludwig zu wirken, daß er ihn veranlaßt, im Herbst 1867 an Stelle der amtlichen «Bayrischen Zeitung» aus königlicher Schatulle eine offiziöse «Süddeutsche Presse» zu finanzieren. Auch den Redakteur findet Wagner. Es ist Julius Fröbel, Neffe des berühmten Pädagogen, Professor für Mineralogie, später Mitglied der äußersten Linken in der Frankfurter Paulskirche. Mit Robert Blum in Wien zum Tode verurteilt, aber begnadigt, nach Amerika emigriert und nun als Schriftsteller und Publizist nach München zurückgekehrt. Auch hier hat Wagner, hört man auf die öffentliche Meinung, bewußt an die Kumpanei der Achtundvierziger angeknüpft. In Fröbels «Süddeutscher Presse» beginnt die Aufsatzfolge über *Deutsche Kunst und Politik*. Aber bereits am 19. Dezember 1867 verbietet Ludwig selbst die weitere Publikation der «selbstmörderischen» Artikelserie Richard Wagners.

Konflikt also zwischen Sänger und König, verursacht durch Altersunterschied und Charakter. Konflikte zwischen Wagner und Bayern. Zum dritten dann die unklaren oder auch überaus klaren Beziehun-

Hans von Bülow

gen zwischen Richard Wagner, Cosima von Bülow und Hans von Bülow. Wagner wollte keinen Münchener Hausstand ohne Hausherrin. Mathilde Maier war dem Ruf nicht gefolgt. Dann ließ Wagner die Bülows von Berlin nach München berufen. Zuerst kam Cosima mit den Kindern und zog zu Wagner an den Starnberger See. Hans von Bülow folgte später nach. In ihrem Tagebuch hat Cosima später den 28. November 1863 als den Tag bezeichnet, «an dem wir uns fanden und verbanden». Das war noch in Berlin, wo Wagner die Bülows besucht hatte. Am 29. Juni 1864 erschien Cosima in Wagners Landhaus am Starnberger See. Am 1. Oktober schrieb Wagner ein Gedicht in Stanzen mit der Überschrift *An Dich!* Die letzten beiden Strophen lauteten:

«Ich bin geliebt» — blinkt mir der Stern hernieder —
die Braut, der nie sich winden soll der Kranz! —
«Ich liebe» — glüht der Sonne Strahl darwieder —
der Bräutigam, der nie Dich führt zum Tanz! —
Und dumpfer Wolken mächtiges Gefieder
umlagert stumm des Sternes milden Glanz:
es senkt sich, — doch die Sonne steht und strahlet,
bis im Gewölk die eig'ne Glut sie malet.

Welch' neue Welt ist's, die sich dort gestaltet?
Es wich der Tag, doch dämmert nicht die Nacht.
Fühlst Du die sel'ge Glut, die nie erkaltet,
erschaue dort das Werk auch ihrer Macht:
was tief im Inn'ren heilig brünstig waltet,
ergießt sich dort als Abendwonnepracht.
Folgt ihr ein Tag, dann ohne Hehl und Fehlen
soll meiner Sonne sich Dein Stern vermählen.

Auch hier zeigte sich für Wagner die Befriedung langjährigen Wähnens. Die Tochter Franz Liszts, Gattin Hans von Bülows, des Schülers und Freundes, trat an seine Seite. Weitaus stärkere Verstrickung von Liebe, Treue und Verrat als einstmals auf dem grünen Hügel. Franz Liszt, der Freund, wurde plötzlich in eine ganz neue Rolle gedrängt; Hans von Bülow, der als junger Mensch vor zwei Jahrzehnten, während der *Lohengrin*-Zeit, als schwärmerischer Jünger zu Wagner gekommen war, sollte die Rolle König Markes spielen. Widrige Prozesse, die Jahrzehnte später um Ebenbürtigkeit und Erbschaft geführt wurden, lassen ahnen, daß Bülow schon zu Beginn der Münchener Zeit die Wahrheit erfuhr. Dennoch blieb er dem Werk und seinem Schöpfer treu. Sein Name ist mit der Uraufführung des *Tristan* in München (10. Juni 1865) ebenso verbunden, wie drei Jahre später mit der *Meistersinger*-Premiere. Allein Bülows Ehe war zerbrochen. Da zudem Minna Wagner im Januar 1866 gestorben war, drängte die Lage nach Scheidung der Ehe Bülow und nach einer Legalisierung der Beziehungen zwischen Cosima und Richard Wagner. In München aber waren damit für den König fast unlösbare Schwierigkeiten entstanden. Gesellschaftsklatsch; Verdächtigungen, denen König Ludwig in einem — veröffentlichten — Brief an Hans von Bülow entgegentritt, um Cosimas Ehre zu schützen; tiefe Enttäuschung des Königs, als er erfahren muß, daß man ihn veranlaßt hat, Unwahres zu verkünden. Intrigen der wahnerfüllten Sängerin Malwina Schnorr von Carolsfeld, die den jähen Tod ihres Gatten, des ersten Tristan-Darstellers, wenige Wochen nach der *Tristan*-Premiere nicht verwinden kann, mit Spiritisten Umgang hat und nunmehr Werbebriefe an den König und an Wagner richtet. Dies alles ist unerfreulich, aber wohl unvermeidbar. Von Schuld hier zu sprechen ist sinnlos. Die Normen Münchens und Richard Wagners ließen keine Übereinstimmung zu. Wagners Verhalten mußte das kirchliche wie das bürgerliche Sittengesetz verletzen; mit seiner Kunst stand er noch mitten im Kampf; den Legitimisten wie den Achtundvierzigern mußte er ein Ärgernis sein. Er selbst aber war — im Leben! — der Schüler der Jungdeutschen, Stirners, Bakunins geblieben. Er hatte die Gestalt Siegfrieds, Brechers aller Verträge, geschaffen und schien entschlossen, um seines Werkes willen auch selbst alle Verträge, Bindungen der Dankbarkeit, der Freundschaft, des Vertrauens zu verletzen. Als er daher auf Geheiß des Königs, den Regierung und öffentliche Meinung dazu zwingen, im Dezember 1865 die bayrische Hauptstadt verlassen muß, fühlt er sich insgeheim erleichtert. Finanziell weiß er sich nach wie vor gesichert. Cosima gehört zu ihm. Am Ostermontag 1866, neun Jahre nach dem Asyl auf dem grünen Hügel, beziehen Richard Wagner und Cosima von Bülow eine Villa in Triebschen bei Luzern, auf einer Halbinsel des Vierwaldstätter Sees. Hier wurden die *Meistersinger von Nürnberg* vollendet.

Der Wagnersänger Schnorr von Carolsfeld mit seiner Frau

Schon bei ihrer Uraufführung im Hoftheater zu München am 21. Juni 1868 wurden die *Meistersinger von Nürnberg* zum großen Erfolg. Ein Sturm der Begeisterung empfing Wagner, nachdem sich der Vorhang über dem Festwiesenbild gesenkt hatte. Der Erfolg ist den *Meistersingern* treu geblieben. Die Berliner Premiere am 1. April 1870 zwar hatte einen eklatanten Mißerfolg. Das königlich-preußische Publikum mit König Wilhelm I. war bereits während des Vorspiels recht unruhig; der zweite Aktschluß machte auch im Parkett «viel Lärm auf der Gasse». Der dritte Akt wurde etwas glimpflicher behandelt. Die Kritiker sprachen von «Humbug» oder erklärten: «Eine grauenvolle Katzenmusik, wie sie erzielt wird, wenn sämtliche Leiermanner Berlins in den Renzschen Circus gesperrt werden und jeder eine andere Walze dreht.» Der Welterfolg war aber dadurch nicht aufzuhalten. Übrigens auch in Berlin nicht, wo die nächsten Aufführungen — also bei Fehlen eines organisierten Kreises von Wagnergegnern — immer freundlicher aufgenommen wurden.

Die *Meistersinger* sind Wagners eigentliches Bühnenweihfestspiel geworden. Sie gelten als Festoper des gesamten Repertoires, denn das Element des Festes und des Festlichen ist hier eigentlicher Gegenstand von Dichtung und Musik. Mehr noch: die *Meistersinger* wirken als musikalische Festivitas (das Vorspiel zum ersten Akt ist zur Fest-Ouvertüre schlechthin geworden), weil ein Musikfest — im engeren wie im weiteren Sinne — Handlung und musikalische Umsetzung bestimmt.

Dennoch hätte dies Element des Musikfestlichen, das die *Meistersinger* in eminentem Maße in die Nähe Goethes und seiner Auffassung von der Oper als Fest rückt, nicht genügt. Ein anderes kam hinzu: in Wagners Leben und künstlerischer Entwicklung mußte die Möglichkeit für eine Kunst solcher musikalischer Festlichkeit sichtbar werden.

Die *Meistersinger* waren schon 1845 als Projekt aufgetaucht; die Handlung wurde skizziert und durch eine erste Fixierung der Schlußworte von Hans Sachs mit ihrer wesentlichen Sinngebung verbunden. Damals stand das Bekenntnis zur heiligen deutschen Kunst auch nach Zerfall des Heiligen Römischen Reiches in enger Verbindung zum *Lohengrin*-Thema. Die *Meistersinger* aber mußten hinter dem *Lohengrin* zurücktreten. Eine ironisch-heitere Auseinandersetzung zwischen Künstler und Gesellschaft schien Wagner um 1845 nicht möglich zu sein. In seiner *Mitteilung an meine Freunde* von 1851 empfand er es — rückblickend — sogar als eine Art von Feigheit, daran gedacht zu haben, das tragische *Tannhäuser*-Thema auch einmal mit den Mitteln eines heiteren Satyrspiels behandeln zu wollen. Er meinte: *Ich muß diesen Versuch jetzt selbst als die letzte Äußerung des genußsüchtigen Verlangens betrachten, das mit seiner Umgebung der Trivialität sich aussöhnen wollte und dem ich im «Tannhäuser» bereits mit schmerzlicher Energie mich entwunden hatte.* Der Versuch

Der Sängerkrieg auf der Wartburg. Wandbild von Moritz von Schwind

einer Aussöhnung mit der künstlerischen und gesellschaftlichen «Trivialität» mußte scheitern: Lohengrins Musik der Einsamkeit drängte sich vor.

Wenn sechzehn Jahre später das *Meistersinger*-Projekt dennoch wieder hervortreten konnte, so geschah das zu einer Zeit, die zunächst für den Künstler wenig Anlaß bot, heiterer und innerlich gefestigter das Thema des Konflikts zwischen Genie und Publikum abzuhandeln. Vollendet zwar wurde die Partitur in Triebschen als Werk eines trotz aller noch zu bestehenden Einzelkämpfe dennoch bereits siegreichen Künstlers. Die Ausführung der Dichtung aber und die Erfindung der musikalischen Kernstücke gehört durchaus in eine sehr schwere Periode dieses Lebens. In einem Briefe vom 14. Februar 1862 (Sammlung Burrell) schreibt Wagner an Minna:

Die Zeit wird kommen, wo man, beim Überblicke eines Lebens, wie des meinigen, mit später Scham einsehen wird, wie gedankenlos man mich fortgesetzt der Unruhe, der Unsicherheit preisgibt, und welch ein Wunder es ist, daß ich unter solchen Umständen solche Werke, namentlich auch wie mein jetziges geschaffen habe. Doch, so lange es währt, denkt jeder nur an sich, und hält, was ihm etwa unangenehmes passiert, für die Hauptsache.

Das Werk, woran er damals arbeitete, sind eben die *Meistersinger.* Der übrige Inhalt des Briefes stellt die endgültige Trennung von Minna dar. Sie hat ihn auch als Scheidebrief betrachtet und nicht beantwortet. Die Ehe war endgültig zerbrochen. Die Geldsorgen waren geblieben; heimatlos war Wagner ebenfalls, wenngleich er inzwischen amnestiert worden war und nach Deutschland zurückkehren konnte. Nichts schien darauf hinzudeuten, daß diesmal die Vollendung einer Gedankenkonzeption möglich wäre, die der seßhafte, wohlbestallte, wenngleich unzufriedene sächsische Kapellmeister Wagner im Jahre 1845 von sich weggewiesen hatte.

Allein ein sonderbarer Kontrapunkt von Leben und Werk machte jetzt möglich, was damals fragmentarisch geblieben war. Im Gegenteil: die aktuelle Not und Sorge der Zeit von 1861/62 erwies sich nunmehr in einem höheren Betrachte als «fruchtbarer Augenblick». Wahrscheinlich war der Mißerfolg des *Tannhäuser* in Paris für den Impuls zu den *Meistersingern* ebenso notwendig, wie die Pariser Hungerjahre 1839—1842, verbunden mit dem Erlebnis der Thüringer Landschaft, bei der Heimkehr nach Deutschland den eigentlichen Impuls für den *Tannhäuser* ausgelöst hatten.

Auch in ihrer vollendeten Gestalt nämlich sind die *Meistersinger von Nürnberg* als Gegenstück zum *Tannhäuser* zu verstehen. Allerdings nicht in der Form eines *heiteren Satyrspieles,* sondern als Weiterschöpfung und Gegenschöpfung. Wieder geht es um Oper und Drama, außerdeutsche und deutsche Kunst, Wagnergegner und Wagnerianer. Die Nürnberg-Vision zwar hat Wagner an der Pegnitz selbst empfangen: beim Anblick dieser wohlerhaltenen Freien Reichsstadt mit der unverwechselbaren Silhouette. Dennoch ergab dieses reale Nürnberg-Erlebnis nur die Bildform für eine geistige Antithese, die ihrerseits — nicht zufällig — außerhalb von Deutschland formuliert und schließlich auch gestaltet worden war.

In der Autobiographie *Mein Leben* schildert Wagner, wobei noch nachträglich das Ressentiment gegen die Wesendonks zu spüren ist, wie er in Venedig, im November 1861, wenige Monate also nach dem *Tannhäuser*-Skandal, den wichtigen neuen Werkentschluß gefaßt hatte.

Um mich zu erheitern, luden mich Wesendonks zu einem Rendezvous in Venedig ein, wohin sie sich soeben für einen Vergnügungs-Ausflug aufmachten. Gott weiß, was mir im Sinne liegen mochte, als ich auf das Ungefähre hin im grauen November mich wirklich auf der Eisenbahn zunächst nach Triest, und von da mit dem Dampfschiff, welches mir wiederum sehr schlecht bekam, nach Venedig aufmachte, und im Hotel «Danieli» mein Kämmerchen bezog. Meine

Freunde, welche ich in sehr glücklichen Beziehungen antraf, schwelgten im Genuß der Gemälde und schienen es darauf abgesehen zu haben, durch meine Teilnahme am gleichen Genuß mir die Grillen zu vertreiben. Von meiner Lage in Wien schienen sie nichts begreifen zu wollen, wie ich denn überhaupt nach dem schlimmen Ausfalle der, mit so glorreichen Hoffnungen betrachteten Pariser Unternehmung, bei den meisten meiner Freunde ein still resigniertes Aufgeben fernerer Hoffnungen auf meine Erfolge immer mehr kennen zu lernen hatte . . .

Ich beschloß die Ausführung der «Meistersinger».

Sonderbare Konstellation: die Sterbestadt Richard Wagners an der Lagune verband sich nicht bloß dem *Tristan,* sondern auch den *Meistersingern.* Das Erlebnis von südlicher Welt, katholischem Bereich, italienischer Kunst lockte in Wagner die geistigen Gegenwelten hervor: deutsche Poesie, nördliches Gelände, Geist einer Freien Reichsstadt, Lutherchoral. Daß es sich hier nicht um ein zufälliges Zusammentreffen, sondern um bewußte geistige Gegenschöpfung eines deutschen Künstlers handelte, erklärt Wagner sehr ausdrücklich an anderer Stelle der Autobiographie:

Der Grund der fast heiteren Behaglichkeit, mit welcher ich meine so widerwärtige Lage in Paris mir diesmal sogar zu einer freundlichen Erinnerung für spätere Zeiten gestalten konnte, lag allerdings darin, daß ich jetzt täglich mein Gedicht der «Meistersinger» in massenhaften Reimen anschwellen lassen konnte. Wie hätte es mich nicht mit humoristischer Laune erfüllen müssen, von dem Fenster des dritten Stockes meines Hotels aus den ungeheueren Verkehr auf den Quais und über die zahlreichen Brücken, mit der Aussicht auf die Tuilerien, das Louvre, bis nach dem Hotel de Ville hinab, an mir vorbeistreifen zu sehen, sobald ich, über die wunderlichen Verse und Sprüche meiner Nürnberger «Meistersinger» sinnend, den Blick vom Papier erhob . . .

So fuhr ich denn im Verlaufe des Monats Januar fort, das Gedicht meiner Meistersinger, in genau dreißig Tagen, zu vollenden. Die Melodie zu dem Bruchstücke aus «Sachs'» Gedicht auf die Reformation, mit welchem ich im letzten Akte das Volk seinen geliebten Meister begrüßen lasse, fiel mir, auf dem Wege zur «Taverne Anglaise» die Galerien des «Palais Royal» durchschreitend ein . . .

Es mutet fast unglaublich an, gehört aber durchaus zur eigentlichen Substanz des Werkes, wenn man dadurch erfährt, daß die Volksszenen der *Meistersinger* in der Pariser Umwelt entstanden, daß der Choral, womit das Volk auf der Festwiese den Dichter der «Wittenbergisch Nachtigall» in seinen eigenen Versen begrüßt, an jener Stelle des Palais Royal einfiel, wo sich am 14. Juli 1789 die Aufständischen zum Sturm auf die Bastille gesammelt hatten. Dennoch hat dieser Kontrast zwischen Umwelt, Eindruck und Gestaltung mit der Sache selbst zu tun. Die *Meistersinger* behandeln abermals Wagners Grunderlebnis eines *Deutschen Musikers in Paris.* Daß der Konflikt im Drama selbst im innerdeutschen Bereich verläuft, indem er Beckmesser, die mißverstehenden Meister, Sachs und Stolzing gegeneinander führt, sollte von der eigentlichen Themenstellung nicht ablenken. Die kreist abermals um Oper und Drama. Wagnerkunst wird mit deutscher Kunst gleichgesetzt. Beckmesser dagegen zielt zunächst einmal auf den Dr. Eduard Hanslick aus Wien, den Freund und Vorkämpfer von Johannes Brahms und leidenschaftlichen Wagner-Gegner. Ihn meint Wagner genau so wie Meyerbeer oder die Pariser Opernkaufleute in seinen Ressentiments über das *Judentum in der Musik*. Man erkennt: haarscharf zieht sich auch durch die so glückliche und im Grunde harmonische Kunst der *Meistersinger* die Verbindung des Nationalen mit dem Nationalistischen, von deutsch-künstlerischer Selbstbehauptung und fremdenfeindlicher Aggressivität. Der späte Thomas Mann, der dem *Tristan* und *Nibelungenring* bis zuletzt zugetan blieb, konnte eigentlich seit 1933 die *Meistersinger* nicht mehr bewundern. An Emil Preetorius schrieb er 1949: «Können Sie Hans Sachsens Theatersinnigkeit noch recht vertragen, die Gans, Evchen traut, den ‹Juden im Dorn›, Beckmesser?» Der Briefschreiber beeilt sich zwar, das Vorspiel zum dritten Akt, Beckmessers Pantomime und die Ständchen-Musik ganz herrlich zu finden; allein die Verdüsterung bleibt. Auch in den *Meistersingern* sind die Bruchstellen deutlich spürbar. Dennoch ist dies kein Werk schreiender großdeutscher Herausforderung. Die Schlußansprache des Hans Sachs ist sogar das Gegenteil davon: Trennung zwischen staatlicher Macht und künstlerischer Größe. Die *Meistersinger von Nürnberg* sind — mit allen Untertönen — ein Werk der Stärkung, nicht der Verwirrung.

Auch dies hängt mit dem Entstehungsprozeß zusammen: allerdings weniger mit dem individuellen als mit dem geschichtlichen Prozeß, der sich vollzog, während Wagner an den *Meistersingern* arbeitete. Konzipiert wurden sie im Kontrast gegen Paris, große Oper, Katholizismus und Südlichkeit. Entstanden sind sie in jenen 60er Jahren des 19. Jahrhunderts, die im Bewußtsein des deutschen Bürgertums den Traum von der deutschen Einheit wirklichkeitsnäher erscheinen ließen. Schon die große Schillerfeier von 1859 hatte im Grunde das Ende der Schopenhauer-Periode im deutschen Geistesleben bedeutet. Die Verzweiflung über 1848 begann zu weichen. Im Sternbild Friedrich Schillers, oft in der biedermännischen und komisch-begeisterten Form der Schillervereine und Sängerkreise, vollzog sich im Volk ein neues Einigungsstreben. Die deutsche Kunst wurde schon im Schillerjahr — ganz wie drei Jahre später bei der Niederschrift der *Meistersinger*-Dichtung — zum integrierenden Moment; die deutsche Einigung vollzog sich im Zeichen der Kunst, trotz aller Zersplitterung im Staatlichen und Politischen. Amnestie und Rückkehr nach Deutschland brachten Richard Wagner mit diesen Strömungen in Verbindung. Sein Deutschtum und Künstlertum wurde davon ergriffen. Ein Künstler wie Hugo von Hofmannsthal, an sich nicht sehr begabt für die politische Erkenntnis, hat das sehr wohl verstanden, wenn er in seinem *Meistersinger*-Brief an Richard Strauss vom 1. Juli 1927 unterstreicht: «Und das nationale Pathos ist das Geschenk eines national erhöhten Zeitmomentes (des fühlbaren *Werdens* der deutschen Einigung).»

Deutsche Einigung: aber «von oben», durch fürstlichen Zusammenschluß unter preußischer Hegemonie, erhärtet in drei Kriegen von 1864, 1866, 1870/71. Auch dies Element findet sich in den *Meistersingern*. Schon Wagners revolutionäre Rede über das Verhältnis der republikanischen Bestrebungen zum Königtum hatte von einer Revolution «von oben» gesprochen. Das Volk blieb Objekt: im *Rienzi* wie im *Lohengrin*. Alles wiederholte sich nun auf erhöhtem Podest und mit neuer geschichtlicher Aktualität in den *Meistersingern*: deutsches Einigungsstreben, widergespiegelt in Dichtung und Musik; unverkennbar aber das patriarchalische und autoritäre Moment. Das Volk hat auch in den *Meistersingern* nur ein Plebiszit zu vollziehen. Aufgerufen dazu wird es «von oben». Grundgesetze deutscher Geschichte sind hier aktualisiert. Die Schlußansprache des Hans Sachs ist im Sinne Fichtes eine «Rede an die deutsche Nation»; sie ist von Wagner auch so gemeint. Will es nicht scheinen, als wirke Hans Sachs dabei, durchaus in Fichtes Sinn, als «Zwingherr zur Deutschheit»? Die Größe, aber auch mancher Zug der Zwiespältigkeit in den *Meistersingern* hängt damit zusammen.

Der österreichische Musikkritiker Eduard Hanslick

Als eigentlich wissenschaftliche Quellen seines Lustspiels hat Wagner nur die Hinweise auf Hans Sachs in der Literaturgeschichte von Gervinus und Wagenseils Chronik «von der Meistersinger holdseligen Kunst Anfang, Fortübung, Nutzbarkeiten und Lehrsätzen» für erwähnenswert gehalten. Alles andere sollte als freie poetische Erfindung gelten, wie er denn überhaupt — gar nicht mit Unrecht — den literarischen Eigenwert seines Lustspieltextes sehr hoch anschlug. Bei Übersendung der Handschrift an Mathilde Wesendonk schreibt er ihr am 3. Februar 1862:

Aber mein Manuskript habe ich Ihnen eingepackt; das geht soeben gleichfalls an Sie ab. Sehen Sie, wie Sie sich da durchschlagen: es sieht manchmal gräßlich aus, auch Dintenflecke sind drin. Mir wär's spaßhaft zu sehen, ob Sie überall daraus klug werden.

Meistergesang in Nürnberg. Rechts vortragender Singer, links das «Gemerk»: die prüfenden Meistersinger. Anonyme Zeichnung, Ende des 16. Jahrhunderts

Manchmal konnte ich vor Lachen, manchmal vor Weinen nicht weiter arbeiten. Ich empfehle Ihnen Herrn Sixtus Beckmesser. Auch David wird Ihre Gunst gewinnen.

Lassen Sie sich übrigens nicht irre machen: was drin steht, ist Alles von mir eigens gefertigt. Nur die 8 Zeilen, mit denen in der letzten Scene Sachs vom Volke begrüßt wird, sind von Sachs aus seinem Lied auf Luther. Auch die Namen der Meister-Weisen und Töne (mit Ausnahme einiger von mir erfundener) sind echt: im Ganzen wunderts mich, was ich aus den wenigen Notizen machen konnte.

Der Altdorfer Professor Wagenseil (1633–1705) erwies sich zum zweitenmal als nützlich. Am Sängerkrieg auf der Wartburg hatte er bereits – unmittelbar und durch die Vermittlung Hoffmanns – mitgearbeitet; jetzt lieferte er die reizvollen Details für die Beschwörung der versunkenen Handwerker- und Sängerwelt. Aber auch E. T. A. Hoffmann war mit im Bunde: den Einfluß seiner serapiontischen Erzählung von Meister Martin dem Küfner und seinen Gesellen kann man sehr leicht feststellen. Ein wesentliches Handlungselement der *Meistersinger* ist bereits bei Hoffmann vorgebildet: daß sich ein Liebender, um die Hand der Geliebten zu erringen, einem Beruf zuwendet, der ihm eigentlich widerstrebt. Bei Hoffmann machen sich der Goldschmiedgeselle Friedrich, der Maler Reinhold und der Junker Konrad zu Küfnergesellen, um Meister Martins Töchterlein Rosa freien zu können. Bei Hoffmann aber geht es um das Handwerk, bei Wagner um die Singekunst: Stolzing muß Meistersinger werden, will er die Hand der jungen Pognerin erhalten. Denn: *Ein Meistersinger muß er sein: nur wen ihr krönt, den soll sie frei'n.* Wichtiger als die Umgestaltung der Hoffmannschen Vorlage dadurch, daß die Erzählung des Serapionsbruders Sylvester mit einer bürgerlich-handwerklichen Hochzeit endet, während Wagners Finale den Bund des Junkers Stolzing mit der reichen Erbin des Goldschmieds besiegelt. Dadurch unterscheidet sich Wagner auch von seinen anderen librettistischen Vorlagen: den dramatischen Gedichten «Hans Sachs» und «Salvator Rosa» von Johann Ludwig Deinhardstein. Der Professor der Ästhetik, Vize-Direktor des Burgtheaters Deinhardstein (1794–1859), zu dessen Schauspiel um Hans Sachs immerhin Goethe im Jahre 1828 einen Prolog gedichtet, dessen für die Opernbühne bearbeiteten Text dann Albert Lortzing im Jahre 1840 komponiert hatte, war ein Mann Metternichs: er war sogar dessen literarischer Zensor. Sein Schauspiel endet bereits mit einer Krönung des Hans Sachs: aber im Angesichte kaiserlicher Majestät. Da Sachs nicht weiß, wie er danken soll, belehrt ihn der Kaiser Maximilian:

Wenn das Talent, das ich in dir belohnt',
Du nur zum Schönen und zum Guten übst,
Und nicht vergiss'st, was dir als Bürger ziemt.

Bei Deinhardstein schließt das Schauspiel – wie könnte es anders sein! – unter freudigem Jauchzen der Bürger «unter einem Tusch von Trompeten und Pauken» und mit dem Ruf: «Heil Kaiser Max! Heil Habsburg, Heil für immer!» Die Ähnlichkeit der Schlußszenen ist evident. Sie reicht bis in die Regieanmerkungen. Bei Deinhardstein: «Die Bürger schwingen in freudigem Jauchzen Hüte, Mützen und Fahnen.» Bei Wagner: *Während die Lehrbuben jauchzend in die Hände schlagen und tanzen, schwenkt das Volk begeistert Hüte und Tücher.* Allein bei Wagner fehlen Kaiser und Habsburg. Die Schlußzeilen lauten: *Heil Sachs! Hans Sachs! Heil Nürnbergs teurem Sachs!* Das Untertanenspiel des Zensors Deinhardstein hat sich in eine Apotheose bürgerlichen Selbstbewußtseins verwandelt. Aller Vergleich der *Meistersinger* mit ihren Quellen muß dazu führen, das Neue, Andersartige, Bürgerstolze hervortreten zu lassen. Alle Abänderungen aber meinen jeweils die geistige Substanz des Lustspiels. Bei Hoffmann verbleibt man im bürgerlichen Bereich; eine Hochzeit unter Bürgern steht am Ende. Bei Deinhardstein bleibt die Bürgerwelt gleichfalls «unter sich»: vom Hause Habsburg patriarchalisch ermahnt, sich nicht zu überheben und die Adelsschranke zu respektieren. Bei Wagner muß sich der Junker Stolzing als Meistersinger bewähren. Wie der Junker Rudenz im «Wilhelm Tell», tritt er als privilegienloser Bürger unter die Bürger. Die Belehrung, die er durch Sachs empfängt, besagt das Gegenteil der kaiserlichen Sentenz in Deinhardsteins Lustspiel:

Nicht Euren Ahnen, noch so wert,
Nicht Eurem Wappen, Speer noch Schwert,
daß Ihr ein Dichter seid,
ein Meister Euch gefreit,
dem dankt Ihr heut' Eu'r höchstes Glück.

Die ästhetische Antithetik erscheint ebenso gewandelt wie die politische und soziale. Bei Deinhardstein standen Poesie und unpoetisch-pedantische Formelhaftigkeit gegeneinander. Der Gegenspieler des Hans Sachs wurde verspottet, aber nicht eigentlich gerichtet. In der ursprünglichen Konzeption von 1845 war Wagner noch ganz in der Nähe dieser Auffassung von den zwei Arten der Kunst: der volkshaft-produktiven und der formelhaft-erstarrten. In der *Mitteilung an meine Freunde* von 1851 schrieb er: *Ich faßte Hans Sachs als die letzte Erscheinung des künstlerisch-produktiven Volksgeistes auf und stellte ihn mit dieser Geltung der meistersingerlichen Spießbürgerschaft entgegen, deren durchaus drolligem tabulatur-poetischem Pedantismus ich in der Figur des Merkers einen ganz persönlichen Ausdruck gab.* Das wurde nun von Grund auf verändert. Wie Wagner in wachsendem Maße unfähig wurde, einer anderen zeitgenössischen Musik gerecht zu werden, mußte es ihm auch unerträglich werden, die Gegner seiner eigenen Kunstauffassung im Kunstbereich zu dulden – und sei es in der Form von «drolligen Pedanten». Der Fall Hanslick kam hinzu: die Wiener Sorgen um eine Aufführung des *Tristan,* verbunden mit allen Kabalen und Parteiungen. So entstand der neue Sixtus Beckmesser. Es geht nicht mehr um produktives und unproduktives Kunstschaffen. Kunst und dezidierte Nichtkunst stehen von nun an gegeneinander. Im Falle des dürftigen Hagestolzen und des prallen Junkers sogar als Gegensatzpaar der Potenz und Impotenz. Wagners Haß erweist sich als dramaturgisch bedenklich: Beckmesser ist derartig angelegt, daß es unverständlich bleiben muß, wie er unter den Meistersingern zu Ansehen kommen, gar das Merkeramt erringen konnte.

In der Gestaltung des positiven Prinzips geht Wagner gleichfalls über seine Quellen hinaus. In den Vorlagen sind Sachs und Salvator Rosa die alleinigen Träger echter Kunst. Wagner holt sich dazu den adligen Freier aus Hoffmanns Erzählung und gewinnt den Gegensatz von Stolzing und Sachs, der sich in doppelter Weise auch als Gegensatz Stolzing-Beckmesser und Sachs-Beckmesser fruchtbar machen läßt. Das hat nicht allein mit der Dramaturgie zu tun. Richard Wagners Identitätsstreben ist diesmal zweigeteilt. Es steht anders als im Falle des Holländers, Tannhäusers, Lohengrins, auch wohl noch Tristans. Diesmal muß er gleichzeitig Stolzing und Sachs aus eigener Substanz nähren. Gegeneinander gestellt, wirken sie wie eine

Hans Sachs. Radierung von Jost Amman

Antithese des jungen und des gereiften Richard Wagner. Es ergibt sich auch eine Wiederholung der Konflikte zwischen Siegmund (Siegfried) und Wotan. Stolzing ist ein wagnerianischer Künstler «an sich», Sachs ist ein Wagnerianer «an und für sich»: sein Wagnertum ist hier zum Selbstbewußtsein geworden. Darum muß Stolzing erst eine Kunstfertigkeit erringen, die Sachs schon besitzt. Der ästhetischen folgt die soziale Synthese. Stolzing wird ein adliger Bürger. Er lernt überdies, die Ritterkunst des Herrn Walther von der Vogelweide mit strenger Observanz der Meistersingerregeln zu verbinden. Als literarhistorische Behauptung klingt das absurd, aber gemeint ist nicht die Literaturgeschichte, sondern die Musikgeschichte. Auch Stolzings Preislied stellt einen Kompromiß dar: es ist gleichzeitig neu *und* regelhaft, leidenschaftlich und leidgenährt, so wie es Sachs in seiner Unterweisung als Vorbedingung wirklicher Meisterschaft gefordert hatte.

Hans Sachs besitzt beides: jugendliche Kühnheit und Leiderfahrung. Er ist der wahre Künstler im Sinne dieser neuen Wagnerischen Ästhetik. Aber er ist in doppelter Weise bedroht: durch die Möglichkeit künstlerischer Erstarrung (daher seine eifersüchtige Sorge beim ersten Anhören der Stolzing-Kunst) – und durch das Entsagungsgebot. Tristan kann er nicht mehr sein, will aber auch nichts von Herrn Markes Glück. In diesem Lustspiel verbirgt sich abermals die romantische Künstlertragödie, die Einsamkeit Lohengrins, die Liebesentsagung des Kapellmeisters Kreisler ...

Auch dieses Entsagungsmotiv gehört zum Goethe-Bereich in den *Meistersingern*. Als Quelle neben Wagenseil und Gervinus, Hoffmann und Deinhardstein muß Goethes Jugendgedicht von «Hans Sachsens poetischer Sendung» genannt werden. Hier fand Wagner das Bild des meditierenden Schuhmachers und Poeten, das sich in die Vision des dritten Aktbeginns verwandelte. Auch die beiden Frauengestalten der himmlischen und der irdischen Liebe hielt Goethe bereit: als Muse des Parnaß und als «holdes Mägdlein». Das ergab bei Wagner den Aufbau des Preislieds, die Synthese aus Parnaß und Paradies in Walther von Stolzings «Abgesang». Im Grunde war es wieder das jungdeutsche Thema, das *Tannhäuser*-Motiv von Venus und Elisabeth, allegorisch besungen durch Stolzing, als Entsagung und in halbtragischer Form vorgelebt durch Sachs.

Das Goethesche Element in den *Meistersingern* aber kann noch tiefer erfaßt werden. In jenem Brief an Richard Strauss hat Hofmannsthal auch davon gesprochen: «Das nun gibt dieser Oper ihre unzerstörbare Wirklichkeit: daß sie eine echte, geschlossene Welt wieder lebendig macht, die einmal da war –, nicht wie *Lohengrin* und *Tannhäuser* oder gar der *Ring* (der *Tristan* ist eine Sache für sich) erträumte oder erklügelte Welten, die niemals nirgends waren. Das ist das, so zu sprechen, Homerische an den *Meistersingern*, das, was sie mit ‹Hermann und Dorothea› in Verwandtschaft setzt und – cum grano salis – auch mit ‹Faust I› und sicher mit dem ‹Götz›, und was sie so fest und solid und frischbleibend macht.» In der Tat werden hier nur scheinbar überraschende Verbindungslinien gezogen. Die *Meistersinger* sind ein Werk der dichterischen und kompositorischen Meistertechnik, allein sie wirken, mit Schiller zu sprechen, wie ein naives und nicht wie ein sentimentalisches Kunstwerk. Sie vermitteln deutsche bürgerliche Lebenswirklichkeit. Daher die Nachbarschaft zu Goethes großen Schöpfungen.

Dies alles aber war eine einmalige Konstellation. Deutsches 16. Jahrhundert, gespiegelt im «überlebenden» Nürnberger Stadtbild, kontrastiert mit dem 19. Jahrhundert, das Wagner als Verfallsepoche empfand. Die *Meistersinger* sollten als Mahnung wirken. Beckmesser war die impotente, undeutsche Gegenwelt. Er war «nicht der Rechte!». Die Zeitgenossen Wagners mußten diese Gipfelung seines musikalischen Lustspiels gleichzeitig als nationalen und sozialen Appell empfinden: als Bekenntnis zur deutschen Einheit und als Ruf nach einem bürgerlich-demokratischen Staatswesen, worin die Ritter zu Bürgern wurden. Daß diese Botschaft in München im Sommer 1868, zwei Jahre nach der Niederlage Bayerns gegen Preußen, nach dem Siege des Junkers Bismarck, auch im Politischen richtig verstanden wurde, war unvermeidlich.

Friedrich Nietzsches Analyse des *Meistersinger*-Vorspiels ist immer wieder zitiert worden. Sie steht in dem Buch «Jenseits von Gut und Böse» und eröffnet das Kapitel «Völker und Vaterländer». Dort heißt es abschließend: «Diese Art Musik drückt am besten aus, was ich von den Deutschen halte: sie sind von vorgestern und von übermorgen —, sie haben noch kein Heute.» Es stimmt aber nicht. Das Gesamtwerk der *Meistersinger*, und ganz besonders das Vorspiel, ist untrennbar verknüpft mit jener Gegenwart, deren Verlauf dem Dichter und Musiker Wagner die Grundkonzeption der *Meistersinger* einprägte. Gerade weil dieses Werk einem unverwechselbaren Heute, einem letzten großen Krafterlebnis des deutschen Bürgertums entsprang, hat es sich seine Leuchtkraft und Lebendigkeit bewahrt. Im doppelten Sinne sind die *Meistersinger* wirkliche Welt: sie geben wirkliches Nürnberg des deutschen sechzehnten Jahrhunderts; und sie spiegeln in der künstlerischen Gesamtkonstellation die deutsche Wirklichkeit nationaler und demokratischer Einigungsbewegung im neunzehnten Jahrhundert wider.

Allein die großen Werke der Weltkunst sind niemals ganz und gar identisch mit dem «Zeitgeist» und Zeitgeschehen. Sie enthalten stets zugleich ein Element des Zukünftigen, eine aus der Gegenwart herausführende Botschaft. Das gilt für den «Götz», den «Faust», den «Wilhelm Tell» wie für die *Meistersinger*. Auch hierin wird man Nietzsche nicht beistimmen können. Die *Meistersinger* bedeuten keineswegs ein unverbundenes Nebeneinander deutscher Vergangenheit und Zukunft — ohne Gegenwart. Sie bildeten vielmehr, nach dem Willen ihres Schöpfers, eine Synthese aus deutscher Lebens- und Kunstvergangenheit, deutscher zeitpolitischer Gegenwart der Wagner-Zeit — und deutscher Zukunft. Man muß den Aufbau des *Meistersinger*-Vorspiels, und damit den Aufbau des Gesamtwerkes, richtig verstehen. Es beginnt mit dem Motiv bürgerlicher Meisterschaft, verkörpert in der Gilde der Meistersinger von Nürnberg. Zunächst verläuft das Liebesstreben des Junkers von Stolzing und der reichen Erbin des Goldschmieds Pogner neben der Kunst- und Bürgerwelt der Meistersinger. Die geistige Gestalt des Hans Sachs wird beschworen; in ihm verkörpern sich bürgerliche Meisterschaft, Verständnis für die Jugend, verklärter, dem Kunstwerk zugewandter Eros. Die extremen Gestalten werden miteinander handgemein: Beckmesser als Vertreter zünftlerischer und überalterter Lebens- und Kunstvorstellungen, und Stolzings Jungritterhochmut. Das Volk entscheidet den Kampf, verjagt den Merker und drängt den jungen Ritter in die Gemeinschaft jener Männer, die ihre höchste Erfüllung in Hans Sachs gefunden haben: in einer Synthese aus Werktreue, Werktätigkeit und handwerklich-künstlerischer Meisterschaft. Ein genialer kompositorischer Einfall hat in der Koppelung der drei Themen auf dem Höhepunkt des *Meistersinger*-Vorspiels diese Verbindung des zum bürgerlichen Meister gewordenen Ritters mit einer durch Sachs verkörperten Kunst- und Lebensgesinnung in einzigartiger Weise auch musikalisch ausgedrückt.

Allein die *Meistersinger*-Musik besitzt gleichzeitig noch ganz andere, einigermaßen verwirrende Möglichkeiten. Der Vorgang mit der *Tannhäuser*-Partitur scheint sich wiederholen zu wollen. Damals war die Hymnik des deutschen Künstlers Wolfram trivial geblieben, während die französische Venuswelt einen gleißenden und kühnen Ausdruck empfing. Die Akzente sind diesmal anders verteilt. Das pompöse C-dur und das Marschartige, das immer dort auftritt, wo Meisterschaft und Deutschtum besungen werden sollen,

läßt einen Vergleich mit Wolframs Gesängen nicht mehr zu. Allein eine geheime Affinität oder gar Ambivalenz, beruhend auf der Selbstkarikatur, die auch Beckmesser (und Mime), wie Adorno bemerkt hat, für Richard Wagner darstellt, hat dazu geführt, daß eben dieser Beckmesser, der künstlerisch vernichtet werden sollte, eine Musik als Beigabe erhielt, die heute ebenso fasziniert, wie die Klangwelt des Venusbergs. Das beginnt bereits im Vorspiel bei Beckmessers Eintritt im plötzlichen Es-dur, staccato, mit eifrigen und aufgeregten Holzbläsern, im verkürzten Rhythmus des *Meistersinger*-Themas. Sein Lautenständchen in G-dur soll zwar, nach Wagners Berechnung, den Kontrast zur Dreiklangseligkeit des Preisliedes abgeben und in der Nichtübereinstimmung von sprachlichem und musikalischem Akzent die Gegner der Wagnerischen Musikästhetik als absurd hinstellen. Es fällt aber auf, daß die Quartengänge Meister Beckmessers auf mancherlei ernsthafte Kühnheiten der *Tristan*-Partitur hinweisen. Die Verbindung des Prügelthemas, das gleichfalls charakteristischen Quartencharakter hat, mit Beckmessers eigenen Motiven in der Pantomime des dritten Aktes ist ein musikalischer Einfall höchsten Ranges und wirkt heute — sehr gegen Wagners Absicht — als durchaus positiver musikalischer Kontrast zu den allzu breit gesponnenen Preislied-Repetitionen.

In der *Meistersinger*-Partitur findet Wagner überdies eine sehr reizvolle Synthese von einstiger Nummernoper und psychologisierendem Orchester. Die Oper ist reich an Arien, die allerdings sehr geschickt durch den Text als Ansprachen, Monologe, Preislieder

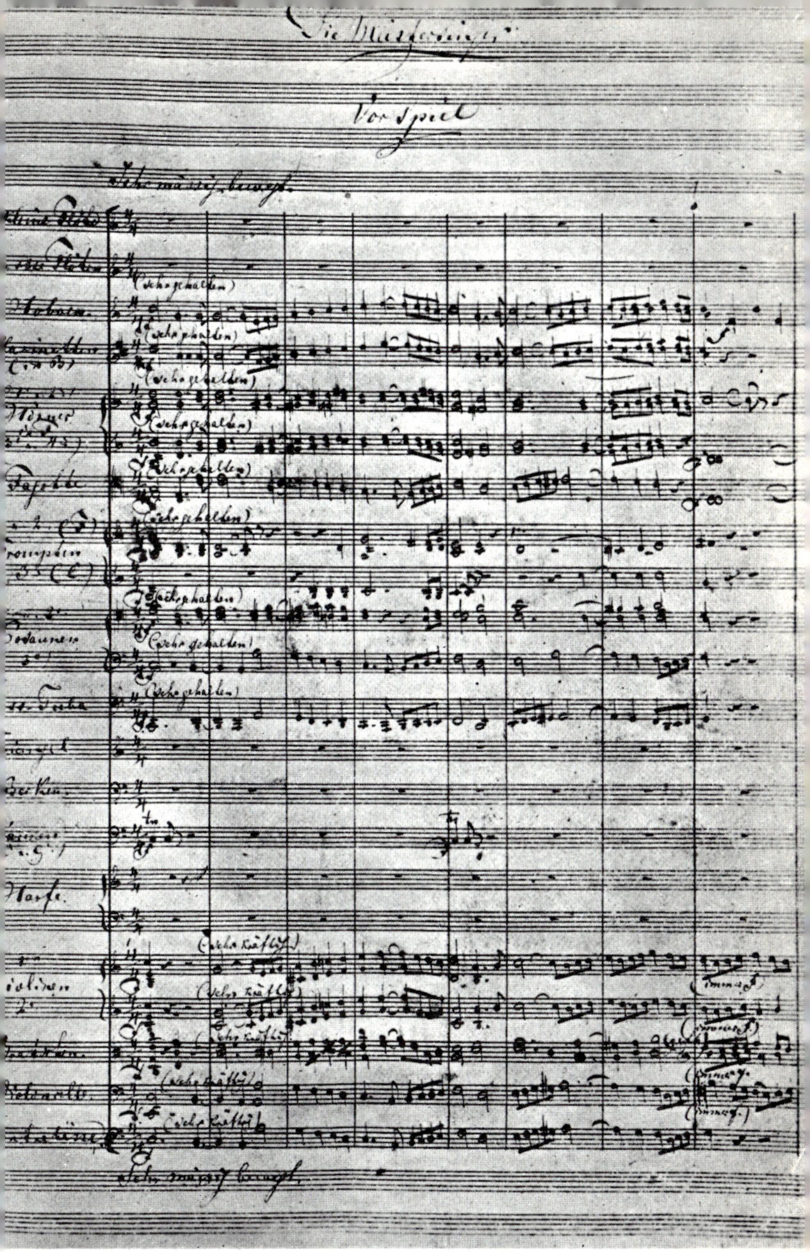

«Meistersinger»-Partitur, Vorspiel

glaubhaft gemacht werden. Die Tradition der großen Chorfinales ist ebenso beibehalten wie die überlieferte Opernform eines regelrechten Quintetts. Doch auch die psychologische Tätigkeit des Orchesters ist beibehalten und fortentwickelt. Verfolgt man etwa, um nur ein Beispiel zu geben, den schmerzvollen Seufzer des Hans Sachs, der im ersten Akt bei der Stelle *Halt, Meister! Nicht so geeilt!* im Orchester erklingt (vorgetragen, gleichsam in der Baritonlage, von Holzbläsern und Streichern, aber ohne Flöten, Oboen und erste Violinen), wie er dann in ausdrucksvoller Weiterentwicklung in Sachsens Gespräch mit Eva im zweiten Akt von neuem ertönt, um in der Schusterstube den Zugang zur inneren Welt des Meisters zu öffnen: so läßt sich ermessen, welche Einheit aus Einfall und Kunstverstand, gleichsam aus Stolzing und Sachs, in dieser *Meistersinger*-Partitur geschaffen wurde.

Richard Wagner in Bayreuth

In einem späten Brief (2. Dezember 1880), von Bayreuth aus an den König gerichtet, hat Richard Wagner rückblickend gestanden: *Oh, dieses Glück noch gefunden zu haben! Und sich doch mit einem gerechten Stolze sagen zu dürfen, daß wirklich nichts Geringeres als ein allerholdester König und ein Weib, wie das meinige, es sein mußten, die mich nicht nur dem Leben, sondern der Krönung meines Daseins erhielten!* Er nannte damit die Bedingungen, die es möglich machten, als Sieger aus allen Kämpfen hervorzugehen, alle geplanten Werke zu vollenden und das Datum des «glücklichen Todes», das er zu Beginn seiner Verbindung mit Ludwig II. in das Jahr 1873 gelegt hatte, sogar noch um ein Jahrzehnt hinauszuschieben.

Dem König von Bayern dankte er materielle Unabhängigkeit, Luxus, Villen und Festspielhaus, möglichst authentische Wiedergabe der Musikdramen. Erst der Sieg aber über Hans von Bülow (Tristan-Verstrickung von Liebe und Freundesverrat), erst das Bündnis von Richard und Cosima Wagner begründete den vollständigen Triumph. Cosima wurde zur Hüterin des Erbes. Bei Wagners Tod war die Festspiel-Idee noch ein Projekt, das untrennbar mit Wagners Person verbunden war: der Festspielhügel schien dazu bestimmt, als Uraufführungstheater der Wagnerwerke zu dienen. Nachdem keine Premieren mehr erwartet werden konnten, schien er seine Funktion eingebüßt zu haben. Die Einrichtung der Bayreuther Festspiele, eigentliche Vollendung aller Wagnergedanken, ist Cosimas Werk.

Cosima Wagner war keine unverstandene Kaufmannsgattin wie Jessie Laussot. Sie war auch nicht eine verwöhnte, spätromantische Patriziersgattin mit deutlichen Zügen einer Ibsen-Heroine wie Mathilde Wesendonk. Die Tochter Franz Liszts mit der Gräfin und Schriftstellerin Marie d'Agoult, Tochter eines ungarischen Musikers und einer französischen emanzipierten Literatin von Talent, gehört in die Reihe der großen Schriftstellerinnen und «Anregerinnen», die dem europäischen Geistesleben im 19. Jahrhundert besondere Eigenart verliehen haben. Marie d'Agoult, George Sand, die späte Bettina von Arnim, die Engländerin George Eliot haben untereinander bis in den Lebenslauf hinein erstaunlich viel Gemeinsames. Die Gedanken kreisen nicht bloß um Frauenemanzipation, männerähnliches Literatentum, sondern auch um Fragen der Gesellschaftsreform: um Sozialismus, materialistische Philosophie, Religionskritik. Cosima Liszt, in Paris und mit französischer Muttersprache aufgewachsen, hatte von Jugend auf an allen Salongesprächen über politisch-soziale Forderungen, Reformprobleme des Theaters, der Literatur, der Musik teilgenommen. Sie kannte die getrennten Welten beider Eltern, dazu später, nach der Heirat ihrer Schwester Blandine mit dem Politiker Ollivier, auch die besondere Politikerwelt des zweiten Kaiserreichs. Am Weihnachtstag 1837 in Como geboren, hatte sie mit zwanzig Jahren den Pianisten und Dirigenten Hans von Bülow geheiratet: als Katholikin einen adligen Protestanten. Sie fand in Bülow eine eminent nachschöpferische Natur, keinen Schöpfer. Dem ersten Vergleich mit dem Vater, mit Franz Liszt, vermochte er nicht standzuhalten. Dann lernte sie Richard Wagner kennen, und auch hier schien sich ein Vergleich aufzuzwingen, der gegen Bülow ausfiel.

Cosima Wagner

Cosima war empfindsam und hart. Jede *Lohengrin*-Aufführung entlockte ihr von neuem Tränen der Ergriffenheit. Ihre Briefe und Maßnahmen dagegen waren unerbittlich. Der seltsame Titanismus, den so viele bedeutende Gestalten des 19. Jahrhunderts aufweisen, «königliche Kaufleute», Erfinder oder Entdecker, auch Künstler (bald als Standpunkt des Alles oder Nichts verstanden, bald — in der Industrie — als Standpunkt des «Herrn im Haus»), gehörte auch zum Charakterbild der späteren Cosima Wagner. Ihr ausgeprägter Aristokratismus kam hinzu. Der eigene Enkel, Franz W. Beidler. Sohn der Isolde von Bülow, betonte, Cosima sei von jeher eine Gegnerin der weiblichen Emanzipation gewesen: sozialtheoretisch wenig interessiert; mit betontem Sinn für «Ordnung» und Legalität. «Wenn es wahr ist», meint der Enkel, «daß die Menschen des XIX. Jahrhunderts sich je nach ihrer Stellung zu den Ideen von 1789 in die zwei großen ideologischen Gruppen der Revolution und der Restauration einteilen lassen, so gehört Cosima Wagner eindeutig in das Lager der Restauration.»

Die Tochter Liszts und der Gräfin d'Agoult hatte die sozialistischen Theorien und Theoretiker, die Atheismuslehren und Arbeiterfreundschaften nur im späten Verfallsstadium kennengelernt. Vormärz und Revolution von 1848 hatten für sie nichts zu bedeuten: als sie anfing zu leben, war in Frankreich die Revolution durch den Staatsstreich Louis Bonapartes, des dritten Napoleon, beendet worden. In Deutschland regierten von neuem die verbündeten Monarchen. Es ist nicht zu bestreiten, daß Cosimas Verbindung mit Richard Wagner wesentlich dazu beigetragen hat, auch im politischen Weltbild des Künstlers jene Elemente des Aristokratismus, des Elite- und Ungleichheitsdenkens immer stärker hervortreten zu lassen. Materialismus und Sozialismus wurden von nun an zurückgedrängt; auch Schopenhauer paßte im Grunde nicht mehr so recht zu Cosimas Aktionsplänen. Das Tor von Triebschen, später von *Wahnfried*, öffnete sich dem Grafen Gobineau und den Gedanken seines «Essai sur l'inégalité des races humaines», die in einer Apotheose der germanischen Rasse gipfeln.

Durch Cosima und Triebschen kommt von nun an Stetigkeit in Wagners Schaffen. Alle Konflikte in München, mit dem König, den Bayern, mit Hans von Bülow vermögen bei Wagner keine Unterbrechung seiner Arbeit zu erreichen. Erst am 15. Juni 1869 bittet Cosima ihren Gatten, in eine Trennung der Ehe zu willigen und auch die beiden Töchter Hans von Bülows, Daniela und Blandine, der Mutter zu überlassen, was Bülow zwei Tage später zusagt. Wenige Tage vorher, am 6. Juni 1869, war Siegfried Wagner zur Welt gekommen. Damit waren drei Kinder aus der Verbindung von Richard Wagner und Cosima von Bülow entsprungen: Isolde wurde am 10. April 1865, am Tage der ersten Münchener Orchesterprobe zum *Tristan*, geboren; in Triebschen war dann am 17. Februar 1867 die zweite Tochter Eva zur Welt gekommen. In Triebschen unternimmt es Wagner, die Werklücken zu schließen, die liegengebliebenen Fragmente zu vollenden. Während im Sommer 1866 der Krieg zwischen Preußen und Österreich, Nord- und Süddeutschland abläuft, der mit einer Niederlage Bayerns endet, vollendet Wagner die Kompositionsskizze des zweiten *Meistersinger*-Aktes. Im Februar des folgenden Jahres 1867 liegt auch die Skizze des dritten Aktes vor; am 24. Oktober kann Wagner die Vollendung der *Meistersinger*-Partitur melden, die er dem König als Weihnachtsgeschenk überreichen läßt. Die erste Jahreshälfte 1868 steht im Zeichen der *Meistersinger*-Premiere, die am 21. Juni den Sänger in der Königsloge als Triumphator zeigt. Es folgen Reisen in Deutschland. Am 8. November 1868 wird Friedrich Nietzsche im Leipziger Hause des

Professors Hermann Brockhaus dem bewunderten Richard Wagner vorgestellt. Am 17. Mai des nächsten Jahres kommt der Professor Nietzsche, nach Basel berufen, zum erstenmal als Gast nach Triebschen. Wagner hat inzwischen die Partitur des zweiten Aktes *Siegfried* vollendet und mit der Komposition des dritten begonnen. Im August liegt auch die *Siegfried*-Partitur vollendet vor, Wagner wendet sich der *Götterdämmerung* zu. Am 19. Juli 1870 bricht der Deutsch-Französische Krieg aus. Wagner arbeitet in Triebschen am ersten Akt der *Götterdämmerung*-Partitur. Die Ehe Cosimas und Bülows ist inzwischen gelöst worden. Am 25. August 1870 werden Wagner und Cosima in der protestantischen Kirche von Luzern getraut. Wagner komponiert – als kleine Einschaltung – das *Siegfried-Idyll*, das am 25. Dezember zu Cosimas Geburtstag unter Wagners Leitung, übrigens auch bei Anwesenheit Friedrich Nietzsches, im Treppenhaus zu Triebschen uraufgeführt wird.

Friedrich Nietzsche

Der 18. Januar 1871 bringt unter Bismarcks Regie die Verkündung des Deutschen Kaiserreichs im Spiegelsaal des Schlosses von Versailles. Richard Wagner vollendet am 15. März die Partitur seines *Kaiser-Marsches*. Die zweite Hälfte des Jahres 1871 gehört dem zweiten Akt *Götterdämmerung*. Dann folgt 1872 die Komposition des dritten Aktes. Am 10. April liegt der dritte Akt als Orchesterskizze vor. Es fehlt, zur Vollendung der gesamten *Ring*-Tetralogie, nur noch die Ausarbeitung der eigentlichen Partitur-Reinschrift dieses letzten Aktes.

Der Aufenthalt in Triebschen hat alle Erfüllungen gebracht: *Meistersinger* und *Nibelungenring* konnten vollendet werden. Vierzehn Tage später, am 24. April 1872, trifft Richard Wagner in Bayreuth ein, um sich für immer dort niederzulassen. Die Grundsteinlegung des Festspielhauses erfolgt am 22. Mai, an Richard Wagners 59. Geburtstage.

Der alte Traum, einstiges Wähnen, nahm jetzt Gestalt an. Schon in Dresden hatte Wagner, erbittert über den Betrieb eines Repertoiretheaters, von einer Bühne ausschließlicher Wagnerkunst geträumt. Am Rhein wollte er später, für ein allgemeines künstlerisches Volksfest, einen Bühnennotbau errichten, die *Nibelungen* dort aufführen lassen, um das Gebäude sogleich wieder abzureißen. Dann kreisten seine und Gottfried Sempers Pläne um ein Festspielhaus in München. Angereizt durch Schönheit und Eigenart des markgräflichen Opernhauses in Bayreuth war er am 16. April 1871 mit Cosima von Nürnberg nach Bayreuth gereist und hatte der Öffentlichkeit wenige Wochen später die Absicht mitgeteilt, im Sommer 1873 die ersten Bayreuther Festspiele mit einer Gesamtaufführung des *Nibelungenrings* zu veranstalten. Jahresende und Beginn des neuen Jahres 1872 gehörten den Bayreuther Plänen. Die städtischen Kollegien unterstützten von Anfang an die Pläne des Musikdramatikers, aber der erste von Wagner ausgewählte Platz für das Festspielhaus erwies sich als unverkäuflich. Darauf beschlossen die Bayreuther Behörden am 2. Januar 1872 die Errichtung des Festspielhauses an der heutigen Stelle. Am 1. Februar erwarb Wagner von den Maurermeistern Ludwig und Karl Stahlmann einen Bauplatz für ein eigenes Wohnhaus zum Preise von 12 000 Gulden. Dort entstand die Villa *Wahnfried*, die Wagner am 30. April 1874 beziehen durfte. Die Hoffnungen wurden gekrönt. Aber einstiges Wähnen wurde zugleich begraben.

Das hatte der Deutsch-Französische Krieg von 1870/71 bereits erkennen lassen. Wagners im Januar 1871 geschriebenes Gedicht *An das deutsche Heer vor Paris* ist nicht bloß der Form nach ein schlechtes Gedicht, sondern gleichzeitig ein Aufruf zu schrankenloser Eroberung auf Frankreichs Kosten. Der *Kaiser-Marsch* gilt dem «Kartätschen-Prinzen» von 1849, der im Mai jenes Jahres den preußischen Truppen befohlen hatte, den sächsischen Aufstand niederzuwerfen. Richard Wagner schreibt jetzt eine witzlose, angeblich «in antiker Manier»,

Haus Wahnfried in Bayreuth

also nach dem Vorbild des Aristophanes verfaßte Verhöhnung der Kommunarden im belagerten Paris. Es ist eine fade Offenbachiade, die sich auch über Victor Hugo lustig zu machen sucht. Bemerkenswert bleibt die Kontinuität zu Wagners Grundgedanken über den Gegensatz zwischen deutscher und französischer Kunst: Antithese aus dem *Tannhäuser*, aus den *Meistersingern*. Die Frankreichwelt war damals Venusberg, dann wählte sie sich Beckmesser zum Repräsentanten, nun singt — in Wagners unvertonter Operette — Victor Hugo ein Couplet, mit dem er sich an die deutschen Belagerer wendet:

Wir machen euch hier elegant.
Wer fänd' euren «Faust» appetitlich?
Gounod erst machte ihn niedlich:
Don Carlos und Wilhelm Tell,
denen gerbten wir erst das Fell.
Was wüßtet ihr von Mignon,
machten wir nicht dazu Mirliton?
Habt ihr euch den Shakespeare gestammlet,
wir schufen goûtable erst Hamlet!
Doch hattet ihr wirklich Genie,
den Parisern entging dies nie:
Orpheus aus der Unterwelt,
ihn haben wir angestellt.

Entgleisung eines deutschen Patrioten, der in der Exaltation der Reichsgründung die Grenzen des Geschmacks und der Humanität überschreitet? Doch wohl nicht nur. Das Bayreuther Programm wirkt wie eine Ergänzung jener polemischen Exzesse. Die *Rede zur Grundsteinlegung des Festspielhauses* macht es sichtbar. Sie bedeutet einen völligen Bruch mit Wagners einstigen Plänen zur Realisierung gesellschaftlichen Fortschritts. Das Nationale ist hier dem Nationalistischen eng verwandt; humanen Fortschritt hält Wagner, als Schüler Schopenhauers, weder für möglich noch für wünschenswert. Einzig das Genie bedeute den Fortschritt. Vieles klingt hohl, ist nicht mehr durchlebt und durchlitten, sondern gleichsam selbstgefällig postuliert: *Dies aber ist das Wesen des deutschen Geistes, daß er von innen baut: der ewige Gott lebt in ihm wahrhaftig, ehe er sich auch den Tempel seiner Ehre baut.*

Die Frage eines menschlichen Fortschrittes aber sieht Wagner nunmehr so:

«Alle Welt ist heutzutage in dem festen Glauben an einen immerwährenden, und namentlich in unsrer Zeit äußerst wirksamen, sogenannten Fortschritt, ohne sich eigentlich wohl darüber klar zu sein, wohin denn fortgeschritten werde, und was es überhaupt mit diesem ‹Schreiten› und diesem ‹Fort› für eine Bewandtnis habe; wogegen diejenigen, welche der Welt wirklich etwas Neues brachten, nicht darüber befragt wurden, wie sie sich zu dieser fortschreitenden Umgebung, die ihnen nur Hindernisse und Widerstände berei-

tete, verhielten. Der unverhohlenen Klagen hierüber, ja der tiefen Verzweiflung unsrer allergrößten Geister, in deren Schaffen wirklich der einzige und wahre Fortschritt sich kundgab, wollen wir an diesem Festtage nicht gedenken.»

Es ist das Bayreuther Programm eines Herrschers, nicht eines einstigen Demokraten und Sozialisten. In früheren Briefen an August Röckel, den amnestierten Hochverräter von 1849, hatte Wagner sein Bündnis mit Macht und Monarchen geradezu zornig und rechthaberisch rechtfertigen wollen. Nun wird nichts mehr gerechtfertigt; jetzt regiert die Bayreuther Idee. Alles dient dem Stiftertum einer neuen Kunstreligion: Niederschrift der Autobiographie, Herausgabe der gesammelten Werke, Begründung der *Bayreuther Blätter*, Patronisierung der Richard-Wagner-Vereine. Unverkennbar ist an all diesen Schöpfungen ein Grundzug des antidemokratischen, elitehaften Lobes der «Ungleichheit». Kunst und Ungleichheit, Kunst und Religion sind nun die neuen Themen des Theoretikers Wagner. Cosima fördert diese Entwicklung. Die erste Gouvernante im Hause *Wahnfried* hat berichtet, daß Cosima Wert darauf legte, «den Kindern in der Weltgeschichte auch die Habsburger vorzuführen ..., damit erstere noch mehr Interesse für das österreichische Kaiserreich zeigen möchten, wenn wir auf österreichischen Boden den Fuß setzen.»

Enthüllung geheimster Absichten Wagners gibt sicherlich auch Friedrich Nietzsches Abhandlung «Richard Wagner in Bayreuth», die 1875/76 als letztes Stück der «Unzeitgemäßen Betrachtungen» entstand. Es ist noch die essayistische Schöpfung eines Wagnerfreundes und Jüngers. Die Gedankennähe zu Wagners eigenen Schriften ist evident. Nur wird alles bereits durch die Prosaschärfe Nietzsches gefährlich zugespitzt.

«Denn, wenn irgend etwas seine Kunst gegen alle Kunst der neueren Zeiten abhebt, so ist es dies: sie redet nicht mehr die Sprache der Bildung einer Kaste, und kennt überhaupt den Gegensatz von Gebildeten und Ungebildeten nicht mehr ... Daß es überhaupt eine Kunst geben könne, so sonnenhaft hell und warm, um ebenso die Niedrigen und Armen im Geiste mit ihrem Strahle zu erleuchten, als den Hochmut der Wissenden zu schmelzen: das mußte erfahren werden und war nicht zu erraten.»

Nietzsche fragt sich aber, wie diese Kunst in der «unheimlichen sozialen Unsicherheit unserer Gegenwart» bestehen möchte und wie man «die Flut der überall unvermeidlich scheinenden Revolution» so eindämmen könnte, daß «mit dem Vielen, was dem Untergange geweiht ist und ihn verdient», nicht auch diese Wagnerkunst weggeschwemmt werde. Die Antwort gibt er und glaubt sie auch in Wagners Namen geben zu können. Sie besteht in dem, was Thomas Mann später die «machtgeschützte Innerlichkeit» genannt hat: im Bündnis von Sänger und König, symbolisiert durch die Töne des *Kaiser-Marsches*. Nietzsche betont:

«Wer so sich fragt und sorgt, hat an Wagners Sorge Anteil ge-

Gesellschaftsabend im Haus Wahnfried: links Cosima Wagner mit Siegfried, rechts vor dem Fenster der Dirigent Levi, am Flügel Franz Liszt, stehend der Sänger Niemann. Lithographie von G. Papperitz

nommen; er wird mit ihm sich getrieben fühlen, nach jenen bestehenden Mächten zu suchen, welche den guten Willen haben, in den Zeiten der Erdbeben und Umstürze die Schutzgeister der edelsten Besitztümer der Menschheit zu sein. Einzig in diesem Sinne fragt Wagner durch seine Schriften bei den Gebildeten an, ob sie sein Vermächtnis, den kostbaren Ring seiner Kunst mit in ihren Schatzhäusern bergen wollen; und selbst das großartige Vertrauen, welches Wagner dem deutschen Geiste auch in seinen politischen Zielen geschenkt hat, scheint mir darin seinen Ursprung zu haben, daß er dem Volke der Reformation jene Kraft, Milde und Tapferkeit zutraut, welche nötig ist, um ‹das Meer der Revolution in das Bette des ruhig fließenden Stromes der Menschheit einzudämmen›: und fast möchte ich meinen, daß er dies und nichts anderes durch die Symbolik seines Kaisermarsches ausdrücken wollte.»

Hier ist in der Tat das Bayreuther Programm gemeint. Nietzsche erkannte jedoch noch nicht, daß auch das religiöse Element dazu gehörte. Der *Parsifal* überraschte ihn. Es gab keinen Anlaß zur Überraschung. *Parsifal* war bereits im *Tannhäuser* angelegt; er führte weiter, was in der *Ring*-Tetralogie, trotz aller formalen Abrundung, unklar und ungelöst geblieben war.

Der Ring des Nibelungen

Achtundzwanzig Jahre liegen zwischen Wagners erster Konzeption des Nibelungen-Mythos, die 1848 als *Entwurf zu einem Drama* niedergeschrieben wurde, und der ersten Gesamtaufführung der Tetralogie im Bayreuther Festspielhaus, im Sommer 1876. Nicht nur die

Ausmaße des ursprünglich geplanten Werks hatten sich ins Ungeheure verschoben: aus dem ersten Dramenentwurf mit dem Titel *Siegfrieds Tod* entstand ein Zyklus von drei Musikdramen samt einem Vorspiel. Gewandelt hatte sich die Werksubstanz, und auch die Funktion des dramatisierten Mythos wirkte von Grund auf verändert. Dennoch findet sich nach wie vor der Grundkern der ursprünglichen Konzeption im ausgeführten *Nibelungenring.* Die verschiedenen Lebens- und Werkelemente, die im Verlaufe der Jahrzehnte eingefügt wurden, lassen sich unschwer voneinander sondern; die formale Einheit der Leitmotiv-Technik kann die höchst disparaten geistigen Bestandteile nur mühsam zusammenhalten.

Zu Beginn sollte ein Weg aus der Einsamkeit gefunden werden. *Siegfrieds Tod* war nicht als neues Künstlerdrama eines Konfliktes zwischen Genie und Gesellschaft gedacht. Der Nibelungenmythos ist in der ersten Niederschrift sehr stark objektiviert: der Bekenntnischarakter wird viel weniger als künstlerische Selbstaussage denn als weltanschauliche Grundlegung gedacht. Das volkstümliche Musikdrama, aus mythischen Quellen gespeist, sollte den Weg aus der Einsamkeit der Künstlerdramen weisen. Was ursprünglich beabsichtigt war, hat Thomas Mann im Jahre 1937 in seinem Züricher Vortrag über den *Nibelungenring* hervorgehoben: «Man muß sich darüber klar sein, daß ein Werk, wie *Der Ring des Nibelungen*, das Wagner nach dem *Lohengrin* konzipierte, im Grunde gegen die ganze bürgerliche Kultur und Bildung gerichtet und gedichtet ist, wie sie seit der Renaissance herrschend gewesen war, daß es sich in seiner Mischung aus Urtümlichkeit und Zukünftigkeit an eine inexistente Welt klassenloser Volklichkeit wendet.» Der Mythos, der nunmehr an die Stelle der jungdeutschen Elitevorstellungen oder der Lohengrin-Synthese aus Sage und Geschichte treten sollte, ist für Wagner, um abermals Thomas Mann zu zitieren, «die Sprache des noch dichterisch-schöpferischen *Volkes*». Nur schwer gelingt es dem Mythenbildner in seinen Anfängen, die mythische Welt von allen geschichtlich-konkreten oder märchenhaften Beigaben zu befreien. Die Neben- und Gegenpläne des Jahres 1848 lassen das erkennen: *Jesus von Nazareth, Barbarossa, Wieland der Schmied,* dazu Grimms Märchen von Einem, der auszog, das Fürchten zu lernen. Allein *Jesus von Nazareth* war abermals, betrachtet man Wagners Entwurf, ein Künstlerdrama mit unverkennbaren Feuerbach- und Proudhonzügen. Der Hohenstaufenstoff hätte wieder in die Geschichtlichkeit der *Lohengrin*-Welt geführt: von Heinrich I. zu Friedrich I. Das mußte dann Hohenstaufen-Historie in der Nachfolge Raupachs oder auch Grabbes werden. Der Märchenstoff der Brüder Grimm ist in die Gestalt des jungen Siegfried eingegangen: aber nicht im ursprünglichen Märchencharakter, sondern als Moment einer mythischen Totalität. Mythos fand sich allerdings als Grundlage der Beschäftigung mit *Wieland dem Schmied.* In der Fassung jedoch, die ihm Wagner am Schluß des Buches vom *Kunstwerk der Zukunft* gibt, enthüllt er sich als politischer Mythos und findet sich damit allzu eng mit der geschichtlichen Welt verbunden. Das mußte abermals ein *Lohengrin*-Amalgam ergeben.

In den *Nibelungen* sollte der Mythos den Weg zum Volke bahnen. Das Volk versteht Wagner durchaus unhistorisch, als absoluten Wert, ewig gleichbleibende Substanz. Darum empfindet er alle geschichtlichen Beifügungen als ungemäß: das Ungeschichtliche und Vorgeschichtliche allein ist adäquat. Da aber selbst Wagner nicht umhin kann, das Volk als gesellschaftliche Kategorie aufzufassen (die Lektüre Proudhons hält ihn dazu ebenso an wie der Umgang mit Röckel und Bakunin), muß der Mythos eine sozial-theoretische Funktion erhalten. Die *Nibelungen* sind nicht politischer Mythos wie der *Wieland,* sondern dienen der Errichtung einer sozialen Mythologie.

In Wagners Gedankenwelt von 1848 sind die Nibelungen ein *dem Schoße der Nacht und des Todes entkeimtes Geschlecht. In unsteter, rastloser Regsamkeit durchwühlen sie ... die Eingeweide der Erde: sie glühen, läutern und schmieden die harten Metalle.* Auf ihnen, den Arbeitenden, lastet schwer der Feudalismus der Riesen, die unproduktiv sind. *Aber die Riesen verstehen nicht, ihre Macht zu nützen; ihren plumpen Sinnen genügt, die Nibelungen gebunden zu haben.* Die Humanität der Götter ist hier machtlos.

In hoher Tätigkeit ordneten nun die Götter die Welt, banden die Elemente durch weise Gesetze, und widmeten sich der sorgsamsten Pflege des Menschengeschlechts. Ihre Kraft steht über allem. Doch der Friede, durch den sie zur Herrschaft gelangten, gründet sich nicht auf Versöhnung: er ist durch Gewalt und List vollbracht. Die Absicht ihrer höheren Weltordnung ist sittliches Bewußtsein: das Unrecht, das sie verfolgen, haftet aber an ihnen selber. Aus den Tiefen Nibelheims grollt ihnen das Bewußtsein ihrer Schuld entgegen: denn die Knechtschaft der Nibelungen ist nicht zerbrochen; die Herrschaft ist nur Alberich geraubt, und zwar nicht für einen höheren Zweck, sondern unter dem Bauche des müßigen Wurmes liegt nutzlos die Seele, die Freiheit der Nibelungen begraben.

Daher Wotans Plan, einen *von den Göttern selbst unabhängigen, freien Willen* walten zu lassen, der den Zauber löst. *In dem Menschen ersehen die Götter die Fähigkeit zu solchem freien Willen.* Der weitere Ablauf des Entwurfs von 1848 entspricht in großen Zügen dem Handlungsablauf der späteren Tetralogie. Der Schluß allerdings sieht ganz anders aus. Brünnhilde gibt zwar, bevor sie im Selbstopfer die Sühne vollzieht, den Rheintöchtern den Ring zurück, aber es erfolgt keine Götterdämmerung. Ihre Sühne befreit die Nibelungen und begründet nunmehr, da die Schuld getilgt ist, Wotans Herrschaft der Humanität. So verkündet es die Prosafassung des Entwurfs, so steht es in Brünnhildes Abschiedsrede in dem ausgeführten Drama *Siegfrieds Tod*:

Ihr Nibelungen, vernehmt mein Wort!
eure Knechtschaft künd' ich auf:
der den Ring geschmiedet, euch Rührige band, –
nicht soll er ihn wieder empfah'n, –
doch frei sei er, wie ihr!
Denn dieses Gold gebe ich euch,
weise Schwestern der Wassertiefe!
Das Feuer, das mich verbrennt,
rein'ge den Ring vom Fluch:
ihr löset ihn auf und lauter bewahrt
das strahlende Gold des Rheins,
das zum Unheil euch geraubt! –
Nur einer herrsche:
Allvater, Herrlicher du!

Die Nähe der utopischen Sozialisten ist unverkennbar. Ob Saint-Simon, Fourier oder Proudhon: stets kreisten diese Systeme um den Gegensatz produktiver und unproduktiver Schichten in der bestehenden Gesellschaft. Wagner bleibt ihr Schüler. Produktiv allein sind die Nibelungen, doch sind sie zur Selbstherrschaft nicht fähig. Es gilt, die feudale Zwingherrschaft durch Wotans humane Regierung zu ersetzen. An eine Diktatur der Nibelungen ist bei Wagner nicht zu denken. (Nibelungenmythos und Kommunistisches Manifest entstehen gleichzeitig!) In der ursprünglichen Fassung paßt Wagners Nibelungenkonzept gar nicht schlecht zu seinen patriarchalisch-revolutionären Gedanken über das Verhältnis von Republikanismus und Königtum.

Der jungdeutschen Gedankenerbschaft wird ihr Teil in den wiederkehrenden Motiven erotischer Emanzipation: in der Geschwisterliebe Siegmunds und Sieglindes, die allein das Wälsungengeschlecht fortführen kann, denn:

Siegmund nimmt ein Weib, Sieglinde vermählt sich einem Manne (Hunding); ihrer beiden Ehen bleiben aber unfruchtbar: um einen echten Wälsung zu erzeugen, begatten sich nun Bruder und Schwester selbst.

Auch Siegfried und Brünnhilde sind jungdeutsche Heroen von unverkennbarer Prägung. Das anarchistische Element fehlt gleichfalls nicht. Der *freie Wille* in Siegfried, schuldlos und Brecher aller Sittengesetze, dem Wotans Humanität als Schwäche erscheinen muß, bedeutet nichts anderes als den sieghaften und befreienden «Egoismus» der anarchistischen Lehre.

Dieser Grundmythos erlebt nun alle Wandlungen, die Richard Wagner seit der Flucht, im Exil, zwischen scheinbarer Sicherheit und neuer Unsicherheit durchmachen muß. Jedes neue Erlebnis modelliert ein wenig am Grundkonzept. Die großen theoretischen Schriften der ersten Züricher Emigrationszeit hinterlassen ihre Spuren. Das beginnt mit künstlerischen Überlegungen und führt zu Modifizierungen der Substanz und der Funktion. Indem Wagner über die Grenzen zwischen epischer und dramatischer Gattung nachsinnt, wird ihm bewußt, daß in dem Grunddrama *Siegfrieds Tod* zu viele epische Erzählungen eingefügt werden müßten, wollte man den Mythos total zur Anschauung bringen. Totalität und Anschauung aber widersprächen einander: was an gedanklicher Einheit gewonnen würde, störte dafür das unmittelbare Verständnis des musikdramatischen Geschehens, im Grunde also die ersehnte Volkstümlichkeit. Der Versuch mit einem Doppeldrama – *Der junge Siegfried* und *Siegfrieds Tod* – wird erwogen und gleichfalls als unzulänglich abgetan. Richard Wagners berühmter Brief an Franz Liszt vom 20. November 1851, vom Kurort Albisbrunn nach Weimar gerichtet, entwirft den neuen, endgültigen Plan der Tetralogie:

Ich mußte daher meinen ganzen Mythos, nach seiner tiefsten und weitesten Bedeutung, in höchster künstlerischer Deutlichkeit mitteilen, um vollständig verstanden zu werden; nichts darf von ihm ir-

gendwie zur Ergänzung durch den Gedanken, durch die Reflexion übrig bleiben: jedes unbefangene menschliche Gefühl muß durch seine künstlerischen Wahrnehmungsorgane das Ganze begreifen können, weil es dann auch erst das Einzelnste richtig in sich aufnehmen kann.

Übrigens verbindet sich für Wagner mit dem neuen Entwurf auch der Gedanke an die besondere szenische Verwirklichung: mit dem Plan der Tetralogie ersteht sogleich der Grundgedanke der Festspiele:

Die Aufführung meiner Nibelungendramen muß an einem großen Feste stattfinden, welches vielleicht eigens zum Zwecke eben dieser Aufführung zu veranstalten ist. Sie muß dann in drei aufeinanderfolgenden Tagen vor sich gehen, an deren Vorabende das einleitende Vorspiel gegeben wird.

Die erste Änderung der ursprünglichen Grundgedanken, scheinbar noch als Erweiterung des einstigen Planes betrachtet, in Wirklichkeit jedoch bereits als modifizierender Vorgang zu verstehen, betrifft Alberich und den Liebesfluch. Nicht zufällig deutet Wagner in jenem Briefe an Liszt die Notwendigkeit an, den ursprünglichen Raum des Dramas zu erweitern, um dieses Alberich-Thema augenscheinlich und sinnfällig zu machen. Im Jahre 1848 mochte der Liebesfluch noch bloßes Handlungselement sein: von nun an wird er für Wagner in neuem Sinne auch geistig bedeutsam. Der Weg zur neuen Deutung des Liebesfluchs führt über die Beschäftigung mit Antigone und dem Ödipus-Mythos. In dem Buch *Oper und Drama* wird die Beziehung zu Antigone durch Wagners Betrachtungen über das Verhältnis von Individuum und Staat hergestellt. Anarchistische Gedanken sind nach wie vor in hohem Maße wirksam. Das Fatum der Griechen wird als *innere Notwendigkeit* betrachtet, *aus der sich der Grieche — weil er sie nicht verstand — in dem willkürlichen politischen Staat zu befreien suchte.* Dies aber sei in der Gegenwart nun *Fatum:* Wagner deutet an, daß der Mensch damaliger Gegenwart sich von seinem Fatum nur durch Negierung des Staates befreien könne. Antigone könne dazu als Vorbild dienen.

— Antigone sagte den gottseligen Bürgern von Thebe: — ihr habt mir Vater und Mutter verdammt, weil sie unbewußt sich liebten; ihr habt den bewußten Sohnesmörder Laios aber nicht verdammt, und den Bruderfeind Eteokles beschützt: nun verdammt mich, die ich aus reiner Menschenliebe handle —, so ist das Maß eurer Frevel voll! — — Und siehe! — der Liebesfluch Antigones vernichtete den Staat! — Wagner schließt daraus: erst an der Leiche seines Sohnes sei Kreon, *der personifizierte Staat,* aus einem Herrscher wieder zu einem Menschen geworden. Menschlichkeit — so wird man mit Wagner folgern müssen — könne erst aus dem Untergang aller Staatlichkeit entstehen. *Heilige Antigone! Dich rufe ich nun an! Laß Deine Fahne wehen, daß wir unter ihr vernichten und erlösen! — —*

Antigone sorgte für das Ende, und für das Ende sorgt auch Alberich. Trotzdem ist der Liebesfluch Antigones nicht mit jenem des Nibelungen zu vergleichen. Das Tun der Ödipus-Tochter entspringt, für Wagner, der *reinen Menschenliebe*; sie begeht *Selbstvernichtung aus Sympathie*. Diese Menschenliebe birgt ein Element der Negation: die Selbstliebe, aber auch die besitzstrebende Liebe ist ausgeklammert. Alberich dagegen geht den umgekehrten Weg. Er negiert die menschlichen Sympathiegefühle – dem Besitzwillen zuliebe. Sein Liebesfluch tut alles in einem ab: Eros und Agape. Er wirkt wie eine «Zurücknahme» von Antigones Handlungen. Unter der Fahne der Antigone will Wagner mit den Seinen kämpfen: *daß wir unter ihr vernichten und erlösen*. Vernichtung und Erlösung, das leitet bereits zur *Götterdämmerung* über. Das Buch *Oper und Drama* entsteht in enger geistiger Nachbarschaft mit der Neukonzeption des *Nibelungen*-Mythos in der Züricher Zeit. Vernichtung des Staates durch freitätige, bindungslose Menschenliebe: so wird die Erlösung zunächst verstanden. Das ist noch Bakunin und Feuerbach; es bedeutet im wesentlichen Weiterführung, aber noch nicht Negierung des Konzeptes von 1848.

Unter Schopenhauers Einfluß wird dann die Wendung von der Aktion zur Passion vollzogen. Dem Freunde August Röckel schreibt Wagner am 25. Januar 1854 ins Zuchthaus zu Waldheim und sucht dabei die neue Sinndeutung des *Nibelungenrings* sichtbar zu machen:

Wir müssen sterben lernen, und zwar sterben, im vollständigsten Sinn des Worts, die Furcht vor dem Ende ist die Quelle aller Lieblosigkeit, und sie erzeugt sich nur da, wo selbst bereits die Liebe erbleicht ... Wodan schwingt sich bis zu der tragischen Höhe, seinen Untergang – zu wollen. Dies ist Alles, was wir aus der Geschichte der Menschheit zu lernen haben: das Notwendige zu wollen und selbst zu vollbringen.

Dann folgen sehr merkwürdige Sätze:

Wodan ist nach dem Abschied von Brünnhilde in Wahrheit nur noch ein abgeschiedener Geist: seiner höchsten Absicht nach kann er nur noch gewähren lassen, es gehen lassen, wie es geht, nirgends aber mehr bestimmt eingreifen, deswegen ist er nun auch «Wanderer» geworden: sieh Dir ihn recht an! er gleicht uns aufs Haar; er ist die Summe der Intelligenz der Gegenwart, wogegen Siegfried der von uns gewünschte, gewollte Mensch der Zukunft ist, der aber nicht durch uns gemacht werden kann, und der sich selbst schaffen muß durch unsere Vernichtung.

Die erste Zurücknahme: Wotan soll nicht mehr herrschen, wie in dem Entwurf von 1848, sondern – da er zum bloßen Wanderer herabsank – den Weg in die Zukunft für den neuen Menschen freigeben. Die zweite Abdankung: nicht mehr vernichten, den Staat zerstören, um zu erlösen, sondern die Selbstvernichtung suchen, um erlöst zu werden. Antigones Liebesfluch zerstörte den Staat; die Götterdämmerung aber und die Rückgabe des Rheingolds an die Natur, Vernichtung mithin seiner «Produktivität», weisen den Weg der Erlösung vom Liebesfluch. Siegfried jedoch ist, wie in dem gleichen Brief an Röckel angedeutet wird, der vollkommene Mensch der Zukunft, weil er das Fürchten nicht gelernt hat und weil er das höchste Bewußtsein besitzt: zu wissen nämlich, daß der Tod besser sei als ein Leben in Furcht. Darum achte er auch des Ringes nicht, also der Macht, weil er, wie Wagner meint, *was Besseres zu tun hat.*

Damit aber hört Siegfried auf, ein Revolutionär oder auch nur ein Befreier durch Tun zu sein. Das Wissen taugt ihnen allen, Wotan, Siegfried wie Brünnhilde, nur noch dazu, das Ende zu wissen und zu wollen. Hier wandelt sich die Tragödie zum Passionsspiel. *Parsifal* ist hier vorbereitet: durch Schopenhauer. Siegfried aber verliert im gleichen Augenblick die Eigenschaften eines tragischen Helden. Sein Wissen oder Nichtwissen und sein Handeln, die ihn in Verstrickung führen und den Mord möglich machen, sind vom Wirken der Vergessens- oder Erinnerungstränke abhängig gemacht. Dadurch wird die Handlung zwar weitergeführt, die tragische Erschütterung aber – anders als im *Tristan* – weit ferngehalten. Siegfried erhält bereits in der *Götterdämmerung* christliche, wenn nicht christushafte Züge. Der Weg spätbürgerlicher Dramatik wurde freigegeben: Stationenstücke der Expressionisten, Hugo von Hofmannsthals Trauerspiel «Der Turm». Auch dies hat mit Calderón zu tun, mit katholischer Dramatik also. Der Siegfried des Schlußtages in der Tetralogie ist weder Held noch tragisch. Der volkstümliche Mythos von 1848 hat Züge des Mysterienspiels angenommen. Die geistige Einheit des Gesamtwerks wurde dadurch immer fragwürdiger.

Der *Nibelungenring* besitzt in der Tat einen dreifachen Schluß, also keinen. Die frühere Deutung aus *Siegfrieds Tod* wurde aufgehoben. Wotan soll nicht mehr herrschen, die Nibelungen werden nicht aus der Sklaverei befreit. Der erste Schluß der ausgearbeiteten Tetralogie ist bakunistisch, wenn man ihn nach den heute vorliegenden Dokumenten richtig zu deuten weiß: Walhall verbrennt – und Wotan samt allen Göttern. Die vom Fluch des Goldes und der Verträge korrumpierten Herrschenden gehen unter, damit die neue Reinheit der vom Golde befreiten Menschheit entstehen kann, nachdem sogar Siegfried als Opfer des Goldes zugrunde gehen mußte.

Wagner hat aber der Veröffentlichung dieser Schlußszene noch Verse hinzugefügt, die nicht komponiert wurden – und die nun eine zweite Sinngebung und einen zweiten Schluß darstellen. Sie sind feuerbachianisch, wenn Brünnhilde erklärt:

Verging wie Hauch
der Götter Geschlecht,
lass' ohne Walter
die Welt ich zurück:
meines heiligsten Wissens Hort
weis' ich der Welt nun zu. –
Nicht Gut, nicht Gold,
noch göttliche Pracht;

nicht Haus, nicht Hof,
noch herrischer Prunk;
nicht trüber Verträge
trügender Bund,
nicht heuchelnder Sitte
hartes Gesetz:
selig in Lust und Leid
läßt — die Liebe nur sein. —

Aber nicht genug damit. Bei der Veröffentlichung des Textes der *Götterdämmerung* gab Richard Wagner noch eine weitere, dritte Versgruppe aus der Schlußrede der Brünnhilde bekannt, die gleichfalls nicht komponiert wurde. Bevor er sie dem Leser mitteilt, schreibt er — gleichsam als Wort des Dichters an den Leser — in Form einer Regieanmerkung die folgenden Zeilen: *Hatte schon mit diesen Strophen der Dichter in sentenziösem Sinne die musikalische Wirkung des Dramas im voraus zu ersetzen versucht, so fühlte er im Verlaufe der langen Unterbrechungen, die ihn von der musikalischen Ausführung seines Gedichtes abhielten, zu einer jener Wirkung noch besser entsprechenden Fassung der letzten Abschiedsstrophe sich bewogen, welche er hier folgend ebenfalls noch mitteilt.* Diese neuen Sinndeutungen finden sich in den folgenden Zeilen:

Führ' ich nun nicht mehr
nach Walhalls Feste,
wißt ihr, wohin ich fahre?
Aus Wunschheim zieh' ich fort,
Wahnheim flieh' ich auf immer;
des ew'gen Werdens
off'ne Tore
schließ' ich hinter mir zu:
nach dem wunsch- und wahnlos
heiligsten Wahlland,
der Welt-Wanderung Ziel,
von Wiedergeburt erlöst,
zieht nun die Wissende hin.
Alles Ew'gen
sel'ges Ende,
wißt ihr, wie ich's gewann?
Trauernder Liebe
tiefstes Leiden
schloß die Augen mir auf:
enden sah ich die Welt. —

Das aber ist unverkennbar Schopenhauer! Es hat nichts mehr zu tun mit dem einstigen Protest aus dem Jahre 1848, nichts mehr mit Wagners Deutung des brennenden Walhall, nichts mit der Grundkonzeption des Antikapitalismus. Es mutet an wie bare Verlegen-

Richard und Cosima Wagner, 1872

heit, wenn Richard Wagner behauptet, diese letzten Verse seien nicht komponiert worden, da sich ihr Gehalt ohnehin aus dem musikalischen Gehalt des Werkes ableiten lasse. Das ist nicht wahr. Es gilt ebenso wenig für den ursprünglichen Plan wie für das vollendete und durchkomponierte Werk. Drei Schlußfassungen: eine nach Bakunin, eine nach Feuerbach, eine nach Schopenhauer.

Der Übergangscharakter des Riesenwerks läßt sich auch an zahlreichen Einzelheiten beobachten. Alberichs Liebesfluch weist gleichzeitig hinüber zum dritten *Tristan*-Akt wie zum Liebesfluch des Amfortas. Die erotischen Bindungen zwischen dem Wälsungenpaar Siegmund und Sieglinde oder auch zwischen Siegfried und Brünnhilde sind der jungdeutschen Liebesemanzipation nahe verwandt. Allein die Anarchie wird überall – mit Hilfe Schopenhauers und über ihn hinausgehend – ins gesellschaftlich Unverbindliche, sogar Gewünschte zurückgenommen. Adorno hat das immer wieder hervorgehoben: «So mündet die Wagnersche Mythologie in Konformismus.» Oder: «Der romantisch getönte Begriff vom Proletariat, der diesem die ‹rettende Tat› zuweist, weil es außerhalb des gesellschaftlichen Schuldzusammenhangs stehen soll ... dieser romantische Begriff wird ergänzt von der nicht minder romantischen Auffassung von der Regenerationsfähigkeit der Gesellschaft, sofern sie nur zu jenen unverstörten Ursprüngen zurückfindet. Die Regenerationslehre ist schließlich als eine der Herrenkaste im *Parsifal* entfaltet.» Kontinuität und Diskontinuität des Denkens sind in keinem Wagnerwerk so eng benachbart wie im *Ring des Nibelungen*.

Einer Musik höchster Einfälle und außerordentlicher Kunstfertigkeit gelingt viel: sie kann die Widersprüche im Augenblick des Theatererlebnisses überfluten, doch nicht lösen. Wagner kam es auf das epische Orchesterelement im musikalischen Drama an, auf psychologische Ausdeutung der Bühnenhandlung durch die orchestralen Mit- und Zwischenspiele, auf die Verknüpfung des Bühnengeschehens mit seinen Kausalitäten und Traditionen, die das Orchester jeweils beizusteuern hatte. Die Anteilnahme in einer *Ring*-Aufführung unserer Zeit gehört aber unverkennbar den großen lyrischen Episoden, den Natur- und Gefühlsschilderungen ohne psychologisierende Beigabe. Wasser und Feuer, Gewitter und Sturm, Arbeitsrhythmen und Waldweben, Liebesgesang und Trauermarsch sind zu Erlebniszentren geworden, weil sie gleichzeitig die musikalischen Höhepunkte darstellen. Auch das widerspricht im Grunde nicht den Absichten des Tonsetzers. Die Volkstümlichkeit seines Mythos erblickte Wagner in den Ursprungssituationen des Menschen, die er als Gegensatz der Natur zur Gesellschaft empfand. Der Freiheitsbegriff im *Ring* hängt mit der zwecklosen und noch unproduktiven Natur ebenso zusammen wie mit der anarchischen Sorglosigkeit vor allen Normen und Verträgen. Wagners Musik ist immer dort großartig, wo sie solche Ursprungssituationen zu schildern hat. In der Autobiographie beschreibt er den Vorgang im Hotelzimmer zu La Spezia, der im Halbschlaf den Einfall des Urbeginns der Tetralogie brachte: das tiefe Es des Ursprungs, das dann in «ruhig heiterer Bewegung» das B herbeizieht, dann den Dreiklang-Aufstieg Es, G, B, Es, G, hundertfünfundzwanzig Takte in flutendem, reinem Es-dur bis zum Aufgehen des Vorhangs. Die musikalische Gleichsetzung, die Wagner dabei als selbstverständlich annimmt, ist eigentlich höchst verblüffend: die Ursprünglichkeit der Natur wird als «reiner Dreiklang» verstanden. Eine Spätphase der Musikgeschichte bietet sich als menschliche Ursprungssituation dar. Wagners Frühzeit des Menschen trägt alle Züge einer gesellschaftlichen Spätzeit.

Vorwärtsdrängende Motive, im Notenbild als Aufwärtsbewegung sichtbar, werden als Mut, Heldentum, Sorglosigkeit verstanden. Depression und Pessimismus, wie in den Motiven der Angst, des Grübelns, auch der Götterdämmerung zeigen sich im Notenbild als Abwärtsbewegung.

Die angestrebte Volkstümlichkeit dieser Mythenkunst kommt eigentlich nirgendwo in Volksszenen, also in starken Chorpartien zum Ausdruck. Die echte Volkstümlichkeit eines Händel-Oratoriums mit seinen gewaltigen Chorsätzen steht im größten Gegensatz zu Wagners gewollter Volkstümlichkeit, die nur Götter, Dämonen oder Helden und Gegenhelden ins Spiel bringt, die «Mannen» dagegen, wie schon im *Rienzi* und *Lohengrin*, erst recht im *Tristan*, in die Episode chorhafter Zustimmung gedrängt hat. Das letzte Wort auch dieser Musik ist, wie im *Tristan*, der Untergang, nicht der Übergang. Das Werk lebt in schmerzlicher Schönheit des Erinnerns, des Rückblicks. Darum stehen zwei musikalische Höhepunkte der gesamten Tetralogie in enger Beziehung zueinander: Urbeginn im *Rheingold*

und Trauermarsch in der *Götterdämmerung*. Dort die höchste Einfachheit und Reinheit in Sinn und musikalischem Ausdruck; hier die äußerste Beziehungsfülle als Rückblick auf ein Menschenleben und seine bedingenden Faktoren, dargestellt als Musik der äußersten Motivverflechtung und Lebensverstrickung. Das eben hatte Wagner gesucht. Thomas Mann verstand Siegfrieds Trauermarsch als «ein Beziehungsfest, eine ganze Welt von geistvoll-tiefsinnigen Anspielungen». Hier wurde in der Tat «das Drama zum szenischen Epos». In dieser Musik, die mit c-moll-Akkorden beginnt und dem chromatischen Kreislauf des Todesmotivs, um dann alle Lebensmotive Siegfrieds zu vereinen, vom Liebesgesang der Geschwister-Eltern bis zum Zerbrechen seines Heldentums, ist nur noch Vergangenheit und Erinnerung. Die Szene ist Nacht, der Mond bricht durch die Wolken, Heiterkeit und Glück der Jugend werden erinnert, dann steigen die Rheinnebel auf, sie verhüllen die Szene. Das Drama ist zu Ende, den epischen Schlußbericht gibt das Orchester. Die musikalische Tragödie findet hier, und nur hier, ihren Ausdruck: in einer Musik ohne begleitendes szenisches Geschehen. Der Rest ist Ausklang und Theatereffekt, in Brünnhildes Schlußrede noch einmal als Beziehungsfest der Leitmotive wiederholt, aber nicht überboten. Auch der Musik gelang es nicht, die drei Schlüsse der *Ring*-Tetralogie zur Einheit zu zwingen.

Parsifal, Verklärung und Tod

Am Ende steht die große Zurücknahme. Mit einer Aufführung von Beethovens 9. Symphonie im markgräflichen Opernhaus war unter Wagners Leitung die Grundsteinlegung des Bayreuther Festspielhauses gefeiert worden. Wagners eigenes Wirken aber im letzten Lebensjahrzehnt offenbart sich immer mehr – um Adrian Leverkühns Wort aus dem «Doktor Faustus» von Thomas Mann zu zitieren – als «Zurücknahme» eben dieser 9. Symphonie. Die Begründung einer Bayreuther Kirche und Wagner-Theologie, die geforderte Anrede als *Meister*, die Gipfelung endlich im *Parsifal*, alles scheint den Weg zu negieren, den Kunst und Philosophie der vergangenen Jahrhunderte gegangen waren: den der Verweltlichung.

Das Bayreuther Festspielhaus im Bau . . .

... und nach der Fertigstellung

Die Friedensbitte in der «Missa solemnis» ging auf irdischen Frieden; die 9. Symphonie, Synthese aus Schiller und Beethoven, verstand den Aufruf an Schöpfer und Gott weitgehend symbolisch; Ludwig Feuerbach hatte erklärt (und Wagner war ihm darin gefolgt), die himmlische Familie sei nichts anderes als eine Projizierung irdischer Familienbilder ins Jenseitige. Das alles wird nun von Wagner zurückgenommen. Die 9. Symphonie damals (1846) in Dresden und nun in Bayreuth – eine Welt geschichtlicher und geistiger Wandlungen liegt dazwischen. Man kann sie an Wagners breiter, aber eigentlich flacher und selbstgefälliger Studie zu Beethovens hundertstem Geburtstag (1870) ablesen. Es fehlt die Erschütterung der musikalischen Essayistik aus Wagners erster Pariser Zeit. Dies hier ist ein

Richard Wagner in Begleitung der Kammersänger Albert Niemann und Eugen Gura in der Angermannschen Restauration zu Bayreuth im Jahre 1879

Beethoven mit Bismarck-Zügen. Alles ist aktualisiert im Sinne des Deutsch-Französischen Krieges. Die weltbürgerlichen Gedanken Schillers und Beethovens sind ins Nationalistische transponiert: *So feiern wir denn den großen Bahnbrecher in der Wildnis des entarteten Paradieses! Aber feiern wir ihn würdig – und nicht minder würdig als die Siege deutscher Tapferkeit: denn dem Weltbeglücker gehört der Ruhm noch vor dem Welteroberer!*

Der August 1876 bringt die ersten Bayreuther Festspiele und eine massierte Auffahrt fürstlicher Gäste. Wagner sammelt die Getreuen aus den verschiedenen Lebensepochen um sich: die Wesendonks; Mathilde Maier; auch Liszt ist erschienen und bemüht, die seit langem getrübten Beziehungen zu Tochter und Schwiegersohn wenigstens nach außen hin wiederherzustellen. König Ludwig trifft nachts mit dem Hofzug ein und findet sich nach acht Jahren zum erstenmal

wieder allein mit Richard Wagner. Er besucht die Festspiele, reist dann aber sogleich wieder ab, um seinem neuen Oberherrn nicht begegnen zu müssen, Wilhelm I., dem deutschen Kaiser, dem Sieger von 1866. Richard Wagner empfängt: den bayrischen König, den deutschen Kaiser, den Kaiser von Brasilien, den König von Württemberg, Fürsten, Honoratioren, Künstler aus aller Welt. Es ist kein Volksfest geworden, wie es einst in Zürich erträumt wurde. Allerdings ist das Werk, das hier aufgeführt wird, die Tetralogie, wohl auch nicht zur Kunst höchster Volkstümlichkeit geschaffen.

Friedrich Nietzsche erkennt das immer deutlicher. Die Freundschaft mit Richard und Cosima Wagner ist eigentlich in Triebschen zurückgeblieben. In Bayreuth gab es bereits Zusammenstöße. Der Philosoph legte das «Triumphlied» von Brahms auf das Notenpult des Flügels im Hause *Wahnfried*. Wagner warf es wütend beiseite:

Händel, Mendelssohn und Schumann in Leder gewickelt! Du sollst keine anderen Götter haben. Brahms war als Neben-Gott nicht zu dulden: um so weniger, als Hans von Bülow als Dirigent und Verehrer von Wagner zu Brahms übergegangen war. Brahms bedeutete die Gegenkunst, also: Mendelssohn und Schumann, zu denen offenbar auch Händel als Gegenprinzip gerechnet wurde. Dies alles war bereits Kirche und Ritus.

Trotzdem denkt Wagner nicht daran, stilisiertes Olympiertum zu demonstrieren. Er bleibt gleichzeitig menschlich-allzumenschlich. Die Beziehung zwischen ihm und der Französin Judith Gautier bildet einen privaten Kontrapunkt zum Festspielmonat August 1876. Die Tochter Théophile Gautiers, Gattin des Schriftstellers Catulle Mendès, kannte Wagner schon von Triebschen her. Sie war noch jung, mit Cosima befreundet, sehr intelligent und musikalisch, leidenschaftliche Propagandistin der Wagner-Kunst in Frankreich. Nun wurde sie mehr. Die Briefe Wagners an Judith Gautier künden davon. Es ist keine große Liebe. Spiel, Eitelkeit, Genuß; gelegentlich sind es betuliche, fast tätschelnde Altmänner-Briefe. Dies alles hinter Cosimas Rücken. Abermals die Verflechtung von Liebe, Freundschaft und Verrat. Es fehlen aber die starken *Tristan*-Akzente.

Die Festspiele enden mit einem gewaltigen Defizit. Wiederholungen sind für die nächsten Jahre kaum zu erwarten; es bedarf langwieriger finanzieller Transaktionen, um die Subskribenten und Patrone zu beruhigen. Richard Wagner lebt von nun ab, da seine Gesundheit das nördliche Klima immer weniger verträgt, mit Vorliebe in Italien. Im November 1876 kommt es in der Villa der Malwida von Meysenbug in Sorrent zu einem letzten Beisammensein Wagners und Nietzsches. Wagner sprach von den Gedanken der *Parsifal*-Dichtung, von der Bedeutung, die das christliche Abendmahl von jeher in seinem Empfinden besessen habe, von Reue und Erlösung im christlichen Weltbild. Das war nicht bloß, wie Nietzsche zu erkennen glaubte, eine Wandlung jüngsten Datums, sondern reichte in Wahrheit weit in Wagners Vergangenheit zurück. Die in Triebschen entstandene Selbstbiographie spricht bereits von diesen frühen Abendmahls-Emotionen. Es kommen Momente der inneren Wagner-Welt zur Entfaltung, die stets vorhanden, bloß überdeckt waren, ohne daß Nietzsche sie rechtzeitig erkannte. Wo er den Bruch einer Entwicklung zu erblicken glaubte, in der Parsifal-Theologie, gab es im Grunde die Gipfelung einer bis dahin latenten Entwicklung.

Elisabeth Förster-Nietzsche, deren Zeugnis man mit Vorsicht begegnen sollte, zumal das Ressentiment gegen Cosima nur allzu stark spürbar ist, will einen Ausspruch Wagners von damals überliefert haben: *Die Deutschen wollen jetzt nichts von heidnischen Göttern und Helden hören, die wollen was Christliches sehen.* Das ging auf das Festspiel-Defizit, aber auch auf den «Zeitgeist» von 1876. Die fünf Milliarden Goldfranken französischer Kriegsentschädigung hatten in der Wirtschaft des deutschen Reiches eine gewaltige Gründerkonjunktur hervorgerufen, der jetzt die Krise nachfolgte.

Zwanzig Jahre vorher war Schopenhauers Pessimismus zeitgemäß gewesen; jetzt schien sich ein zeitgemäßes Christentum anzukündigen, dem Nietzsche zu widerstehen gedachte, dem aber Wagner in dieser neuen Lebens- und Schaffensphase weit entgegenkam.

Auch zur Entstehung des *Parsifal* gehört die auslösende Vision. Sie reicht zurück bis zum Karfreitag des Jahres 1857. Es war kurz vor dem Einzug in das Asyl auf dem grünen Hügel. Wagner stand vor seinem Häuschen und erblickte die Frühlingslandschaft am Züricher See. Karfreitagmorgen und Blühen der Natur. Hier lag die Keimzelle des späteren Bühnenweihfestspiels: auch ein musikalischer Höhepunkt der *Parsifal*-Partitur war damit gegeben. Den Handlungsverlauf – noch unter dem Titel *Parzival* – hat Wagner nach seiner Gewohnheit als epische Erzählung in den letzten Augusttagen des Jahres 1865 niedergeschrieben. Nachdem die Trennung zwischen Tristan und Parsifal vollzogen, auch das «buddhistische» Dramenprojekt *Die Sieger* abgetan war, drängte sich der *Parsifal* immer deutlicher als noch zu leistendes Abschlußwerk auf. Für Wagner war es selbstverständlich geworden, nach den Bayreuther Aufführungen an diese letzte Arbeit zu gehen. Am 22. Juli 1877 berichtete er dem König aus Bad Ems von der Vollendung der Dichtung:

Ja, ja! Alles ist leidenvoll! Doch Eines erhebt uns immer wieder aus dem Chaos der täglich, ja stündlich empfangenen Eindrücke der Gemeinheit und des Widerwärtigen, nämlich: der große, Alles überschauende Blick, mit welchem der auserwählte Freund uns Mitleiden zustrahlt. Da kommen dann die Augenblicke, die eine besondere Begabung uns zu weihevollen Stunden auszudehnen hilft, welche wir dann, wiederkehrend, durch ganze Folgen von Tagen festzuhalten vermögen. Solche Tage waren es, die mir, in der Flucht vor Ekel und Grauen, die Stimmung eingaben, die Dichtung des «Parsifal» zu verfassen. – Hier liegt sie vor Ihnen! Möge sie Ihnen einiges Gefallen bereiten, und Sie vielleicht in der Annahme bestärken, daß es nicht ganz wertlos sei, mich noch einige Jahre meiner Kunst zu erhalten.

In Demut grüßt unsren hohen Herren mein edles Weib, mein Haus und Kind! Mit unsterblichem Entzücken blicke ich zu dem Erhabenen auf, als

Sein
ewiges Eigen
Richard Wagner

Darauf begann die Komposition. Am Nachmittag des 3. Mai 1879 erhielt der König ein Telegramm, das kurz vorher in Bayreuth aufgegeben worden war:

Dritter Mai! Holder Mai!
Dir sei mein Lob gespendet!
Winters Herrschaft ist vorbei
und Parsifal vollendet.

1882

Bedeutet der *Parsifal* einen Bruch in Wagners Lebenstradition? Der erste Eindruck spricht für eine überwältigende geistige Kontinuität. Kaum eines der Lebens- und Werkmotive, das sich nicht wiederfände. Parsifal steht wie Tannhäuser zwischen himmlischer und irdischer Liebe; er entstrebt der Vermischung mit irdischen Empfindungen wie Lohengrin. (Daß sich eben dieser Lohengrin der Mythologie, die Wagner 1845 noch respektierte, als Sohn des Gralskönigs Parzival zu erkennen gibt, läßt sich schwer mit der späteren Gestalt des Parsifal vereinbaren.) Parsifal ist außerdem Siegfried; Wagner hat die etymologische Spielerei übernommen und macht aus dem törichten Reinen «Falparsi» den «reinen Toren Parsifal». Parsifal ist reiner Tor wie Siegfried: Gegner der Erörterungen, Fragen, Erklärungen. Reine Innerlichkeit und reine Tat: das ist die deutsche Mischung, die Wagner für Siegfried wie für Parsifal bereit hält. Amfortas weist zurück auf Tannhäuser und Tristan. Kundry ist Venus und Elisabeth in einem, jungdeutsche Huldin und Heilige. Klingsors Liebesfluch weist hinüber zu Alberich; das Wissen des Gurnemanz gehört zu Wotans gleichfalls hoffnungslosem und ohnmächtigem Weltwissen.

Auch der Charakter des Mysterienspiels ist im *Nibelungenring* bereits vorgebildet. Die menschliche Welt ist nur noch symbolisch genommen, nicht mehr real; damit entfällt alle Möglichkeit echter Tragik. Die frühen Wagnerwerke seit dem *Holländer* boten den romantischen Kontrast der Menschen- und Geisterwelt. *Tristan* und *Meistersinger* waren allein im Hier und Jetzt, unter Menschen, angesiedelt. Tragik im *Nibelungenring* gab es überall dort, wo Menschen aneinander litten, ohne daß Götter und Weltgeist zu lenken vermochten. Wo Wunder und Göttermacht einsetzten, löste sich die tragische Konstellation auf. Tragisch war Siegmunds Liebe zu Sieglinde, nicht Siegmunds Tod. Im *Parsifal* ist Wagner erschreckend folgerichtig: das Göttliche allein entscheidet, der Mensch dient in allem Tun und Irren nur dem vorgefaßten Heilsplan. Damit aber entfällt alle Ergriffenheit vor menschlichem Tun und Leiden; Verehrung soll allein dem Transzendenten gezollt werden. Das bedeutet die Anrufung einer außerkünstlerischen Instanz.

Während der Komposition der *Parsifal*-Musik hatte Wagner an Judith Gautier geschrieben: *Hilf mir ... habe mich lieb: dafür wollen wir aber nicht den protestantischen Himmel abwarten, da es dort sicher sehr langweilig sein wird ...* Eine sonderbare Ideenverknüpfung, die damit zusammenhängt, daß der *Parsifal* das Ergebnis einer Privat-Theologie Richard Wagners darstellt als ein Geflecht aus altpersischen, altindischen, christlichen Mysterien, aus jungdeutscher Sinnlichkeit und Schopenhauers Welterlösungsphilosophie, bewirkt jedoch, daß dieses Bühnenweihfestspiel, das in seinem Ablauf so stark katholisierende Züge zeigt, gleichzeitig einer schroffen kalvinistischen Prädestination verhaftet bleibt. Alles ist nach einem Heilsplan vorherbestimmt: die Erlösung der Kundry, des Amfortas, die Entscheidung Parsifals zwischen Sinnenglück und Seelenfrieden. Das Traumgesicht des Amfortas hat alles vorhergesagt:

Durch Mitleid wissend,
der reine Tor,
harre sein',
den ich erkor.

Parsifals erster Auftritt macht diese untragische Vorherbestimmung geradezu überdeutlich. Gurnemanz berichtet den vier Knappen von dem Traumspruch. Die Knappen wiederholen ergriffen und sehr leise die Verheißung. Sie intonieren dabei das Parsifal-Motiv. Die Es-dur-Fermate bei dem Worte *Tor* wird lang ausgehalten, dann folgt *lebhaft und schnell* in B-dur der Eintritt der neuen Szene mit Schwan, Rittern, Auftritt Parsifals. Soeben noch sprach man vom unbekannten, aber vorherbestimmten Erlöser, da tritt er bereits auf. Geschickte Theaterkunst verbindet sich einer Theologie strenger Willensunfreiheit. Weit stärker noch als im *Nibelungenring* hat sich das Aktionsspiel der Tragödie, auch des bürgerlichen Trauerspiels, ins Passionsspiel verwandelt.

Darum auch sind Kundry oder Amfortas nicht wahrhaft tragische Gestalten. Der Nietzscheaner Kurt Hildebrandt, der bei seinem Meister den bösen Blick für Wagners Schwächen erlernte, sah Kundry so: «Die hysterische Somnambule, die tierisch grunzende Mißgestalt – das Weib als Urbild der Sünde.» Von der Erotik der Blumenmädchen meint er: «Gemeinheit, aus begrifflicher Klügelei erfunden, ohne tierische Säfte, ist unerträglich.» Etwas ist daran. Kundry ist eine erstaunliche Dramengestalt; Thomas Mann fand sie überaus interessant, was nicht verwundern darf. Dennoch ist sie weit mehr Idee als Gestalt. Ihr männlicher Partner in Wagners Werk, der fliegende Holländer, war ein Gespenst mit menschlichen Zügen: die Ursachen des Fluches traten zurück vor dem Leid durch Umherirren. Kundrys Passion ist so eng mit der eigentlichen Passionsgeschichte verbunden, daß nur dort ein tragischer Abglanz auf ihr liegt, wo sie davon berichtet: *Ich sah – Ihn – Ihn – und – lachte* . . . Die

Musik ist adäquat: die Stimme stürzt hinab, fast durch zwei Oktaven, vom hohen H bis hinunter zum Cis. Das Orchester hält die Dissonanz E, Cis, G, H.

Amfortas ist gleichsam ein Lohengrin nach der wirklichen Vereinigung mit Elsa. Seine Männlichkeit hat über das geistig-geistliche Amt gesiegt. Das könnte einen tragischen Konflikt ergeben: den des sündigen Priesters gleichsam. Der obwaltende Heilsplan aber verhindert die wirkliche Erschütterung. Amfortas muß sündigen, damit er entsühnt werden kann; alle Entscheidungen sind nur als Vorzeichen der Bedingungen für Parsifals Auftreten verstanden, und das ist in seinem Ablauf gleichfalls vorherbestimmt . . .

Die *Parsifal*-Musik hat Nietzsche in einem Bänkelgesanggedicht illustrieren wollen. Es steht in dem Buch «Jenseits von Gut und Böse» am Ende des Abschnittes, der durch jene Analyse des *Meistersinger*-Vorspiels eingeleitet worden war:

Ist Das noch deutsch?
Aus deutschem Herzen kam dies schwüle Kreischen?
Und deutschen Leibs ist dies Sich-selbst-Entfleischen?
Deutsch ist dies Priester-Händespreizen,
Dies weihrauch-düftelnde Sinne-Reizen?
Und deutsch dies Stocken, Stürzen, Taumeln,
Dies ungewisse Bimbambaumeln?
Dies Nonnen-Äugeln, Ave-Glocken-Bimmeln,
Dies ganze falsch verzückte Himmel-Überhimmeln?
— Ist Das noch deutsch? —
Erwägt! Noch steht ihr an der Pforte: —
Denn, was ihr hört, ist Rom —, Rom's Glaube ohne Worte!

Die Musik ist aber nicht nur dies. Gewiß arbeitet sie sehr stark mit bewährten Rezepten. Das Vorspiel bemüht sich, die Effekte des *Lohengrin*-Vorspiels und des *Rheingold*-Beginns gleichsam zu kombinieren: Gralsstimmung diesmal nicht im Geigenglanz herabschwebend in A-dur, sondern in As-dur aus den tiefen Streichern langausgehalten aufsteigend mit den Rheingoldakzenten des Urerlebnisses. Die Farbgebung paßt dazu. Die Lohengrin-Violinen galten dem Ritter in *lichter Waffen Scheine;* Parsifal aber ist der schwarze Ritter mit geschlossenem Visier zwischen Tod und Teufel. Die Instrumentierung ist durchaus meisterhaft und vermag auf weite Strecken eine gewisse Spärlichkeit der eigentlichen musikalischen Erfindung zu überspielen. Dennoch wäre es unrecht, die ewige Wiederkehr der gleichen Motive, wie das oft geschehen ist, als Erfindungsarmut des späten Wagner zu bezeichnen. Die Umformung und Wiederholung des stets Gleichen hat durchaus mit dem Werk zu tun, in welchem man sie findet: die Wiederholung ist hier gleichsam ein liturgisches, statisches, konservierendes Element. Wiederholung bedeutet Belehrung für Unmündige: bis auch der stumpfe Hörer erfaßt hat, was die Leitmotive bedeuten sollen. Die ehemals angestrebte Volkstümlichkeit wird aus hochmütigem, nicht demütigem Herzen zubereitet.

Neben der gesuchten musikalischen Einfalt aber stehen höchste harmonische Kühnheiten. Parsifals Auftaumeln aus Kundrys Umarmung, mit den chromatisch niederstürzenden Achtelnoten, die von einer gleichfalls chromatisch aufsteigenden Gegenbewegung in punktierten Achteln begleitet werden, der Schrei *Amfortas! Die Wunde! —*,

das wirre Auffahren und Niederfallen der Orchesterfiguren: das ist ganz ungewöhnlich und vergleichslos. Aber die konventionelle Verklärung des Schlusses mit As-dur und Des-dur und As-dur und rotglühendem Gral und chorus mysticus bleibt zu tragen peinlich. Alle

Scaria als Gurnemanz, Winkelmann als Parsifal und die Materna als Kundry in der Uraufführung des «Parsifal» am 26. Juli 1882 in Bayreuth

Einwände, die seit der Uraufführung gegen derlei theaterwirksamen Gottesdienstersatz erhoben wurden, sind durch die Nachwelt bestätigt, nicht entkräftet worden.

Die Uraufführung des *Parsifal* fand am 26. Juli 1882 im Festspielhaus statt. König Ludwig blieb fern. In einem Brief vom 8. Juli hatte ihn Wagner zwar angefleht, doch zu kommen, hatte auch eine Sonder-Aufführung angeboten, aber trotz aller untertänigen Wendungen entschieden die Forderung abgelehnt, den *Parsifal* für den

König in München aufführen zu lassen. Der Brief war unterzeichnet: *der ich gern und inbrünstig wünsche, b a l d zu sterben als meines angebetenen Herrn allergetreuester K n e c h t Richard Wagner.* In der Sache selbst aber gab er nicht nach. Im November 1880 hatte er in München für Ludwig das *Parsifal*-Vorspiel dirigiert, die vom König geforderte Wiederholung dann aber durch den Münchener Kapellmeister Hermann Levi leiten lassen. Levi holte er sich auch, allen Gedanken über das *Judentum in der Musik* zum Trotz, als Leiter der *Parsifal*-Uraufführung nach Bayreuth. Ludwig und Wagner, Sänger und König, hatten sich an jenem November 1880 zum letztenmal gesehen. Ein Jahr später (1881) wurde die Tetralogie zum erstenmal außerhalb von Bayreuth in Berlin aufgeführt. Wagner und Cosima waren zugegen. Kurz darauf traf Cosima mit Hans von Bülow zusammen, um über das Schicksal der beiden ältesten Töchter zu beraten. Wagner und Bülow waren einander seit der Münchener Uraufführung der *Meistersinger* nie wieder begegnet. Mit Franz Liszt kam ein Lebenskompromiß zustande; er traf zur *Parsifal*-Aufführung in Bayreuth ein. Sechzehn Aufführungen fanden statt; der gesellschaftliche Rahmen entsprach den Erfahrungen von 1876. In der letzten Aufführung erschien Wagner, unsichtbar für das Publikum, im mystischen Orchesterabgrund, um den Schlußakt selbst zu leiten. Er war nachher sehr traurig und von Todesahnungen erfüllt. Sein Schlußbericht über *Das Bühnenweihfestspiel in Bayreuth 1882* ist sehr merkwürdig:

Verdankte ja auch der «Parsifal» selbst nur der Flucht vor derselben (der Welt) *seine Entstehung und Ausbildung! Wer kann ein Leben lang mit offenen Sinnen und freiem Herzen in diese Welt des durch Lug, Trug und Heuchelei organisierten und legalisierten Mordes und Raubes blikken, ohne zuzeiten mit*

Hofkapellmeister Hermann Levi, der Dirigent der Uraufführung

schaudervollem Ekel sich von ihr abwenden zu müssen? Wohin trifft dann sein Blick? Gar oft wohl in die Tiefe des Todes. Dem anders Berufenen und hierfür durch das Schicksal Abgesonderten erscheint dann aber wohl das wahrhaftigste Abbild der Welt selbst als Erlösung weissagende Mahnung ihrer innersten Seele. Über diesem wahrtraumhaften Abbilde die wirkliche Welt des Truges selbst vergessen zu dürfen, dünkt dann der Lohn für die leidenvolle Wahrhaftigkeit, mit welcher sie eben als jammervoll von ihm erkannt worden war.

Der Schlußbericht und auch die Rede an die Künstler hatten mit Hoffnung auf Wiedersehen und Wiederholung im Jahre 1883 geschlossen. Dann trat Wagner seine letzte Fahrt nach Italien an. Im Palazzo Vendramin zu Venedig waren 18 Zimmer des oberen Stockwerkes gemietet worden. Hier entstanden die letzten Schriften. Wagner hatte seit langem darauf verzichtet, nur zu Fragen der Kunst, seiner Kunst, das Wort zu ergreifen. Die Forderung nach allseitiger Geltung, nach widerspruchsloser Annahme seiner Gedanken, hatte ihn eigentlich seit dem Herrschaftsantritt in Bayreuth dazu geführt, zu allen Fragen eine Lehrmeinung zu verkünden. Das konnte nicht ohne geheime Komik abgehen. Die Schrift etwa über *Religion und Kunst* von 1880 enthielt folgendes erstaunliche Dekret:

Dennoch könnte man, und dies zwar aus starken inneren Gründen, selbst den heutigen Sozialismus als sehr beachtenswert von seiten unsrer staatlichen Gesellschaft ansehen, sobald er mit den drei zuvor in Betracht genommenen Verbindungen der Vegetarianer, der Tierschützer und der Mäßigkeitspfleger, in eine wahrhaftige und innige Vereinigung träte.

Ein offener Brief an Heinrich von Stein, in Venedig am 31. Januar 1883 unterzeichnet, zeigt Wagner als allzu getreuen Schüler der Rassenlehre Gobineaus. Den deutschen Stämmen wird *durch Zurückgehen auf ihre Wurzeln eine Fähigkeit zugesprochen, die der gänzlich semitisierten sogenannten lateinischen Welt verloren gegangen ist.* Dies ist die letzte Form der Auseinandersetzung mit den Pariser Hungerjahren 1839—1842. Auch den Gedanken der Anarchie hat er beibehalten. Die Skizze einer gesellschaftlichen Zukunft, wie Wagner sie zwei Wochen vor seinem Tode entwirft, vermag *Staat und Kirche . . . nur als abschreckende warnende Beispiele* anzuführen. Anarchie verbindet sich mit eigener, wagnerischer Theologie. Bayreuth gedenkt keine andere Kirche neben sich zu dulden.

Am 13. Januar, einen Monat vor Wagners Tode, verließ Liszt die Familie Wagner, mit der er bis dahin den Winter verbracht hatte, um nach Budapest zu fahren. Am Nachmittag des 13. Februar erlag Richard Wagner einem Herzanfall. Auf seinem Schreibtisch lag ein unvollendetes Manuskript *Über das Weibliche im Menschlichen;* es war als Abschluß-Essay zu den Aufsätzen über Religion und Kunst gedacht. Die letzten Sätze, die Wagner schrieb, führten zurück zu seinen Anfängen, in die Welt jungdeutscher Sinnlichkeit und Frauenemanzipation, zum *Liebesverbot: Gleichwohl geht der Prozeß der*

Emanzipation des Weibes nur unter ekstatischen Zuckungen vor sich. Liebe — Tragik.

Wagners Leiche wurde unter feierlichem Geleit, mit königlichen Ehren, von Italien nach Deutschland gebracht. An der bayrischen Grenze empfing der Beauftragte König Ludwigs den Trauerzug, um die Kränze des Königs zu überreichen. Auch in München wartete eine riesige Menschenmenge. Der König erschien nicht. Der Leichenzug wurde in Bayreuth empfangen und nach *Wahnfried* geleitet, wo die Kinder den Sarg erwarteten. Cosima nahm an der Beisetzung nicht teil. Auch Franz Liszt war nicht erschienen. Die ganze Stadt ehrte ihren Bürger Richard Wagner, aber der Theaterdirektor Angelo Neumann schrieb doch: «Mir war es, als hätte ein Gott uns verlassen: und alles, was da in Bayreuth geschah, hätte ebensogut einem wackeren Bürger dieser Stadt gelten können.»

Die Musikentwicklung ging weiter: in Wagners Bahnen und Gegenbahnen. In diesem Todesjahr 1883 entstand die 7. Symphonie Anton Bruckners, des Wagner-Verehrers, die in ihrem langsamen Satz der Trauer über Wagners Tod in Wagnerklängen Ausdruck

Der Palazzo Vendramin in Venedig

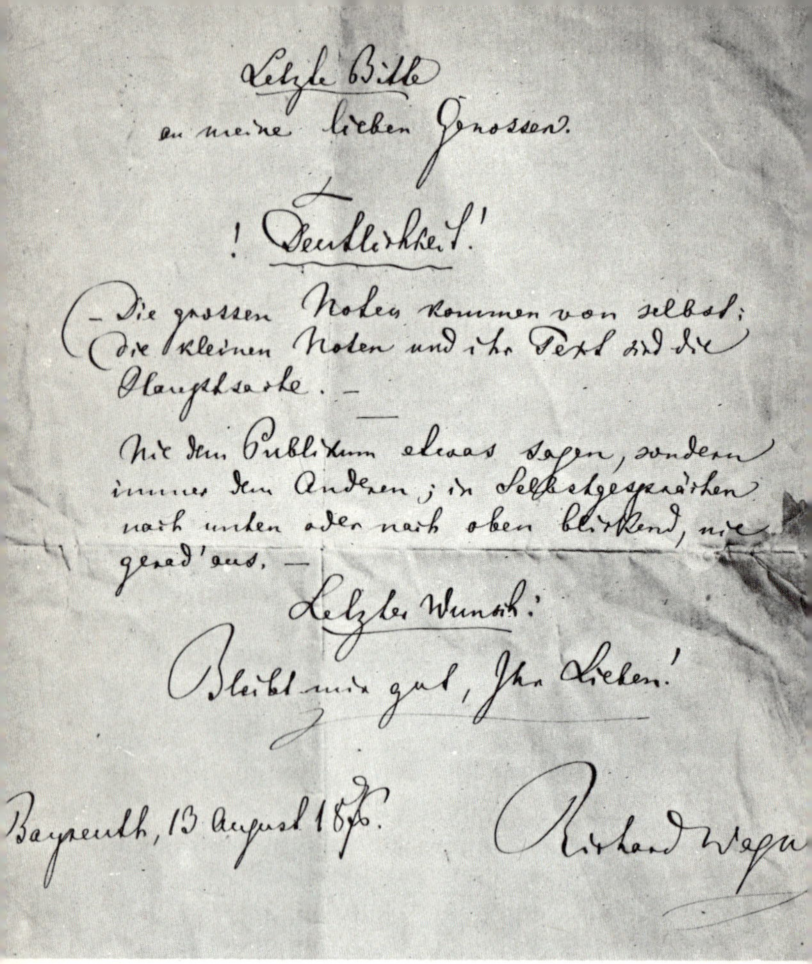
Letzte Bitte
an meine lieben Genossen.

! Deutlichkeit!

— Die grossen Noten kommen von selbst; die kleinen Noten und ihr Text sind die Hauptsache. —

Nie dem Publikum etwas sagen, sondern immer dem Anderen; in Selbstgesprächen nach unten oder nach oben blickend, nie gerad'aus. —

Letzter Wunsch:

Bleibt mir gut, Ihr Lieben!

Bayreuth, 13 August 1876. Richard Wagner

«Letzte Bitte». Von Richard Wagner am 13. August 1876 — sieben Jahre vor seinem Tode — niedergeschrieben

gibt; aber damals beendete auch Brahms seine 3. durchaus wagnerferne Symphonie. Cosima starb am 1. April 1930 in Bayreuth; sie wurde im Garten von *Wahnfried* an der Seite des Gatten beigesetzt. Die Welt des 19. Jahrhunderts war längst vergangen. Wagner ist geblieben: das Werk dieses großen Künstlers, aber auch, lange nach Nietzsches Tod, der «Fall Wagner».

ZEITTAFEL

1813	22. Mai. Richard Wagner in Leipzig als Sohn des Polizeiaktuars Carl Friedrich Wilhelm Wagner geboren.
	23. November. Tod des Vaters
1814	28. August. Wagners Mutter heiratet den Schauspieler und Dichter Ludwig Geyer. Übersiedlung der Familie nach Dresden
1822—1827	Wagner auf der Kreuzschule in Dresden
1828—1830	Besuch des Nicolai-Gymnasiums in Leipzig
1830	Auf der Thomas-Schule in Leipzig
1831	An der Leipziger Universität als Student der Musik immatrikuliert. Schüler Theodor Weinligs
1833	Chordirektor in Würzburg
1834	Sommer. Musikdirektor der Theatertruppe in Lauchstädt
1834—1836	Musikdirektor am Theater in Magdeburg
1836	24. November. Wagner heiratet Minna Planer. Trauung in Tragheim bei Königsberg
1837	1. April. Antritt der Musikdirektorstelle am Theater in Königsberg
	21. August. Wagner trifft in Riga ein und bekleidet dort bis Anfang 1839 eine Stellung als Musikdirektor am Theater
1839	17. September. Das Ehepaar Wagner trifft nach einem Aufenthalt in London in Paris ein
1840—1842	Wagner in Paris. Literarische Veröffentlichungen in der ‹Gazette musicale de Paris›
1842	April. Wagner kehrt nach Deutschland zurück und begibt sich nach Dresden
	20. Oktober. Uraufführung des *Rienzi* am Hoftheater zu Dresden
1843	2. Januar. Uraufführung des *Fliegenden Holländer*s am Dresdner Hoftheater
	2. Februar. Ernennung zum Königlich Sächsischen Hofkapellmeister
1844	Wagner dirigiert die Erstaufführung des *Fliegenden Holländers* in Berlin
1845	19. Oktober. Uraufführung des *Tannhäuser* in Dresden
1846	5. April. Wagner dirigiert zum erstenmal Beethovens 9. Symphonie im sog. alten Dresdner Opernhaus am Zwinger
1849	Mai. Beteiligung an der Dresdner Revolution. Wagner wird steckbrieflich verfolgt und begibt sich nach Zürich ins Exil
1850	Reisen durch Frankreich. Intermezzo mit Jessie Laussot
	28. August. Uraufführung des *Lohengrin* am Hoftheater in Weimar
1852	Wagner lernt Otto und Mathilde Wesendonk kennen
	Sommer. Reise durch Oberitalien
1853	18., 20. u. 22. Mai. Wagners berühmte Maikonzerte in Zürich
	2. Juli. Franz Liszt trifft in Zürich ein
1855	Wagner dirigiert 8 Konzerte in London
1857	28. April. Einzug in das von den Wesendonks hergerichtete ‹Asyl auf dem grünen Hügel› bei Zürich
	31. August. Hans und Cosima von Bülow auf ihrer Hochzeitsreise in Zürich zu Gast
1858	Wagner verläßt das ‹Asyl› in Zürich und begibt sich nach Italien

1859	Wieder in der Schweiz Reise nach Paris
1860	Januar-Februar. Drei Konzerte im Italienischen Theater in Paris
	März. Konzerte in Brüssel
	11.–18. August. Nach der Teilamnestie des sächsischen Königs zum erstenmal wieder in Deutschland
1861	13. März. *Tannhäuser*-Erstaufführung in der Großen Oper Paris
	15. Mai. Aufführung des *Lohengrin* in der Wiener Hofoper
1862	1. Februar. Wagner verläßt Paris und kehrt nach Deutschland zurück. Aufenthalt in Mainz, Biebrich, Karlsruhe, Dresden und Wien
1863	März-April. Konzerte in Petersburg und Moskau
	Juli. Konzerte in Budapest
	November. Konzerte in Prag und Karlsruhe
	Dezember. Wieder in Wien
1864	4. Mai. Erste Begegnung zwischen Ludwig II. und Wagner in der Münchner Residenz. Übersiedlung nach München
1865	10. Juni. Uraufführung von *Tristan und Isolde* im Münchner Hoftheater. Dirigent Hans von Bülow
1866	25. Januar. Minna Wagner stirbt in Dresden
	15. April. Einzug in Triebschen/Luzern
1868	21. Juni. Uraufführung der *Meistersinger* im Münchner Hoftheater
	8. November. Wagner lernt in Leipzig Friedrich Nietzsche kennen
1869	6. Juni. Siegfried Wagner, Richard Wagners und Cosima von Bülows drittes Kind, in Triebschen geboren
	22. September. Uraufführung des *Rheingold* in München
1870	26. Juni. Uraufführung der *Walküre* in München
	25. August. Am Geburtstag Ludwigs II. heiratet Wagner Cosima von Bülow
1871	April. Wagner zum erstenmal in Bayreuth
	3. Mai. Empfang bei Bismarck in Berlin
1872	22. April. Wagner verläßt Triebschen und siedelt nach Bayreuth über
	22. Mai. An Wagners 59. Geburtstag Grundsteinlegung zum Bayreuther Festspielhaus
1873	Februar. Rückkehr nach Bayreuth
1874	28. April. Haus Wahnfried wird bezogen
1876	13.–17. August. Eröffnung der Bayreuther Festspiele mit der Erstaufführung von Wagners *Ring des Nibelungen* in Anwesenheit Kaiser Wilhelms I.
	Ende Oktober. In Sorrent letzte Begegnung mit Nietzsche
1877	17. Mai. Wagner von Königin Victoria von England in Schloß Windsor empfangen
1882	26. Juli. Uraufführung des *Parsifal* im Bayreuther Festspielhaus
	14. September. Wagner reist mit seiner Familie nach Venedig
1883	13. Februar. Tod Richard Wagners im Palazzo Vendramin-Calergi in Venedig
	16. Februar. Beisetzung im Garten von Haus Wahnfried

FRANZ LISZT

Die Opposition, welche Wagner bis jetzt erfahren mußte, ist in vorübergehenden Ursachen, in künstlerischen, um nicht zu sagen: in künstlichen Gewohnheiten begründet. Die Sympathien, welche er erweckte, sind wesentlich deutsch und national, und darum werden sie es sein, welche Sieger auf dem Kampfplatze bleiben; denn es wäre in den Annalen eines Volkes ein unerhörtes Faktum, daß es nachhaltig einen Autor verläugnete, der seine Sagen und Geschichte, seine Tradition und Gefühlsweise mit den seinem Genius eigentümlichen Kunstformen lebendig in sich aufgenommen und verherrlicht hat. Wagner ist der Begründer der deutschen Oper oder des musikalischen Dramas. *Wagners Fliegender Holländer. Kritik. 1859*

PETER TSCHAIKOWSKY

Ich muß sagen, daß jeder, der an die zivilisatorische Kraft der Kunst glaubt, von Bayreuth einen sehr erquickenden Eindruck mit fortnehmen muß angesichts dieses großartigen künstlerischen Unternehmens, das durch seinen inneren Wert und seine Wirkung geradezu einen Markstein in der Geschichte der Kunst bilden wird ... Sicher ist, daß sich in Bayreuth etwas vollzogen hat, woran sich noch unsere Enkel und Urenkel erinnern werden.

Erinnerungen an Bayreuth. 1876

LUDWIG SPEIDEL

Nein, nein und dreimal nein, das deutsche Volk hat mit dieser nun offenbar gewordenen musikdramatischen Affenschande nichts gemein. Und sollte es an dem falschen Golde des Nibelungenrings einmal wahrhaftes Wohlgefallen finden, so wäre es durch diese bloße Tatsache ausgestrichen aus der Reihe der Kulturvölker des Abendlands. *Kritik. 1876*

Richard Wagner und Anton Bruckner. Schattenbild von Otto Böhler

Friedrich Nietzsche

Richard Wagner bleibt, bloß in Hinsicht auf seinen Wert für Deutschland und deutsche Kultur abgeschätzt, ein großes Fragezeichen, ein deutsches Unglück vielleicht, ein Schicksal in jedem Falle: aber was liegt daran? Ist er nicht sehr viel mehr, als bloß ein deutsches Ereignis? Es will mir sogar scheinen, daß er nirgendswo weniger hingehört als nach Deutschland; nichts ist daselbst auf ihn vorbereitet, sein ganzer Typus steht unter Deutschen einfach fremd, wunderlich, unverstanden, unverständlich da. Aber man hütet sich, sich das einzugestehen: dazu ist man zu gutmütig, zu viereckig, zu deutsch . . . Der deutsche Geist hat zu allen Zeiten in psychologicis der Feinheit und Divination ermangelt. Heute, wo er unter dem Hochdruck der Vaterländerei und Selbstbewunderung steht, verquickt und vergröbert er sich zusehends: wie sollte er dem Problem Wagner gewachsen sein!

Der Wille zur Macht. 1884–1888

Johannes Brahms

Wagner, das ist jetzt der Erste. Da kommt lange nichts nach ihm. Alles andere verschwindet momentan vor seiner Bedeutung, die nicht sobald einer begreift oder würdigt, so wie ich und gewiß am allerwenigsten die Wagnerianer.

Gerhart Hauptmann

Ich sehe Wagners Kunst heute als künstlerisches Urphänomen, stammend aus einer Zeit vor aller deutschen Kunst, auch Musik. Ich bin weit davon entfernt, mich an Richard Wagner deutschtümelnd zu entzücken; denn er ist ebenso griechisch wie deutsch, ebenso asiatisch wie europäisch. Ein Werk wie der Ring ist, was Ursprung, Wachstum und Vollendung anlangt, das einzige seiner Art in der Welt und vielleicht das rätselhafteste Kunstgebilde der letzten Jahrtausende. Kultur hat damit nichts zu schaffen, und es hat nichts mit Kultur zu schaffen. Es hat nichts mit dem deutschen Rhein, den germanischen Göttern und den Nibelungen zu schaffen, und alle diese schönen Sachen haben nichts mit ihm zu schaffen. Es hat auch nichts zu tun mit Christentum, obgleich es ganz und gar etwas Offenbartes ist.

Wer sie verstehen will, muß nicht in dieser Kunst ertrinken, auch nicht darin schwimmen. Er muß sie als das Große, Ewigfremde willkommen heißen. Man könnte sie gleichnisweise als einen unterirdisch hervorbrechenden kochenden Geysir bezeichnen, der ein unbekanntes glühendes Element emporschleudert aus dem Erdinnern, das die menschliche Seele, die es benetzt, von den Schlacken der letzten Jahrtausende rein baden und rein brennen kann. *Marginalie 1911*

Romain Rolland

Er ist eine große Lehre für das Drama, dieser Mensch, der im Drama frivole Spiele, nichtige Episoden unterdrückt und es einzig auf das Innenleben beschränkt und auf die lebenden Seelen. Dadurch ist er unser Meister, ein wahrhaftigerer, redlicherer, stärkerer Meister, vorbildlicher trotz seiner Irrtümer als alle Meister des literarischen Theaters seiner Zeit.

Ich ertappe mich dabei, daß die Kritik in diesen kurzen Bemerkungen mehr Raum eingenommen hat, als ich ihr einräumen wollte. Und doch, wie liebte ich den «Tristan»! Welch ein berauschendes Getränk war er jahrelang für uns, für unsere Altersgenossen! Hat er nichts von seiner Größe verloren? Nein, sie bleibt unberührt; «Tristan» ist weiterhin der höchste Gipfel der Kunst seit Beethoven. *1908*

Richard Strauss

Ich hörte unlängst wieder die «Meistersinger», ein unerhörtes Werk. Seitdem verläßt mich der Wunsch nicht, auch noch ein Werk dieser Art zu schreiben – leider natürlich nur in gehörigem Abstand. Aber immerhin so ein richtiges deutsches Werk, ein gutes Theaterstück, zugleich ein echtes deutsches Kulturdokument. Als bester stofflicher Hintergrund erscheint mir hierfür der uralte Gegensatz zwischen romanischer Kunst und deutscher – der sich entsprechend den drei Typen Walther, Sachs, Beckmesser, in drei Repräsentanten der Musik und Poesie verkörpern müßte.

An Hugo von Hofmannsthal. 1927

Thomas Mann

Leidend und groß wie das Jahrhundert, dessen vollkommener Ausdruck sie ist, das neunzehnte, steht die geistige Gestalt Richard Wagners mir vor Augen. Physiognomisch zerfurcht von allen seinen Zügen, überladen mit allen seinen Trieben, so sehe ich sie, und kaum weiß ich die Liebe zu seinem Werk, einem der großartig fragwürdigsten, vieldeutigsten und faszinierendsten Phänomene der schöpferischen Welt, zu unterscheiden von der Liebe zu dem Jahrhundert, dessen größten Teil sein Leben ausfüllt, dies unruhvoll umgetriebene, gequälte, besessene und verkannte, in Weltruhmesglanz mündende Leben ...

Wagners Kunst ist die sensationellste Selbstdarstellung und Selbstkritik deutschen Wesens, die sich erdenken läßt, sie ist danach angetan, selbst einem Esel von Ausländer das Deutschtum interessant zu machen, und die leidenschaftliche Beschäftigung mit ihr ist immer zugleich eine leidenschaftliche Beschäftigung mit diesem Deutschtum selbst, das sie kritisch-dekorativ verherrlicht.

Leiden und Größe Richard Wagners. 1933

WERKVERZEICHNIS

1. Instrumental- und Vokalwerke

Arrangement von Beethovens 9. Symphonie für Klavier. 1830
Paukenschlag-Ouvertüre in B-dur. 1830
Klaviersonate in B-dur. 1832
Konzert-Ouvertüre in d-moll. 1831
Ouvertüre und Schlußmusik zu «König Enzio». 1832
Große Konzert-Ouvertüre in C-dur für Orchester. 1832
Sieben Kompositionen zu Goethes Faust. 1832
Symphonie in C-dur. 1832
Ouvertüre Polonia. Begonnen 1832, beendet 1836
Neujahrs-Kantate zum 1. Januar 1835
Ouvertüre «Rule Britannia». 1837
Hymne zur Thronbesteigung des Zaren Nikolaus. 1837
Maria Stuarts Abschied. Lied. 1840
Die beiden Grenadiere. Lied. 1839/1840
Faust-Ouvertüre. 1840
Das Liebesmahl der Apostel. Eine biblische Scene für Männerstimmen und Orchester. 1843
Gruß seiner Treuen an Friedrich August den Geliebten. Für Männerstimmen. 1844
Zur feierlichen Heimbringung der sterblichen Überreste Carl Maria von Webers. Trauermarsch und Gesang. 1844
Sonate für das Album der Frau M. W. 1853
Fünf Gedichte von Mathilde Wesendonk für eine Frauenstimme. 1857/1858
Zwei Albumblätter in C-dur und As-dur. 1861
Huldigungsmarsch zum 19. Geburtstag König Ludwigs II. 1864
Siegfried-Idyll für kleines Orchester. 1870
Kaisermarsch für großes Festorchester und Volksgesang. 1871
Albumblatt in Es-dur. 1875
Großer Festmarsch zur Eröffnung der 100jährigen Gedenkfeier der Unabhängigkeitserklärung der Vereinigten Staaten. 1876

2. Dramatische Werke

Die Feen. Romantische Oper in drei Akten. 1833
Das Liebesverbot oder: Die Novize von Palermo. Große komische Oper in zwei Akten. 1834 – 1836
Rienzi, der letzte der Tribunen. Große tragische Oper in fünf Akten. 1838 – 1840
Der fliegende Holländer. Romantische Oper in drei Aufzügen. 1841
Tannhäuser oder Der Sängerkrieg auf der Wartburg. Handlung in drei Aufzügen. 1842–1845
Lohengrin. Romantische Oper in drei Akten. 1845 – 1848
Tristan und Isolde. Handlung in drei Aufzügen. 1857 – 1859
Die Meistersinger von Nürnberg. Oper in drei Akten. 1862 – 1867
Der Ring des Nibelungen. Ein Bühnenfestspiel in drei Tagen und einem Vorabend. Vollendet 1874
Rheingold. 1852 – 1854
Die Walküre. 1852 – 1856
Siegfried (Der junge Siegfried). 1851 – 1871
Götterdämmerung (Siegfrieds Tod). 1848 – 1874
Parsifal. Ein Bühnenweihfestspiel in drei Aufzügen. 1877

BIBLIOGRAPHIE

1. *Bibliographien, Hilfsmittel*

ÖSTERLEIN, NIKOLAUS: Katalog einer Wagner-Bibliothek. 4 Bde. Leipzig 1882 — 1895 [Enthält 10 181 Nummern.]

SILÈGE, HENRI: Bibliographie Wagnerienne française. Paris 1902

FRANKENSTEIN, LUDWIG: Bibliographie der auf Richard Wagner bezüglichen ... Literatur 1907 — 1911. Berlin 1912

BARTH, HERBERT: Internationale Wagner-Bibliographie 1945 — 1955. Bayreuth 1956

Wagner-Lexikon. Hauptbegriffe der Kunst und Weltanschauung Wagners. Zusammengestellt von CARL FRIEDRICH GLASENAPP und HEINRICH VON STEIN. Stuttgart 1883

Wagner-Encyklopädie Haupterscheinungen der Kunst- und Kulturgeschichte im Lichte der Anschauung Richard Wagners. Von CARL FRIEDRICH GLASENAPP. 2 Bde. Leipzig 1891

LEVY, GUSTAV: Richard Wagners Lebensgang in tabellarischer Darstellung. Berlin 1904

STROBEL, OTTO: Richard Wagner. Leben und Schaffen. Eine Zeittafel. Bayreuth 1952

2. *Werkausgaben*

Gesammelte Schriften und Dichtungen. 10 Bde. Leipzig 1871 — 1883 — 5. Aufl. 12 Bde. 1911

Gesammelte Schriften und Dichtungen. Hg. von WOLFGANG GOLTHER. 10 Bde. Berlin 1914

Gesammelte Dichtungen. Hg. von JULIUS KAPP. Leipzig 1912

Musikdramen. Hg. von WOLFGANG GOLTHER. 2 Bde. Berlin 1935

Ausgewählte Schriften und Briefe. Eingel. von ALFRED LORENZ. 2 Bde. Berlin 1938

Der junge Wagner. Dichtungen, Aufsätze, Entwürfe. Hg. von JULIUS KAPP. Berlin 1910

Die Hauptschriften. Hg. von ERNST BÜCKEN. Leipzig 1937 (Kröners Taschenausgabe)

Skizzen und Entwürfe zur Ring-Dichtung. Mit der Dichtung Der junge Siegfried hg. von OTTO STROBEL. München 1930

3. *Lebenszeugnisse*

WAGNER, RICHARD: Mein Leben. 2 Bde. München 1911 — Kritische Ausgabe von WILHELM ALTMANN. 2 Bde. Leipzig 1923

Richard Wagner. Sein Leben in Briefen. Hg. von CARL SIEGMUND BENEDICT. Leipzig 1913

Richard Wagner. Leben und Werke in urkundlichen Zeugnissen, Briefen, Schriften und Berichten. Hg. von WOLFGANG GOLTHER. Ebenhausen 1926

MERBACH, PAUL ALFRED: Richard Wagner. Der deutsche Musiker und Mensch. Selbstzeugnisse und Zeitberichte. Eingel. und biographisch gestaltet. Stuttgart 1933

KRETSCHMAR, EBERHARD: Richard Wagner. Sein Leben in Selbstzeugnissen, Briefen und Berichten. Berlin 1939

FROMMEL, GERHARD: Der Geist der Antike bei Richard Wagner. In Selbstzeugnissen dargestellt. Berlin 1933

ALTMANN, WILHELM: Richard Wagners Briefe nach Zeitfolge und Inhalt. Leipzig 1905

Briefe in Originalausgaben. 9 Bde. Leipzig 1912—1919

Gesammelte Briefe. Hg. von JULIUS KAPP und EMERICH KASTNER. 2 Bde. Leipzig 1914 [Die Sammlung umfaßt nur die Jahre 1830 bis 1859 und wurde nicht zu Ende geführt.]

Briefe. Ausgew. und erl. von WILHELM ALTMANN. 2 Bde. Leipzig 1925

Briefe. Die Sammlung Burrell. Hg. und komm. von J. N. BURK. (Einl., Komm. und Anhang übers. von Karl und Irene Geiringer.) Frankfurt a. M. 1953

Briefwechsel mit Franz Liszt. 2 Bde. Leipzig 1887

Briefe an Theodor Uhlig, Wilhelm Fischer, Ferdinand Heine. Leipzig 1888

Briefe an Friedrich Praeger. Bayreuth 1894 — 2. Aufl. Hg. von HOUSTON STEWART CHAMBERLAIN. Berlin 1908

Briefe an August Röckel. Einf. von LA MARA. Leipzig 1894

Fünfzehn Briefe. Nebst Erinnerungen und Erl. von ELIZA WILLE. Berlin 1894 — 3. Aufl. München 1935 (Schriften der Corona. 9)

Briefe an Emil Heckel. Zur Entstehungsgeschichte der Bühnenfestspiele in Bayreuth. Hg. von KARL HECKEL. Berlin 1898

Richard Wagner an Mathilde Wesendonk. Tagebuchblätter und Briefe 1853 bis 1871. Hg., eingel. und erl. von WOLFGANG GOLTHER. Berlin 1904

Briefe an Mathilde und Otto Wesendonk. Tagebuchblätter und Briefe. Hg. von JULIUS KAPP. Leipzig 1915

Familienbriefe 1832—1874. Berlin 1907

Briefwechsel mit seinen Verlegern. Hg. von WILHELM ALTMANN. 2 Bde. Leipzig 1911

An Freunde und Zeitgenossen. Hg. von ERICH KLOSS. Berlin 1907

Bayreuther Briefe (1871—1883). 2 Bde. Berlin 1907

Richard Wagner an Minna Wagner. 2 Bde. Berlin 1908

Briefe an Theodor Apel. Leipzig 1910

Briefe an Hans von Bülow. Jena 1917

Briefe an Frau Julie Ritter. München 1920

Briefe an Hans Richter. Hg. von LUDWIG KARPATH. Wien 1924

Richard Wagner an Mathilde Maier (1862—1878). Hg. von HANS SCHOLZ. Leipzig 1930

Briefe an Pusinelli. Ed. by A. LENZOW. New York 1932

Les lettres françaises. Rec. et publ. par JULIEN TIERSOT. Paris 1935

Briefe an Judith Gautier. Hg. von WILLI SCHUH. Erlenbach 1936

König Ludwig II. und Richard Wagner. Briefwechsel. Bearb. von OTTO STROBEL. 5 Bde. Karlsruhe 1936—1939

Friedrich Nietzsche. Schriften für und gegen Wagner. (Einf. und Nachbericht von ELISABETH FÖRSTER-NIETZSCHE.) Leipzig 1924

WOLZOGEN, HANS VON: Erinnerungen an Wagner. Leipzig 1891

WEISSHEIMER, W.: Erlebnisse mit Richard Wagner, Franz Liszt und vielen anderen Zeitgenossen. Stuttgart 1898

SCHURE, ÉDOUARD: Erinnerungen an Richard Wagner. Leipzig 1900

SCHEMANN, LUDWIG: Meine Erinnerungen an Richard Wagner. Stuttgart 1902

HOHENLOHE, MARIE FÜRSTIN ZU: Erinnerungen an Richard Wagner. Weimar 1938

GAUTIER, JUDITH: Auprès de Richard Wagner. Souvenirs 1861—1882. Paris 1943

Kloss, Erich: Wagner-Anekdoten. Berlin 1908
Engel, Erich W.: Richard Wagners Leben und Werke im Bilde. Leipzig 1913
Kapp, Julius: Richard Wagner. Sein Leben, sein Werk, seine Welt in 260 Bildern. Berlin 1933
Bory, Robert: Richard Wagner. Sein Leben und sein Werk in Bildern. Frauenfeld 1938
Grand-Carteret, John: Wagner en caricatures. Paris 1891
Kreowski, Ernst, und Eduard Fuchs: Richard Wagner in der Karikatur. Berlin 1907
Barth, Herbert, und Willy Haas: Bayreuth in der Karikatur. Hamburg 1957

4. Gesamtdarstellungen

Glasenapp, Carl Friedrich: Richard Wagners Leben und Wirken. 2 Bde. Leipzig 1876—1877 — ab 3. Aufl. u. d. T.: Das Leben Richard Wagners. 6 Bde. Leipzig 1894—1911
Tappert, Wilhelm: Wagner, sein Leben und seine Werke. Elberfeld 1883
Jullien, Adolphe: Richard Wagner, so vie et ses œuvres. Paris 1886
Muncker, Franz: Richard Wagner. Eine Skizze seines Lebens und Wirkens. Bamberg 1891
Chamberlain, Houston Stewart: Richard Wagner. München 1896
Lichtenberger, Henri: Richard Wagner, poète et penseur. Paris 1898 — Nouv. éd. 1948 — Deutsch. Wagner, der Dichter und Denker. Dresden 1899
Burrell, Mary: Richard Wagner, his life and works from 1813 to 1834. London 1898
Henderson, William James: Richard Wagner, his life and his dramas. New York 1901
Reissmann, August: Richard Wagner. Berlin 1901 (Bedeutende Männer. 1)
Adler, Guido: Richard Wagner. Vorlesungen. Leipzig 1904
Chop, Max: Richard Wagner. Berlin 1904
Kienzl, Wilhelm: Richard Wagner. München 1904 (Weltgeschichte in Karakterbildern. 5. Abth.)
Newman, Ernest: Wagner. London 1904
Bürkner, Richard: Richard Wagner, sein Leben und seine Werke. Jena 1906
Ellis, Ashton: Life of Wagner. 6 Bde. London 1906—1908
Koch, Max: Richard Wagner. 3 Bde. Berlin 1907—1918 (Geisteshelden. 63—65)
Schmitz, Eugen: Richard Wagner. Leipzig 1909 (Wissenschaft und Bildung. 135)
Kapp, Julius: Richard Wagner. Eine Biographie. Berlin 1910
Pfohl, Ferdinand: Wagner, sein Leben und Schaffen. Bielefeld 1911 (Velhagen & Klasings Volksbücher. 19)
Batka, Richard: Richard Wagner. Berlin 1912 (Berühmte Musiker. 20)
Ernest, Gustav: Richard Wagner. Sein Leben und Schaffen. Berlin 1915
Poirée, Elie: Richard Wagner. Paris 1921
Waldstein, Wilhelm: Richard Wagner. Eine kulturhistorische Studie. Berlin 1922 (Germanische Studien. 17)
Daube, Otto: Richard Wagner. Leben und Werke. Bd. 1. Eisenberg 1923
Fourcaud, Louis de: Richard Wagner. Paris 1923
Bekker, Paul: Richard Wagner. Das Leben im Werke. Stuttgart 1924
Wallace, William: Richard Wagner as he lived. New York 1925
Golther, Wolfgang: Richard Wagners Leben und Lebenswerk. Leipzig 1926

Hutschenruyter, Wouter: Wagner. 's-Gravenhage 1928
Scheffler, Siegfried: Richard Wagner. Sein Leben, seine Persönlichkeit und seine Werke. 2 Bde. Hamburg 1928
Dumesnil, René: Richard Wagner. Paris 1929 (Maîtres de la musique ancienne et moderne. 2) — Neuausg.: 1954
Millenkovich, Max von: Wagners Kampf und Sieg. 2 Bde. Wien 1930
Tessmer, Hans: Richard Wagner. Sein Leben und sein Werk. Berlin 1930
Choisy, Louis-Frédéric: Richard Wagner. L'homme, le poète, le novateur. Paris 1932
Bernard, G.: Richard Wagner, son œuvre, sa vie romantique et aventurière. Paris 1933
Bücken, Ernst: Richard Wagner. Potsdam 1933 (Die großen Meister der Musik. 8)
Jung, F.: Richard Wagner. Lübeck 1933 (Colemans kleine Biographien. 18)
Newman, Ernest: The life of Richard Wagner. 4 Bde. New York 1933—1946
Spring, Alexander: Richard Wagners Weg und Wirken. Stuttgart 1933
Ganzer, Karl Richard: Richard Wagner der Revolutionär gegen das 19. Jahrhundert. München 1934
Schindler, Maria: Richard Wagner. Zürich 1937
Valentin, Erich: Richard Wagner. Sinndeutung von Zeit und Werk. Regensburg 1937 (Von deutscher Musik. 55—57)
Malherbe, Henry: Richard Wagner révolutionnaire. Paris 1938
Preetorius, Emil: Richard Wagner. Bild und Vision. Berlin 1942 — Neuausg.: Godesberg 1949
Törnbom, P. K.: Richard Wagner. Stockholm 1942
Reich, Willy: Richard Wagner. Leben, Fühlen, Schaffen. Olten 1948
Turner, Walter James: Wagner. New York—London 1948
Adorno, Theodor W.: Versuch über Wagner. Frankfurt a. M. 1952 — Neuausg.: München 1964 (Knaur-Taschenbücher. 54)
Jacob, Paul Walter: Taten der Musik. Richard Wagner und sein Werk. Eingel. von Wieland Wagner. Regensburg 1952 (Deutsche Musikbücherei. 66)
Loos, Paul Arthur: Richard Wagner. Vollendung und Tragik der deutschen Romantik. Bern—München 1952
Holl, K.: Richard Wagner. In: Die Großen Deutschen. Bd. 3. 1956. S. 519—530
Westernhagen, Curt von: Richard Wagner. Sein Werk, sein Wesen, seine Welt. Zürich 1956
Marcuse, Ludwig: Das denkwürdige Leben des Richard Wagner. München 1963

5. Biographische Untersuchungen

Arnswaldt, Werner Konstantin von: Ahnentafel des Komponisten Richard Wagner. Leipzig 1930 (Ahnentafeln berühmter Deutscher. 3)
Lange, Walter: Richard Wagners Sippe. Vom Urahn zum Enkel. Leipzig 1938
Segnitz, Eugen: Richard Wagner und Leipzig. Leipzig 1901
Röckl, Sebastian: Ludwig II. und Richard Wagner. München 1903 — 2. Aufl. 2 Bde. 1913—1920
Kapp, Julius: Wagner und Liszt. Eine Freundschaft. Berlin 1908
Kapp, Julius: Richard Wagner und die Frauen. Berlin 1912 — Neuausg.: Berlin-Halensee 1951

Förster-Nietzsche, Elisabeth: Wagner und Nietzsche zur Zeit ihrer Freundschaft. München 1915
Du Moulin Eckart, Richard Graf: Cosima Wagner. Lebens- und Charakterbild. Bayreuth 1918
Curzon, Henri de: L'Œuvre de Richard Wagner à Paris et ses interprètres (1850—1914). Paris 1920
Lange, Walter: Richard Wagner und seine Vaterstadt. Leipzig 1921
Altmann, Wilhelm: Richard Wagner und Albert Niemann. Ein Gedenkbuch mit bisher unveröffentlichten Briefen. Berlin 1924
Kapp, Julius, und Hans Jachmann: Richard Wagner und seine erste «Elisabeth» Johanna Jachmann-Wagner. Ein neuer Beitrag zur Wagner-Forschung. Hg. mit unveröffentlichten Briefen. Berlin 1926
Lippert, Woldemar: Richard Wagners Verbannung und Rückkehr. 1849 bis 1862. Mit unveröffentlichten Briefen und Aktenstücken. Dresden 1927
Gysi, Fritz: Richard Wagner und die Schweiz. Frauenfeld 1929 (Die Schweiz im deutschen Geistesleben. 61)
Stemplinger, Eduard: Richard Wagner in München (1864—1870). Legende und Wirklichkeit. München 1933
Fehr, Max: Richard Wagners Schweizer Zeit. 2 Bde. Aarau 1934—1954
Herzfeld, Friedrich: Minna Planer und ihre Ehe mit Richard Wagner. Leipzig 1938
Millenkovich-Morold, Max von: Richard Wagner in Wien. Leipzig 1938
Stock, Richard Wilhelm: Richard Wagner und die Stadt der Meistersinger. Berlin 1938
Herzfeld, Friedrich: Königsfreundschaft. Ludwig II. und Richard Wagner. Leipzig 1940
Schweizer, Gottfried: Richard Wagner und seine Getreuen. Erinnerungen und Briefe aus der rhein-mainischen Landschaft. Frankfurt a. M. 1940
Ipser, Karl: Richard Wagner in Italien. Salzburg 1951
Strecker, Ludwig: Richard Wagner als Verlagsgefährte. Eine Darstellung mit Briefen und Dokumenten. Mainz 1951
Harding, Bertita Leonarz: Magic fire. Scenes around Richard Wagner. London 1954
Westernhagen, Curt von: Richard Wagners Dresdener Bibliothek 1842—1849. Neue Dokumente zur Geschichte seines Schaffens. Wiesbaden 1966

6. Zum Werk

Wolzogen, Hans von: Wagneriana. Gesammelte Aufsätze. Leipzig 1888
Wolzogen, Hans von: Wagner und seine Werke. Ausgewählte Aufsätze. Regensburg 1924 (Deutsche Musikbücherei. 32)
Seidl, Arthur: Wagneriana. Erlebte Ästhetik. 3 Bde. Berlin 1901
Seidl, Arthur: Neue Wagneriana. Gesammelte Aufsätze und Studien. 3 Bde. Regensburg 1914
Halsbeck, Hanns: Ein Wort zur Weltanschauung Richard Wagners und andere Beiträge zur Richard Wagner-Forschung. Leipzig 1926
Neue Wagner-Forschungen. Hg. von Otto Strobel. Karlsruhe 1943 (Schriften der Richard Wagner-Forschungsstätte)

Dinger, Hugo: Richard Wagners geistige Entwicklung. Versuch einer Darstellung seiner Weltanschauung. Leipzig 1892
Pfordten, Hermann Frhr. von der: Handlung und Dichtung der Bühnenwerke Richard Wagners. Berlin 1899

GOLTHER, WOLFGANG: Richard Wagner als Dichter. Berlin 1904 (Die Literatur. 14)
MOOS, PAUL: Wagner als Ästhetiker. Berlin 1906
ISTEL, EDGAR: Das Kunstwerk Richard Wagners. Leipzig 1910 (Aus Natur und Geisteswelt. 330)
KIESSLING, ARTHUR: Richard Wagner und die Romantik. Leipzig 1916
LEBEDE, HANS: Richard Wagners Musikdramen. Quellen, Entstehung, Aufbau. Eine Einführung. 2 Bde. Dresden 1916
BÜLOW, PAUL: Die Jugendschriften Richard Wagners. Leipzig 1917
HILDEBRANDT, KURT: Wagner und Nietzsche, ihr Kampf gegen das 19. Jahrhundert. Breslau 1924
LORENZ, ALFRED: Das Geheimnis der Form bei Richard Wagner. 4 Bde. Berlin 1925—1933
BURCKHARDT, MAX: Führer durch Richard Wagners Musikdramen. Berlin 1926
DREWS, ARTHUR: Der Ideengehalt von Richard Wagners dramatischen Dichtungen. Leipzig 1930
GRUMMANN, PAUL HENRY: The musical dramas of Wagner. Lincoln 1930
RÜHLMANN, F.: Wagners theatralische Sendung. Ein Beitrag zur Geschichte und Systematik der Opernregie. Braunschweig 1935
GALLI, HANS: Richard Wagner und die deutsche Klassik. Bern 1936
SCHUSTER, RICHARD CARL: Richard Wagner und die Welt der Oper. Dramaturgische Studie. München 1937
BOUCHER, MAURICE: Les idées politiques de Richard Wagner. Paris 1947
STEIN, LEON: The racial thinking of Richard Wagner. New York 1950
WIESSNER, GEORG GUSTAV: Richard Wagner, der Theater-Reformer. Emsdetten 1951 (Die Schaubühne. 42)
FRIES, OTHMAR: Richard Wagner und die deutsche Romantik. Versuch einer Einordnung. Zürich 1952
MAYER, HANS: Richard Wagners geistige Entwicklung. Düsseldorf—Hamburg 1954
BERTRAM, JOHANNES: Mythos, Symbol, Idee in Richard Wagners Musikdramen. Mit einem Geleitwort von Wieland und Wolfgang Wagner. Hamburg 1956
PFABIGAN, SIEGLINDE: Entstehung und Resignation im Schriftwerk Richard Wagners. Wien 1964 [Diss.]
STEFFELS, HERRMANN: Die Meistersinger von Nürnberg von Richard Wagner. Berlin 1965
MAYER, HANS: Anmerkungen zu Richard Wagner. Frankfurt a. M. 1966 (edition suhrkamp. 189)

7. Zur Wirkungsgeschichte

HECKEL, KARL: Die Bühnenfestspiele in Bayreuth. Leipzig 1891
PRÜFER, ARTHUR: Das Werk von Bayreuth. Leipzig 1909
BIE, OSKAR: Richard Wagner und Bayreuth. Zürich 1931
REICHWEIN, LEOPOLD: Bayreuth. Werden und Wesen der Bayreuther Festspiele. Bielefeld 1934
RÜTZOW, SOPHIE: Wagner und Bayreuth. Ausschnitte und Erinnerungen. München 1943 — Neuausg.: Nürnberg 1953
EBERMAYER, ERICH: Magisches Bayreuth. Legende und Wirklichkeit. Stuttgart 1951
EICHNER, WALTER: Weltdiskussion um Bayreuth. Ein Querschnitt durch die ersten Festspiele nach dem Kriege. Bayreuth 1952

KUBY, ERICH: Richard Wagner & Co. Zum 150. Geburtstag des Meisters. Hamburg 1963

TAPPERT, WILHELM: Richard Wagner im Spiegel der Kritik. Leipzig 1903
KLOSS, ERICH: Wagnertum in Vergangenheit und Gegenwart. Berlin 1909
PROD'-HOMME, JACQUES GABRIEL: Richard Wagner et la France. Paris 1921
D'INDY, VINCENT: Richard Wagner et son influence sur l'art musical français. Paris 1930
JÄCKEL, KURT: Richard Wagner in der französischen Literatur. 2 Bde. Breslau 1931—1932 (Sprache und Kultur der germanischen und romanischen Völker. 6, 3)
WOOLLEY, GRANGE: Richard Wagner et le symbolisme français. Paris 1931
JACOBSON, ANNA: Nachklänge Richard Wagners im Roman. Heidelberg 1932 (Beiträge zur neueren Literaturgeschichte. 20)
MOSER, MAX: Richard Wagner in der englischen Literatur des 19. Jahrhunderts. Bern 1938 (Schweizerische anglistische Arbeiten. 7)
BEAUFILS, MARCEL: Wagner et le wagnérisme. Paris 1947

Nachtrag zur Bibliographie

1. Bibliographien, Hilfsmittel

Internationale Wagner-Bibliographie 1 (1945–1955), 2 (1956–1960), 3 (1961 bis 1966). 4 (1967–1978). Bayreuth 1965–1979
PLESSKE, HANS MARTIN: Richard Wagner in der Dichtung. Bibliographie deutschsprachiger Veröffentlichungen. Bibliografia Wagneriana. Opere di e su Richard Wagner pubblicate in Italia dal 1958 al 1970. Bayreuth 1971
Colloquium «(Giuseppe) Verdi – (Richard) Wagner». Rom 1969. Hg. von FRIEDRICH LIPPMANN. Köln–Wien 1972 (Analecta musicologica. Bd. 11)
KLEIN, HORST F.: Erst- und Frühdrucke der Textbücher von Richard Wagner: Bibliographie. Tutzing 1979. (Musikbibliographische Arbeiten. 4.)
KLEIN, HORST F.: Erstdrucke der musikalischen Werke von Richard Wagner: Bibliographie. Tutzing 1983. (Musikbibliographische Arbeiten. 5.)
DEATHRIDGE, JOHN: Wagner-Werk-Verzeichnis: Verz. d. musikal. Werke Richard Wagners u. ihrer Quellen... Mainz 1986
BAUER, HANS JOACHIM: Richard-Wagner-Lexikon. Bergisch-Gladbach 1988

2. Werke

RICHARD WAGNER: Sämtliche Werke. In Verbindung m. d. Bayerischen Akademie der Schönen Künste, München. Hg. von CARL DAHLHAUS u. EGON VOSS. Mainz 1970ff
Bisher ersch. Bde:
Reihe A Notenbände:
Bd 3, T. I–IV: Rienzi, der Letzte der Tribunen. 1974–1977
Bd 4, T. I–II: Der fliegende Holländer. 1983
Bd 5, T. I–II: Tannhäuser. 1980–1986
Bd 9, T. I–III: Die Meistersinger von Nürnberg. 1979–1987
Bd 13, T. I–III: Götterdämmerung. 1980–1982
Bd 14, T. I–III: Parsifal. 1972–1973
Bd 17: Klavierlieder. 1976
Bd 18: Orchesterwerke Bd 1. 1973

Bd 19: Klavierwerke. 1970
Reihe B: Dokumentenbände
Bd 23: Dokumente und Texte zu Rienzi, der Letzte der Tribunen. 1976
Bd 29: Dokumente und Texte zu Der Ring der Nibelungen T. 1. 1976
Bd 30: Dokumente zur Entstehuing und ersten Aufführung des Bühnenweihfestspiels Parsifal. 1970

3. Lebenszeugnisse

KIRCHMEYER, HELMUT: Situationsgeschichte der Musikkritik und des musikalischen Pressewesens in Deutschland. Dargest. vom Ausgange des 18. bis zum Beginn des 20. Jahrhunderts. T. 4: Das zeitgenössische Wagnerbild, Bd. 2: Dokumente (1842–1845). Bd. 3: Dokumente (1848–1850). Regensburg 1967–1968 (Studien zur Musikgeschichte des 19. Jahrhunderts. Bd. 7).

GECK, MARTIN: Die Bildnisse Richard Wagners. München 1970 (Studien zur Kunst des neunzehnten Jahrhunderts. 9)

HÜRLIMANN, MARTIN (Hg.): Richard Wagner in Selbstzeugnissen und im Urteil seiner Zeitgenossen. Zürich 1972

WAGNER, RICHARD: Sämtliche Briefe. Hg. im Auftr. des Richard-Wagner-Familien-Archivs Bayreuth von GERTRUD STROBEL und WERNER WOLF. Bd. 1 (1830–42), Bd. 2 (1842–49), Bd. 3 (1849–1851), Bd. 4 (1851–1852). Leipzig 1967–1979

BARTH, HERBERT (Hg.): Wagner. Sein Leben, sein Werk und seine Welt in zeitgenössischen Bildern und Texten. Wien 1975

WAGNER, RICHARD: Das braune Buch. Tagebuchaufzeichnungen 1865 bis 1882. (Erste vollst. Veröffentlichung nach den Original-Manuskripten Wagners in der Richard-Wagner-Gedenkstätte der Stadt Bayreuth.) Zürich–Freiburg i. B. 1975

WAGNER, RICHARD: Mein Leben. Vollst. kommentierte Ausg. Hg. von MARTIN GREGOR-DELLIN. München 1976

WAGNER, COSIMA: Die Tagebücher. Ed. und komm. von MARTIN GREGOR-DELLIN und DIETRICH MACK. Bd. 1 (1869–1877), Bd. 2 (1878–1883). München 1976–1977

RICHARD WAGNER: e. Biographie in Bildern. Hg. MARTIN GREGOR-DELLIN. München 1982

4. Gesamtdarstellungen

DETTMERING, PETER: Dichtung und Psychoanalyse. Thomas Mann, Rainer Maria Rilke, Richard Wagner. München 1969 (Sammlung Dialog. 33)

GUTMAN, ROBERT W.: Richard Wagner. Der Mensch, sein Werk, seine Zeit. München 1970

MACK, DIETRICH, und EGON VOSS (Hg.): Richard Wagner, Leben und Werk in Daten und Bildern. Frankfurt a. M. 1978 (Insel-Taschenbuch. 334)

WAPNEWSKI, PETER: Richard Wagner, die Szene und ihr Meister. München 1978 (Beck'sche schwarze Reihe. Bd. 178)

ALTHAUS, HORST: Richard Wagner: Genie und Ärgernis. Bergisch-Gladbach 1980

GREGOR-DELLIN, MARTIN: Richard Wagner: sein Leben, sein Werk, sein Jahrhundert. München 1980

Richard-Wagner-Handbuch. Hg. ULRICH MÜLLER u. PETER WAPNEWSKI. Stuttgart 1986

4. Biographische Untersuchungen

GREGOR-DELLIN, MARTIN: Wagner-Chronik. Daten zu Leben und Werk. München 1972 (Reihe Hanser. 97)
FISCHER-DIESKAU, DIETRICH: Wagner und Nietzsche. Der Mystagoge und sein Abtrünniger. Stuttgart 1974
GAL, HANS: Brahms, Wagner, Verdi. Drei Meister, drei Welten. Frankfurt a. M. 1975
VOGEL, MARTIN: Nietzsche und Wagner: e. dt. Lesebuch. Bonn 1984
KATZ, JACOB: Richard Wagner: Vorbote des Antisemitismus: e. Veröffentlichung des Leo Baeck Instituts. Königstein 1985

5. Zum Werk

DAHLHAUS, CARL (Hg.): Das Drama Wagners als musikalisches Kunstwerk. Regensburg 1970 (Studien zur Musikgeschichte des 19. Jahrhunderts. Bd. 23)
LUDWIG, INGEBORG: Die Klanggestaltung in Richard Wagners Parsifal. Ein Beitrag zur Erhellung von Idee und Materie des Gesamtkunstwerkes. Bd. 1,2 [Diss.] Hamburg 1970
PETZET, DETTA: Die Richard-Wagner-Bühne König Ludwigs II. München, Bayreuth. München 1970 (Studien zur Kunst des neunzehnten Jahrhunderts. Bd. 8)
VOSS, EGON: Studien zur Instrumentation Richard Wagners. Regensburg 1970 (Studien zur Musikgeschichte des 19. Jahrhunderts. Bd. 24) [Zugl. Diss. Saarbrücken]
SOMMER, ANTONIUS: Die Komplikationen des musikalischen Rhythmus in den Bühnenwerken Richard Wagners. Giebing a. Chiemsee 1971 (Schriften zur Musik. Bd. 10) [Zugl. Diss. Saarbrücken]
HOPKINSON, CECIL: Tannhäuser. An examination of 36 editions. Tutzing 1973 (Musikbibliographische Arbeiten. Bd. 1)
WESTERNHAGEN, KURT VON: Die Entstehung des «Ring». Dargest. an den Kompositionsskizzen Richard Wagners. Zürich–Freiburg i. B. 1973
KROPFINGER, KLAUS: Wagner und Beethoven. Untersuchungen zur Beethoven-Rezeption Richard Wagners. Regensburg 1975 (Studien zur Musikgeschichte des 19. Jahrhunderts. Bd. 29)
DONINGTON, ROBERT: Richard Wagners «Ring des Nibelungen» und seine Symbole. Musik und Mythos. Stuttgart 1976
DEATHRIDGE, JOHN: Wagner's Rienzi. A reappraisal based on a study of the sketches and drafts. Oxford 1977
BAUER, HANS JOACHIM: Wagners «Parsifal». Kriterien der Kompositionstechnik. München–Salzburg 1978 (Berliner musikwissenschaftliche Arbeiten. Bd. 15)
KELLER, WALTER: Parsifal-Variationen: 15 Aufsätze über Richard Wagner. Tutzing 1979
WAPNEWSKI, PETER: Der traurige Gott: Richard Wagner in seinen Helden. München 1978
WAPNEWSKI, PETER: Tristan der Held Richard Wagners. Berlin 1981
BORCHMEYER, DIETER: Das Theater Richard Wagners: Idee – Dichtung – Wirkung. Stuttgart 1982
HEIDGEN, NORBERT: Textvarianten in Richard Wagners «Rheingold» und «Walküre». München 1982. (Berliner musikwissenschaftliche Arbeiten. 22.)
KUNZE, STEFAN: Der Kunstbegriff Richard Wagners: Voraussetzungen u. Folgerungen. Regensburg 1983
Wagnerliteratur – Wagnerforschung: Bericht über d. Wagner-Symposium München 1983. Hg. CARL DAHLHAUS u. EGON VOSS. Mainz 1985

Wapnewski, Peter: Liebestod und Götternot: zum «Tristan» und zum «Ring der Nibelungen». Berlin 1988

7. Zur Wirkungsgeschichte

Dahlhaus, Carl (Hg.): Richard Wagner, Werk und Wirkung. Regensburg 1971 (Studien zur Musikgeschichte des 19. Jahrhunderts. Bd. 26)

Schüler, Winfried: Der Bayreuther Kreis von seiner Entstehung bis zum Ausgang der Wilhelminischen Ära. Wagnerkult und Kulturreform im Geiste völkischer Weltanschauung. Münster 1971 (Neue Münstersche Beiträge zu Geschichtsforschung. Bd. 12)

Lucas, Lore: Die Festspiel-Idee Richard Wagners. Regensburg 1973 (Arbeitsgemeinschaft 100 Jahre Bayreuther Festspiele. Bd. 2)

Jung, Ute: Die Rezeption der Kunst Richard Wagners in Italien. Regensburg 1974 (Studien zur Musikgeschichte des 19. Jahrhunderts. Bd. 35)

Northcote-Bade, James: Die Wagner-Mythen im Frühwerk Thomas Manns. Bonn 1975 (Abhandlungen zur Kunst-, Musik- und Literaturwissenschaft. Bd. 167) [Zugl. Diss. Zürich 1974]

Mayer, Hans: Richard Wagner in Bayreuth, 1876–1976. Stuttgart 1976

Grossmann-Vendrey, Susanna: Bayreuth in der deutschen Presse. Beitr. zur Rezeptionsgeschichte Richard Wagners und seiner Festspiele. Dokumentenbd. 1,2. Regensburg 1977 (Arbeitsgemeinschaft 100 Jahre Bayreuther Festspiele. Bd. 10)

Richard Wagner: Die Bühnenwerke von der Uraufführung bis heute. Hg. Oswald Georg Bauer. Frankfurt a. M. 1982

Richard Wagner: d. Betroffenheit d. Nachwelt. Beitr. zur Wirkungsgeschichte. Hg. Dietrich Mack. Darmstadt 1984

Richard Wagner 1883–1983: d. Rezeption im 19. u. 20. Jh. Red. Ursula Müller. Stuttgart 1984. (Stuttgarter Arbeiten zur Germanistik. 129)

NAMENREGISTER

Die kursiv gesetzten Zahlen bezeichnen die Abbildungen

ÜBER DEN AUTOR

Hans Mayer, geb. 1907 in Köln. 1933 bis 1945 im Exil in der Schweiz und in Frankreich. 1948 bis 1963 Professor für Literaturgeschichte in Leipzig. 1963 Übersiedlung in die BRD. Ab 1965 Professor für deutsche Sprache und Literatur in Hannover, seit 1975 Honorarprofessor in Tübingen. Zahlreiche Ehrungen. Ehrendoktor von Brüssel (1971), der University of Wisconsin (1972), Ehrendoktor der Universität Leipzig (1992).

Einige ausgewählte Publikationen: Georg Büchner und seine Zeit, 1946; Deutsche Literatur und Weltliteratur, 1957; Goethe. Ein Versuch über den Erfolg, 1973; Außenseiter, 1975; Versuche über die Oper, 1981; Ein Deutscher auf Widerruf. Erinnerungen, 2 Bände, 1982 und 1984; Weltliteratur. Studien und Versuche, 1989; Der Turm von Babel. Erinnerung an eine Deutsche Demokratische Republik, 1991.

QUELLENNACHWEIS DER ABBILDUNGEN

Bildarchiv Preußischer Kulturbesitz, Berlin: 17, 22, 31, 42, 44, 47, 50, 63, 64, 72, 87, 90, 97, 105, 108, 110, 112, 114, 123, 131, 133, 136/137, 140/141, 152, 162, 163, 165, 169
Archiv für Kunst und Geschichte, Berlin: 8, 9, 11, 12, 27, 34, 55, 62, 65, 66, 71, 81, 84, 95, 115, 117, 119, 124, 135, 149 und Umschlagvorderseite, 153 und Umschlagrückseite, 166
Ullstein Bilderdienst, Berlin: 14, 74, 76, 154/155
Süddeutscher Verlag Bilderdienst, München: 6, 82, 158
Rowohlt-Archiv: 21, 38, 100, 127

Kunst

rowohlts monographien
Begründet von Kurt Kusenberg, herausgegeben von Wolfgang Müller.

Eine Auswahl:

Max Beckmann
dargestellt von Stephan Reimertz
(558)

Hieronymus Bosch
dargestellt von Heinrich Goertz
(237)

Paul Cézanne
dargestellt von Kurt Leonhard
(114)

Lucas Cranach d.Ä.
dargestellt von Berthold Hinz
(457)

Die Dadaisten
dargestellt von Hermann Korte
(536)

Max Ernst
dargestellt von Lothar Fischer
(151)

Anselm Feuerbach
dargestellt von Daniel Kupper
(499)

Vincent van Gogh
dargestellt von Herbert Frank
(239)

Francisco de Goya
dargestellt von Jutta Held
(284)

Wassily Kandinsky
dargestellt von Peter A. Riedl
(313)

rowohlts monographien

Le Corbusier
dargestellt von Norbert Huse
(248)

Leonardo da Vinci
dargestellt von Kenneth Clark
(153)

Michelangelo
dargestellt von Heinrich Koch
(124)

Pablo Picasso
dargestellt von Wilfried Wiegand
(205)

Rembrandt
dargestellt von Christian Tümpel
(251)

Karl Friedrich Schinkel
dargestellt von Wolfgang Büchel
(494)

Henri de Toulouse-Lautrec
dargestellt von Matthias Arnold
(306)

Andy Warhol
dargestellt von Stefana Sabin
(485)

Religion

rowohlts monographien
Begründet von Kurt Kusenberg, herausgegeben von Wolfgang Müller.

Eine Auswahl:

Augustinus
dargestellt von Henri Marrou
(008)

Dietrich Bonhoeffer
dargestellt von Eberhard Bethge
(236)

Martin Buber
dargestellt von Gerhard Wehr
(147)

Franz von Assisi
dargestellt von Veit-Jakobus Dieterich.
(016)

Ulrich von Hutten
dargestellt von Eckhard Bernstein
(394)

Jesus
dargestellt von David Flusser
(140)

Johannes der Evangelist
dargestellt von Johannes Hemleben
(194)

Johannes XXIII.
dargestellt von Helmuth Nürnberger
(340)

Martin Luther
dargestellt von Hans Lilje
(098)

rowohlts monographien

Martin Luther King
dargestellt von Gerd Presler
(333)

Meister Eckhart
dargestellt von Gerhard Wehr
(376)

Mohammed
dargestellt von Émile Dermenghem
(047)

Moses
dargestellt von André Neher
(094)

Paulus
dargestellt von Claude Tresmontant
(023)

Albert Schweitzer
dargestellt von Harald Steffahn
(263)

Paul Tillich
dargestellt von Gerhard Wehr
(274)

Simone Weil
dargestellt von Angelika Krogmann
(166)